古代美術史研究

四 編

第 **2** 冊

風格的視野
——漢唐之間平面圖像美術考古(中)

李杰、弓淼 著

花木蘭文化事業有限公司

國家圖書館出版品預行編目資料

風格的視野——漢唐之間平面圖像美術考古（中）／李杰、弓淼
著 — 初版 — 新北市：花木蘭文化事業有限公司，2019〔民
108〕
目 6+238 面：19×26 公分
（古代美術史研究 四編：第 2 冊）
ISBN 978-986-485-759-3（精裝）
1. 美術考古 2. 中國
618   108001557

ISBN-978-986-485-759-3

9 789864 857593

古代美術史研究
四 編 第 二 冊   ISBN：978-986-485-759-3

風格的視野——漢唐之間平面圖像美術考古（中）

作　　　者	李杰、弓淼
總 編 輯	杜潔祥
副總編輯	楊嘉樂
編　　　輯	許郁翎、王筑　美術編輯　陳逸婷
出　　　版	花木蘭文化事業有限公司
發 行 人	高小娟
聯絡地址	235 新北市中和區中安街七二號十三樓
	電話：02-2923-1455／傳真：02-2923-1452
網　　　址	http://www.huamulan.tw 信箱 hml810518@gmail.com
印　　　刷	普羅文化出版廣告事業
初　　　版	2019 年 3 月
全書字數	365523 字
定　　　價	四編 23 冊（精裝）台幣 66,000 元

風格的視野
——漢唐之間平面圖像美術考古（中）

李杰、弓淼　著

目

次

第五章　造型的時代普識性

第一節　造型類型化

對特定歷史時期的藝術進行考察時，我們可以忽略這些作品的作者，但是卻不能忽略在這一時期人文境域限定下，作品中所體現出的文化特質。而當繪畫形成程式之後，其原初所具有的含義也便逐漸消退、轉變或僅僅作為形式技法得以流傳。然而，大多學者則會對每一幅作品當中的每一細節，極盡方法的勾陳出其背後所隱之歷史涵義，「往往會在形式與意義之間失去平衡」。〔註1〕特別是與漢之前以宣教為目的不同，魏晉南北朝的藝術逐漸轉向以審美為目的，其造型法則除了因程式滯後所延續的含義之外，往往會在審美習慣的基礎上創造表現形式。因此，在對中共時期平面藝術進行研究時，形式與意義的匹配應與時代的普適性認識相適度，否則，一味的深究「意義」不免會失於穿鑿，迷失了藝術研究的主要目的。

傳統人物造型不單是局限的個體表現，同時又具有一種普識性特徵，這種特性是以傳統哲學觀念為基礎的類型化人物形象。中古時期的平面人物形象，便有著強烈的以文化觀念來設定人物造型的定型分式現象，是其時的藝術家對各種造型元素進行主觀條理化和規則化的表現定式。

中國傳統人物畫家在作畫時，首先關注的是「相」，其後才是「形」和「體」，蘇軾在《傳神記》中說：

〔註1〕繆哲，以圖證史的陷阱，讀書，2005，2：143。

傳神與相一道。〔註2〕

《寫像秘訣》開篇即言：

凡寫像須通曉相法。〔註3〕

相術是傳統方術的重要顯現，是中國古代社會人們認識常識的一種體現。〔註4〕商周之後，相術日臻完備，〔註5〕西漢之後，相術成為一門具有獨特理論體系的學問，同時出現了專門相書〔註6〕和從事相術活動的相士。相術是古人綜合陰陽五行、易經八卦、風水、天象等前科學知識，與人的形體、姿態、氣色、表情等外在表現相對應，用以推斷人的命運、福禍以及性格。它既是古人擇婿、娶婦、用人的佐證，也是歷代帝王選妃、取仕的標準之一。其中雖然包含了一部分古代巫術的因素，但大部分還是具有在當時相對先進的科學性。

對於人體本身的瞭解，在秦漢時期，已有了相當深入的研究。據《黃帝內經》載，漢代時就已有爲瞭解人體結構而解剖屍體的記載：

若夫八尺之士，皮肉在此，外可度量切循而得之，其死可解剖而視之。其髒之堅脆，腑之大小，谷之多少，脈之長短，血之清濁，氣之多少皆是大數。〔註7〕

1993年出土於四川綿陽市永興鎮雙包山2號西漢木槨大墓（編號YSM2）中發現一件胎髹黑色重漆的木質人偶。〔註8〕木偶造型比例協調，高28.1公分，全身以紅漆線分佈了極爲詳盡的人體經脈循行圖，〔註9〕（圖5-1-1）它

〔註2〕〔宋〕蘇軾，〔明〕矛維編，孔凡禮點校，蘇軾文集，第十二卷，中華書局，1989；周積寅，中國畫論輯要（增訂本），江蘇美術出版社，2005：19。

〔註3〕潘運告編注，中國歷代畫論選，湖南：湖南美術出版社，2007。

〔註4〕彭德，中國美術理論研究中的幾個問題，見：成就與開拓——新中國美術60年學術研討會文集，文化出版社，2009：139。

〔註5〕傳統觀相術的產生年代已不可考，理論界普遍認爲，「觀相」意識在商周之前人們思想中就已存在，其理論佐證主要來源於《山海經》中大量的類似觀相的記載，如：「聖人有異像」等。另外，《竹書紀年》載：「黃帝生而能言，龍顏有聖德。顓頊首戴干戈。帝堯眉八彩，面銳上豐下，帝舜目重瞳，龍顏大口，……」《五帝外紀》載：「伏義人首蛇身，神農人首牛身，后稷枝頤異相……」，五帝外紀，見：田海林，宋會群輯點，中國傳統相學秘籍集成（上），貴州：貴州人民出版社，1993：3。

〔註6〕唐代相書基本分爲9卷35篇（敦煌本《相書》），見：王晶波，鄭炳林，敦煌寫本相書校錄研究，民族出版社，2004。

〔註7〕皇帝內經，靈樞經，經水篇。

〔註8〕馬繼興，雙包山漢墓出土的針灸經脈木人形，文物，1996，4：55。

〔註9〕這是迄今爲止世界上發現最早的人體經脈模型。

是中國醫學史上發現最早的教學模具，也在一定程度上解釋了先秦時期對人體的瞭解程度。從這件人形木偶身上可以看出，在秦漢之際，人們不單對人體外在具有了一定的瞭解，還對人的物質本身進行了系統深入的研究。

圖5-1-1　雙包山漢墓木人偶經脈運行圖

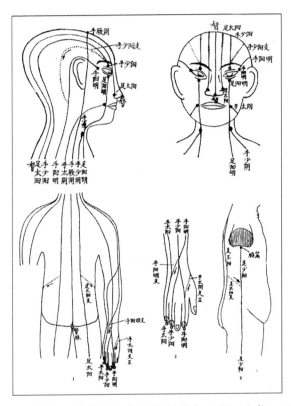

源自：馬繼興，雙包山漢墓出土的針灸經脈木人形，文物，1996，4：56～58。

　　人的形體一方面是一種自然現象，另一方面它在社會中存在，與當時人們的理解態度有著直接關係。美國心理學家威廉.詹姆斯在論述神經系統與心理經驗時說，物質與非物質之間存在著等同的關係。〔註10〕中國傳統觀相術亦認為，人的外在表現與人的內在素質具有同一性。相人術在中國古代社會相當普及，甚至普通民眾都具有一些相人的簡單知識，這種普及現象的基礎就是，它必須具備一種相當便捷的操作手段來支持。

―――――――――――

〔註10〕參見：〔美〕威廉‧詹姆斯，李紅豔譯，心理學原理，第六章，中國城市出版社，2003。

中國早期相術家經過長期實踐，將看似複雜的哲學觀念轉化爲一種具有操作性的視覺形態，從人的外在形象特徵上進行性格化的總結分類。即通過觀察大量人群的外在形態及性格特徵，利用歸納法總結出人的性格與人的某一外在特徵相對應的概率比例，並進行量化分析，從而建立起一種人物性格觀察程式。在旺茲拜克・波頓所設的心理例證中，可看出這種由於特徵概率在人的心理所產生的觀念定勢：

> 假定有一百名男子，經過檢驗之後，證明他們都很膽小，而且一嚇就跑。我們還假定，凡是這樣膽小的男子，臉上都長著一顆肉贅（我並不是說凡是臉上長著肉贅的都是膽小鬼，我這個假定僅僅是爲了說明眼下的問題）。在我知道上述情況之後，假定某一天有一個人突然闖進了我的房間，進門之後就大罵我卑鄙無恥，並把口水吐在我的臉上，這時我不得不站起來，準備與他拳鬥，但我又不敢肯定自己究竟會輸還是能贏，所以還有點猶疑。正在這時，我猛然發現在他的鼻子上長著一顆肉贅，我便不再有絲毫猶疑，立即勇猛地向他撲去。當然，我並沒有打著他．因爲他早已嚇得抱頭鼠竄了。這樣一個過程完全可以代表觀相術中發生的主要事情。當然，以上描述的這一對膽小鬼的判斷過程，也許顯得太慢了一點，但它與一般的觀相活動相比，還是十分相似的。〔註11〕

中國傳統觀相術是一種綜合規律的觀察方式，採用的是定性的分析方法，根據人的各種體徵表現來確定人物的性格、命運。漢代王充在《論衡》中說：

> 人有壽夭之相，亦有貧富貴賤之法，俱見於體。故壽命修短皆稟於天，骨法善惡皆觀於體。〔註12〕

> 人身體形貌，皆有象類：骨法角肉，各有分佈，以著性命之期，顯貴賤之表。〔註13〕

然而，這種看來比西方相術更爲複雜的形式，在中國相術家手裏得到了一個相對簡便的解決方案，即：中國古代相術家們將分析能力與各種人的體徵表象的特徵形式進行量化處理來預測吉凶。這種量化分析在人的面部對應

〔註11〕〔美〕魯道夫・阿恩海姆，滕守堯，朱疆源譯，藝術與視知覺，四川人民出版社，2006：606。
〔註12〕黃暉譯，論衡校釋，北京：中華書局，1990：46。
〔註13〕〔東漢〕王符，潛夫論，相列篇。

爲「眼相三分，天庭三分，地角三分，耳鼻嘴共一分等，」並據此將人的自然形態特徵進行類型化的形象歸納。如，人的吉相特徵爲：

> 頭骨堅實、髮際高、額頭方廣、眉毛細平而長、上下眼皮寬闊豐厚、眼長而深、眼黑如漆、眼含神不露而灼然有光、鼻樑聳直、鼻頭豐大、鼻唇溝左右展開、人中寬深通達、唇紅如丹或紫而光亮、耳輪平厚、耳垂豐厚、五官端正、色澤明快、表情嚴峻、胖人短頸、瘦人長頸、胸背如龜、下腹隆起、上身長而下身短、行止安詳等。
> 〔註14〕

人的凶相特徵爲：

> 體大頭小、頭尖、髮際低、額頭偏斜狹窄、面部色澤灰暗發青、眉無毛、眉毛深重粗亂、雙眉相交、眼無神、眼白四露、眼大而凸、眼圓而怒、眼角多紋、鼻無梁、鼻樑彎曲凹陷、鼻孔朝天、鼻頭尖薄、鷹鉤鼻、鼻唇溝入口、人中淺狹壅滯、耳薄、無耳輪耳垂、耳邊無鬢、嘴唇尖撮、口大唇薄、唇昏黑髮青、下巴短、下巴尖、性暴神驚。〔註15〕

以上這些評價體系實際上就是早期的骨相原推理原則，其觀念的產生與早期巫術密切相關，後經廣傳，成爲判別人物貴賤的標準之一。最早對骨相進行系統理論研究的是東漢哲學家王充（20～107年），《論衡・骨相篇》曰：

> 人曰命難知，命甚易知。知之何用？用之骨體。人命稟於天，則有表候於體。察表候以知命，猶察斗斛以知容矣。表候者，骨法之謂也。……是故知命之人，見富貴於貧賤，睹貧賤於富貴，案骨節之法，察皮膚之理，以審人之性命，無不應者。……故知命之工，察骨體之證，睹富貴貧賤，無不應者。……故知命之工，察骨體之證，睹富貴貧賤，猶人見盤盂之器，知所設用也。善器必用貴人，惡器必施賤者，尊鼎不在陪廁之側，飽瓜不在堂殿上之，明矣。富貴之骨，不遇貧賤之苦；貧賤之相，不遭富貴之樂，亦猶此也。器之盛物，有斗石之量，猶人爵有高下之差也。器過其量，物溢棄遺，爵過其差，死亡不存。論命者如比之於器，以察骨體之法，則命在

〔註14〕 參見：王玉德，神相全編——相術注評，貴州人民出版社，1993；李零，中國方術考，東方出版社，2001。

〔註15〕 參見：王玉德，神相全編——相術注評，貴州人民出版社，1993；李零，中國方術考，東方出版社，2001。

於身，形定矣。

　　……非徒富貴貧賤有骨體也，而操行清濁亦有法理。貴賤貧富，命也；操行清濁，性也。非徒命有骨法，性亦有骨法。惟知命有明相，莫知性有骨法：此見命之表證，不見性之符驗也。

　　王充的理論研究奠定了中古時期人們對骨相的基礎觀念，他認爲人的骨相能夠反映人的一生命運與眞實品性。魏晉時期骨相已經成爲人物品藻的標準之一。蔡邕《荊州刺史度尙碑》載：

　　朗鑒出於自然，英風發乎天骨。〔註16〕

《三國志・卷八・陶謙傳》裴松之注引《吳書》：

　　謙少孤，始以不羈聞於縣中。……故蒼梧太守同縣甘公出遇之途，見其容貌，異而呼之，住車與語，甚悦，因許妻以女。甘公夫人聞之，怒曰：「妾聞陶家兒教戲無度，如何以女許之？」公曰：『彼有奇表，長必大成。」遂妻之。

《三國志・卷四七・吳主傳》：

　　漢以策遠修職貢，遣使者劉琬加錫命。琬語人曰：「吾觀孫氏兄弟雖各才秀明達，然皆祿祚不終，惟中弟孝廉（子燁案：指孫權），形貌奇偉，骨體不恒，有大貴之表，年又最壽，爾試識之。」

《晉書・卷一・宣帝紀》：

　　帝內忌而外寬，猜忌多權變。魏武察帝有雄豪志，聞有狼顧相，欲驗之。乃召使前行，令反顧，面正向後而身不動。又嘗夢三馬同食一槽，甚惡焉。因謂太子丕曰：「司馬懿非人臣也，必預汝家事。」太子素與帝善，每相全祐，故免。

　　骨相之學在有晉一代得到了空前發展。《晉書》載：

　　（司馬睿）及長，白豪生於日角之左，隆準龍顏，目有精曜，顧眄煒如也。……沉敏有度量，不顯灼然之跡，故時人未之識焉。惟侍中嵇紹異之，謂人曰：「琅邪王毛骨非常，殆非人臣之相也。」〔註17〕

　　祐年十二喪父，……嘗遊汶水之濱，遇父老謂之曰：「孺子有

〔註16〕全後漢文，卷七九。
〔註17〕晉書，卷六，元帝紀。

好相，年未六十，必建大功於天下。」既而去，莫知所在。〔註18〕

生而兔缺。有善相者謂之曰：「卿當富貴。」〔註19〕

桓溫字元子，宣城太守彝之子也。生未期而太原溫嶠見之，曰：
「此兒有奇骨，可試使啼。」及聞其聲，曰：「眞英物也！」彝以嶠
所賞，故遂名之曰溫。嶠笑曰：「果爾，後將易吾姓也。」……溫豪
爽有風概，姿貌甚偉，面有七星。少與沛國劉惔善，惔嘗稱之曰：「溫
眼如紫石棱，鬚作蝟毛磔，孫仲謀、晉宣王之流亞也。」〔註20〕

雙眸同徹，瞳子四轉，善草隸弈棋之藝。沙門慧遠有鑒裁，見
而謂之曰：「君雖體涉風素，而志存不軌。」〔註21〕

顯然，在晉人眼中，骨相不但顯示貴賤，同時也是標注富貴、吉凶、婚
姻等諸事選擇的重要條件。《世說新語・賢媛・一二載》：

王渾妻鍾氏生女令淑，武子爲妹求簡美對而未得，有兵家子有
俊才，欲以妹妻之，乃白母。曰：「誠是才者，其地可遺，然要令我
見。」武子乃令兵兒與群小雜處，使母帷中察之。既而母謂武子曰：
「如此衣形者，是汝所擬者非邪？」武子曰：「是也。」母曰：「此
才足以拔萃；然地寒，不有長年，不得申其才用。觀其形骨，必不
壽，不可與婚。」武子從之。兵兒數年果亡。

人與生俱來就具備一種將圖像與現實關聯的「等效關係」〔註22〕，相術
所形成的普識性形象共識，自然會反映於藝術造型之中。《孔子家語》載：

孔子觀乎明堂，睹四門墉，有堯、舜之容，桀、紂之像，而各
有善惡之狀，興廢之誡焉。〔註23〕

孔子在古帝王畫像中之所以能看出人的性格、善惡之狀，既是相法在人
物畫中應用的實例。

顧愷之在《魏晉勝流畫贊》中評《小列女》亦曰：

〔註18〕晉書，卷三四，羊祜傳。

〔註19〕晉書，卷八五，魏詠之傳。

〔註20〕晉書，卷九八，桓溫傳。

〔註21〕晉書，卷一〇〇，盧循傳。

〔註22〕〔英〕E・H 貢布里希，林夕，李本正，范景中譯，藝術與錯覺——圖像再現
的心理學研究，浙江攝影出版社，1987：288。

〔註23〕李來源，林木編，中國畫論發展史實，孔子家語，觀周，上海人民美術出版
社，1997：3。

且尊卑貧賤之形，覺然易了。

中國古代藝術家正是依據這種社會共識，把類型化的人物化為藝術化的視覺形態，創造出了各種典型的普識性人物造型，相術因此也就成為塑造人物外在形象的一種重要理論參照。

當我們直觀的看待中古早期繪畫與西方同時期繪畫進行比較時，顯然會發現中國傳統繪畫中很少關注人體現實直觀的存在特徵。

其實，中國傳統畫家並非無視現實人體的體積結構，只是被強大的人文觀念所覆蓋，使得不能像西方理性造型中的體念觀念得以凸顯出來。特別是相術中的「骨相」在傳統人物畫中被賦予為精神、氣質的體現，從而使得中國傳統繪畫趨於表達哲學意圖的表達方式。

張彥遠在「論六法」中說：

夫象物必在於形似，形似須全其骨氣；骨氣皆本於立意，而歸乎用筆。

前兩句看似要以注重骨點來使對象「形似」，而第三句則點明其要點，即是在作畫前必須先對人物形象加以主觀設計。而這種「設計」所依據的既是傳統觀念中的普識性形象特徵。顧愷之亦曾云：

美麗之形，尺寸之制，陰陽之數，纖妙之跡，世所併貴。〔註24〕

可見傳統繪畫人物造型中的「骨」，並不是對現實人物的直觀描寫，它是將傳統觀念附加在現實人物形象之上的「骨相」類型化集合體。這種集合必然會形成一種概念化的表現形式，因此，我們看到中國傳統繪畫造型與寫實性的人物繪畫無論在表現形式擬或創作觀念上都存在著本質的區別。

傳統人物畫所普遍應用的「三庭」、「五眼」等定形方式，原本就是相術用語。王繹在《寫像秘訣》曰：

蓋人之面貌部位與夫五嶽四瀆，各各不侔，自有相對照處，而四時氣色亦異。彼方叫嘯之間，本真性情發見。

究其根本，這種受相法影響的人物類型化造型程式，顯然與中國傳統文化背景有著極大的關係。北魏司馬金龍墓漆木屏風畫與傳為顧愷之《列女仁智圖》中「所繪女性形象都是承載著儒教道德說教意味的抽象的「列女」，她們身材扁平，面容酷似，不是具體的有個性的女性，而是一種符號」〔註25〕。

〔註24〕顧愷之，魏晉勝流畫贊。

〔註25〕楊效俊，從西安地區唐墓壁畫中的女性看初唐的繪畫風格，陝西歷史博物館

　　唐代之前的人物畫造型，並沒有體現出具體某一人具體形象特點，而是表形某一類人的造型規範。使得畫面當中的人物具有了一種人們普識性的固定表現形式，這種帶有明確指向意義具有符號性質的單元組合，其整體的表示爲一種「指涉、再現和意義」〔註26〕的構成組合，它是人類繪畫早期的表意性表現形式的必然現象。

　　從現已發現的中古時期平面人物形象對比來看，這種傳統造型法則並不是一成不變，它是一種動態的模式，隨時間的推移和觀念的轉變而變化。魏晉南北朝時期在延續傳統觀念的同時，又大連吸納異族意識形態並相互融化。魏晉南北朝的平面人物造型形式受到這種意識形態的影響，至此，在中國傳統人物畫既與傳統程式保持協調，又兼具了大量的西方造型意識。

　　從這一階段的繪畫中可以看出，傳統社會的尊卑思想與人物畫造型的表現是同步的。藝術家不但以體徵來區分人物的地位尊卑，同時還確定了造型中的人物正側分類法則，用以體現人物的尊卑：尊者多以正面形象，卑者則多以側、背爲主。〔註27〕

　　而墓室壁畫中人物的胖瘦、大小則與其身份地位相關聯。河北安平逯家莊壁畫墓中室右側南壁所繪的墓主，身穿大紅寬袖長袍，面形方正，鬍鬚、眉毛濃密，一手置於胸前，左側繪一男一女兩侍者，顯然可以看出，畫中所繪的男墓主的體量要遠大於男女侍者。（圖 5-1-2）在北魏正光六年（525 年）的「北魏禮佛圖」中，男女主人的體量也遠大於侍從的體量。（圖 5-1-3）在山東北齊崔芬墓西壁所繪的墓主夫婦出行圖中，墓主人夫婦要高大於其他隨從。（圖 5-1-4）而身份相當的人物則體量基本相同，如在湖北襄陽賈家沖畫像磚墓的「出行圖」中的四個侍從，前一人手拉馬韁繩，隨後一人在馬側面牽引，馬後面一人雙手執華蓋，最後一個人手扶團扇作回顧狀。四人服飾相同，頭戴冠，身穿交領寬袖衫，下穿喇叭型長褲。顯示四人的身份相同，因此體量也基本相同。（圖 5-1-5）此外，從這一階段的人物造型中還顯示出，身份高的人物多是坐姿，而身份地的則多是站姿。如酒泉丁家閘 5 號墓墓室正壁（西壁）北側所繪單簷軒內的墓主人，頭戴三梁進賢冠，身穿紅色寬袖長袍，跪

　　　　　館刊，第十五輯，三秦出版社，2008：265。

〔註26〕曹意強，圖像與語言的轉向——後形式主義、圖像學與符號學，見：藝術史的視野——圖像研究的理論、方法與意義，中國美術學院出版社，2007：418。

〔註27〕〔明〕周履清，天形道貌，見：俞劍華編，中國畫論類編，人民美術出版社，1986：496。

坐於榻上。身後男女侍從不但體量小於墓主，且都是是站姿，類似這種身份與造型相匹配的現象在中古時期的人物造型中基本形成定時，因此這種標準化的配置現象在漢代和魏晉南北朝墓室壁畫中大量出現。（圖 5-1-6）

圖 5-1-2　安平逯家莊墓宴飲圖像局部

源自：河北省文物研究所，河北古代墓葬壁畫，文物出版社，2000：19。

圖 5-1-3　北魏禮佛圖

源自：陳允鶴編，中國歷代藝術——繪畫編（上），人民美術出版社，1994：111。

圖 5-1-4　山東北齊崔芬墓出行圖

源自：臨朐縣博物館，北齊崔芬壁畫墓，文物出版社，2002：彩圖 9。

圖 5-1-5　湖北襄陽賈家沖南朝墓出行圖

源自：襄樊市文物管理處，襄陽賈家沖畫像磚墓，江漢考古，1986，1：20。

圖 5-1-6　酒泉丁家閘 5 號墓墓主圖像

源自：張寶璽編，嘉峪關酒泉魏晉十六國墓壁畫，甘肅人民美術出版社，
2001：316。

　　對於具體人物形象，藝術家則利用具有傾向性的普識形態來塑造。例如，以人們對閹人的鄙視性理解，畫家利用收縮、乾癟、凹進、等塑形手段，將宦官形象設定爲弓腰、瘦弱、諂媚的猥瑣形態，（圖 5-6-7）傳統美女的標準眼形「媚目」亦在所有女性形象中得以應用。再如，傳統觀相術認爲女性以「肉多而骨不大者」〔註 28〕爲「好女」，這一點在漢代和魏晉南北朝墓室壁畫中，表現得尤爲明顯。此外，傳統女性審美的細腰觀念〔註 29〕在魏晉南北朝的平面人物造型中發揮到極致。例如，河南鄧縣學莊南朝墓出土的磚刻「貴婦出遊圖」中，仕女的束腰裝束表明南朝時期女性對細腰的追求。（圖 5-6-8）

圖 5-6-7　韋頊墓石槨線刻對持笏板宦官

李杰摹

〔註 28〕（西魏）孫思邈，千金方·房中補益，玉房祕訣，見：李零，中國方術考，東方出版社，2001，518，湖南長沙楚墓出土的《龍鳳人物圖》帛畫中婦女細腰的形與「楚王好細腰」的記載相符。

〔註 29〕楚辭，大招，中謂美女體型曰：「小腰秀頸，若鮮卑只，」《廣弘明集》，卷第二十九上謂美人形象：美目清揚，巧笑蛾眉。細腰纖手，弱骨豐肌。附身芳潔，觸體如脂。

圖 5-6-8　河南鄧縣學莊南朝墓出土的磚刻「貴婦出遊圖」

源自：河南省文化局文物工作隊，鄧縣彩色畫像磚墓，文物出版社，
958：23。

　　中古時期墓室壁畫中人物的類型化造型法則，並不是由知覺對象本身的
這些由「技術」直觀翻版「客觀人物」性質本身傳遞的，〔註30〕而是由人物
造型中具有明顯傾向性的典型化特徵，與觀者神經系統中的類型性社會經驗
相切合所形成的普識性平面造型。並與觀者的感知和心理產生共鳴，得以在
藝術造型中體現出「視覺力中的表現性含義」，〔註31〕正如葉瀚所說，「美術
關乎社會文明之徵兆。」〔註32〕

第二節　時代風尚承變

　　每一個時代都有其特定的審美風尚，中古時期最具代表性、影響最大的
典型審美概念非唐代「長安風格」莫屬。

一、秀骨清像到面短而豔

　　「秀骨清像」是與魏晉玄學盛行具有直接關聯的人物造型審美觀，具體
體現在通過所表現人物的清雅脫俗的藝術形象，來達到追求人格超凡脫俗的

〔註30〕參見：〔美〕維爾納‧海納斯，精神發展的比較心理學研究，美國：芝加哥版，
　　　　1948：67～82。
〔註31〕〔美〕魯道夫，阿恩海姆，滕守堯，朱疆源譯，藝術與視知覺，四川人民出
　　　　版社，2006：611。
〔註32〕參見：葉瀚，中國美術史，第五章，國立北平大學第一師範學院，民國鉛印本。

精神境界。「秀骨清像」最早盛行於南朝,前文所見的江蘇南京西善橋宮山南朝墓中出土的南齊《竹林七賢與榮啓期》模印磚,既是典型的「秀骨清像」形式。「秀骨清像」一詞最早見於唐張懷瓘的《畫斷》:「秀骨清像,似覺生動,令人懍懍,若對神明,雖妙極像中,而思不融乎墨外,夫象人風骨,張亞於顧、陸屈也,張(僧繇)得其肉,陸(探微)得其骨,顧(愷之)得其神。」張懷瓘說「秀骨清像」的形態難以形狀,總體而言,給人一種仙風道骨、清瘦風流的印象。

《歷代名畫一記》二卷《論畫休工用拓寫》曰:「顧生首創維摩潔像,有清贏示病容,隱几感一言之狀。」表現清瘦高遠高士「秀骨清像」的繪畫風尚以顧愷之為代表,顧愷之在《畫雲台山記》中云:「畫天師瘦形而神氣遠。」劉宋時期的著名畫家陸探微繼承了顧愷之的藝術追求,使「秀骨清像」得到了進一步發展,引帶這一風格風靡建安。

「竹林七賢與榮啓期」是當時備受推崇的哲學大師,因此圖形這些人物的風氣盛行於南朝,並形成相對固定的圖畫樣式,由宋入齊的陸探微在南齊畫壇影響巨大,《歷代名畫記》曾記,陸探微作《孝武功臣竹林像》及《榮啓期、孔顏圖》,而關於由此推斷,《竹林七賢與榮啓期》也是陸探微等當世畫家的重要繪畫題材。

1960 年 4 月在南京西善橋宮山北麓下發現的南齊鑲拼磚畫《竹林七賢和榮啓期》,由南壁外而內依次為稚康、阮籍、山濤、王戎四人,北壁自外而內依次為向秀、劉靈(劉伶)、阮咸、榮啓期四人。〔註33〕八人均坐姿,皆形貌清雋、削肩細腰、寬衣博帶,顯然是「秀骨清像」風格的典型代表。1984 年 2 月發現於湖北襄樊市襄陽城西賈家沖畫像磚墓的供養人形象,則顯得更具飄飄欲仙的「秀骨清像」格調。

「秀骨清像」形式的確立與魏晉玄學的盛行密切關聯,不論是玄學的哲學追求擬或士人對自身形象的要求,都是追求理想的人格魅力和強調超越塵世的精神境界。此外,「秀骨清像」兩個代表人物,顧愷之對「神」的認識以及陸探微對「骨」的追求,都直接導致人物形象的典型化和精神化傾向,追求玄學境界中的飄逸瀟灑、超凡脫俗的虛幻空靈之美。

魏晉時期由於北方戰亂不斷,北朝又為外族所統治,漢族文化與外來文

〔註33〕南京博物院等,南京西善橋南朝大墓及其磚刻壁畫,文物,1960,8、9 合刊:37〜42。

化相互衝擊，而南朝則相對完整的延續了傳統文化。隨著北魏遷都中原，逐步爲漢族文化所同化，以至於南朝流行的「秀骨清像」審美觀念能夠順利北上中原。

初唐以降的唐代人物畫除了受到「秀骨清像」審美風尚的影響外，另外一種疏體「面短而豔」的形式風格對唐代人物畫的影響則更爲巨大。「面短而豔」是在東晉至齊的「秀骨清像」流行之後〔註 34〕，盛行於南朝後期的人物造形審美特徵。隨著外來理念和佛教形象的進入，促使人們從思辨的精神哲理形象，轉向關注現實形象。「面短而豔」的繪畫風尚，以蕭梁時期的張僧繇爲代表。米芾在其《畫史》中說：

> 張（僧繇）筆天女宮女面短而豔，顧乃深靚爲天人相。

張懷瓘在《畫斷》中言：

> 象人之美，張（僧繇）得其肉。

從中可知，「面短而豔」所體現出的是一種圓面多肉、體形豐潤的人物形象，與俊秀飄逸、超凡脫俗的「秀骨清像」相較，「面短而豔」的造型更接近現實人物，例如，北魏寧懋石室墓主像和臨朐北齊崔芬墓《主僕出行圖》等。

齊梁時期，由於士族門閥制度的衰落，以老莊思想爲核心的玄學風尚隨之漸散。而新興的貴族階層大多出於寒門或富商，他們的文化素質與之前的門閥士族截然不同，對於玄學的精神追求無法理解，他們更熱衷於追求感官上的愉悅與刺激。《廣弘明集》卷第二十九中就記錄了當時的新興貴族的日常生活：

> 觀人生之天性。抱妙氣而清靜。感外物以動欲。心攀緣而成眚。過恒發於外塵。累必由於前境。若空谷之應聲。似遊形之有影。懷貪心而不厭。縱內意而自騁。目隨色而變易。眼逐貌而轉移。觀五色之玄黃玩七寶之陸離。著華麗之窈窕。耽冶容之逶迤。在寢興而不捨。亦日夜而忘疲。如英媒之在摘。若駿馬之帶羈。類白日之麗天。乃歷年之不虧。觀耳識之愛聲。亦如飛鳥之歸林。既流連於絲竹。亦繁會於五音。經昏明而不絕。歷四時而相尋。〔註 35〕

其中更重要的還說明了當時所流行的人物審美趨勢：

> 美目清揚，巧笑蛾眉。細腰纖手，弱骨豐肌。附身芳潔，觸體

〔註34〕江梅，六朝美術中人物審美的演變，東南文化，1993，5：193。
〔註35〕廣弘明集，卷第二十九上。

如脂。〔註36〕

　　從中可見，「面短而豔」形象是當時社會主流審美的反應。此外，南朝文化在南北朝時期一直被認爲是「正朔所在」〔註37〕，這也是張僧繇一派流傳南北的原因之一。從中國傳統人物畫的演變歷程來看，產生於南朝末期的「面短而豔」只是這一審美風格轉變的開端，其實際成熟形態在唐代達到頂峰。初唐畫家閻立德、閻立本、范長壽，盛唐吳道子、周昉等均是受到張僧繇「面短而豔」審美特性的影響而獨創一派。

二、魏晉風尚延續

　　唐代之前的人物畫負載更多的是社會意義，而有唐以來的人物畫則更多表現爲獨立的審美價值。初唐時期的人物畫是在魏晉南北朝所形成的多元化風格並立的基礎上逐漸演化而成，所以，在初唐人物畫中明顯存有前朝的影子。歸納起來，顯然是以陸探微、顧愷之爲代表的「秀骨清像」和張僧繇等人所創疏體的「面短而豔」的審美風格對唐代人物畫影響最大。

　　李壽墓墓室壁畫和人物線刻中的侍女形象，身材纖小、清瘦，面部表情寧靜，整體人物透出一種清秀之美，明顯具有「秀骨清像」的審美特徵。成於永徽二年（651年）陝西禮泉段蕑壁墓壁畫侍女，（圖5-2-1）臉型圓潤，身姿修長，姿態嫻雅，著束胸長裙，肩搭披帛。線條勻細，畫工一絲不苟，甚至侍女軟履上的花紋也描繪清晰，無「一毫小失」，有顧、陸工謹細密之風。〔註38〕與此風格相同的還見於高宗上元二年（675年）李鳳墓甬道東壁第一幅的雙手持扇侍女（圖5-1-2）和甬道西壁第一幅腋下夾茵褥的侍女形象。

　　初唐鄭仁泰墓石槨上的男侍線刻，體態較豐，從臉部豐潤圓滿的造型看，明顯是張派借鑒佛畫形式的綜合體。李晦墓石槨人物線刻與契苾明墓石槨人物線刻的侍女造型，雖然臉部具有典型的「面短而豔」特徵，但體態卻還存有「秀骨清像」的形式風格，而在傳爲閻立本《步輦圖》中男子健壯豐厚體形與侍女纖弱姿態形成鮮明對比，從中也可看出初唐時期人物畫的風格雜存狀態。

〔註36〕廣弘明集，卷第二十九上。
〔註37〕〔唐〕李百藥，北齊書，卷二十四，杜弼，原文：「江東復有一吳兒老翁蕭衍者，專事衣冠禮樂，中原士大夫望之以爲正朔所在。」
〔註38〕顧愷之在《魏晉勝流畫贊》中云：「若長短，剛軟、深淺、廣狹與點睛之節，上下大小，醲薄，有一毫小失，則神氣與之俱變矣。」

圖 5-2-1　陝西禮泉段蕳壁墓壁畫摹本

源自：尹盛平編，唐墓壁畫集錦，陝西人民美術出版社，1991：36。

　　武周（690～705 年）之後的永泰公主墓、懿德太子墓與章懷太子墓得壁畫、線刻侍女形象，除了受到張氏疏體影響之外，顯然還與對唐影響至深的鮮卑等游牧民族的審美觀有著密切關聯。這些侍女豐滿適度、體態健康、臉龐圓潤多肉，很可能是受到草原游牧民族「以健爲美」的審美標準影響。李鳳墓甬道壁畫中的梳單刀髻侍女，（圖 5-2-2）無論是體形和臉部都呈現偏胖的現象。而章懷太子墓前甬道東壁壁畫的侍女則顯得更爲豐碩、飽滿。

　　開元初期前後，貴族女子著胡服、多騎射，「平明騎馬人宮門」已成爲當時女子的時尚〔註 39〕。這種社會現象在這一時期的韋氏墓石槨線刻中表現的最爲充分，在現可取的韋氏墓壁畫人物圖像中，著胡服的侍女形象幾乎佔了一半數量。然而，從韋氏的四座石槨線刻的侍女著裝中還顯示出一個特殊現

〔註39〕常任俠，唐永泰公主墓的兩幅壁畫，文匯報，1978，4，20。

象，在這些圖像中可見，著裙裝的高級別侍女體型偏胖，如，韋詢墓石槨束向北間壁板線刻侍女、韋頊墓石槨觀飛鳥圖中侍女等。而著胡服的侍女則體型較瘦，如韋詢墓石槨西向北間壁板著冠侍女、韋頊墓石槨逗戲鸚鵡圖中著胡服侍女等。可見，胡服並非流行於高級貴婦當中，而是低等級侍女或女官的裝束。另外，在這一時期的人物畫中還可看出，「面短而豔」的人物偏胖趨勢日漸增長，例如，韋泂墓後室北壁壁畫東起第二幅頭梳螺髻，身著半臂，窄袖襦裙的侍女，（圖5-2-3）體格肥壯，尤其是該侍女的頸部刻畫的異常臃腫。可見此時的人物形象已徹底改變了南北朝時期的脫俗神貌，形象豐腴健康，形態多姿，在畫面中滲入了更多的人情味和現實感。

圖 5-2-2　李鳳墓甬道梳單刀髻侍女

源自：申秦雁主編，神韻與輝煌——陝西歷史博物館國寶鑒賞‧唐墓壁畫卷，三秦出版社，2006：96。

圖 5-2-3　韋洞墓後室北壁壁畫東起第二侍女

源自：申秦雁主編，神韻與輝煌——陝西歷史博物館國寶鑒賞・唐墓壁
畫卷，三秦出版社，2006：113。

三、豐肥妍美

　　開元中期以後的墓室人物造型，不僅臉部豐腴飽滿，而且整體身材也趨
於豐滿肥胖，特別是天寶以後，這種尚肥的趨勢愈加明顯，從這些現象中可
看出，開元之後的唐人審美觀念已發生了實質的變化。〔註40〕

　　開元已降，社會經濟空前繁榮，杜甫在《憶昔》詩中對當時的社會富足
做了形象的描寫：

　　　　憶昔開元全盛日，小邑猶藏百家室。稻米流脂粟米白，公私倉

廩俱豐實。〔註41〕

　　生活水平的提高必然使得貴族婦女身材偏於肥胖，此外，李唐家族本來
就有北方鮮卑族血統，在飲食結構上多以肉食為主，容易使人發胖，加之社
會的開放，身材較為高大的外族大量入唐，自然會在審美上轉向高大肥美的
形體意態。史載武則天以「方額、廣頤、鳳頸」贏得高宗所喜，而玄宗所愛
的楊貴妃也是「濃麗豐肥」。

　　盛唐時期對外交流達到了有史以來的巔峰，西域諸國的高大身材和高鼻

〔註40〕李星明，唐代墓室壁畫研究，陝西人民美術出版社，2005：288。
〔註41〕全唐詩，卷二百一十六，杜甫，憶昔二首。

樑、大眼睛以及佛造型的飽滿形象，在此時對傳統審美觀念產生了強大的影響，促使「面短而豔」的審美趣味在此時產生了極致的表現。天寶以後，無論是在石窟壁畫或墓室繪畫中，都呈現一種祥和吉祥的氛圍，人物形象已由圓潤、豐滿完全取代了類似「元謐石棺」或「竹林七賢」中的瘦削、超脫的高士形象。這種豐潤的社會審美與當時長期經濟繁榮不無關係，同時，佛教密宗造型也在盛唐時期發揮出較大的影響作用。周昉曾作《按箏圖》描畫楊貴妃之形態，董廣川觀其畫後曾提跋曰：「嘗持以問人曰，人物豐穠，太眞妃豐肌秀骨，今見於畫亦肌勝於骨。昔韓公言，曲眉豐頰，使知唐人所尙，以豐肌爲美，昉於此，知時所好而圖之矣。」雖然《按箏圖》已矣，但從傳爲周昉《簪花仕女圖》中可以看出，豐肥體態是盛唐時期所推崇的婦女標準美。

　　天寶之後的人物造型，較之以前統一的更加豐腴、肥美。天寶四年（745年）蘇思勖墓墓室北壁東半邊所繪侍女，頭梳倭墜髻，雙手拱於胸前，身材高大豐滿，「具有肌豐而有餘，體妖而婉淑」的環肥特點。〔註42〕天寶元年（742年）李憲墓石槨和壁畫上的所有人物形象均是肥胖體形，特別是天寶五年（746年）王賢妃墓石槨上的所有侍女形象不但肥胖甚至可以說是臃腫（圖5-2-4）。

圖 5-2-4　王賢妃墓石槨壁板線刻

李杰摹

〔註42〕申秦雁主編，神韻與輝煌──陝西歷史博物館國寶鑒賞‧唐墓壁畫卷，三秦出版社，2006：218。

第三節　臉形形式

一、早期人物臉型

　　人類早期人物畫的臉型均是採用正面或正側面剪影式概念性畫法，不單單是中國如此，現已發現的全球各地區的早期人物畫的臉型都具有相同規律。這一現象主要是由於早期人類對造型的把握相對稚嫩，而只有正面和正側面的臉型才易於掌握。同時，在沒有較高級的技法手段進行寫實描寫的時候，只有正面和正側面在觀者的眼中才具有較爲明確的辨識度。對比史前岩畫和器表圖畫，可以看出無論什麼地方的平面造型雖然地處不同文化區域，或相差萬里之遙，但卻在人物平面造型的表現上具有驚人的相似性。這主要是由於，早期人們在模擬現實景物的時候，在不具備較好的平面造型您能力的時候，就會簡單的將描摹對象的外邊緣連接起來，以便形成簡單的平面造型，這種類剪影式的繪畫，最易把握，也最易被觀看的人們所接受。然而，這種由投影邊線所構成的線條組合，雖然可以表現出物象的外輪廓，但卻不能展現現實物體的三維空間狀態，所以，這只能說是一種概括性線群組合。（圖 5-3-1）

圖 5-3-1　新石器時期馬家窯舞蹈紋圖

源自：劉瑋、金濤，中國人物畫全集，京華出版社，2001：遠古 002。

　　秦漢之際，是中國本土繪畫的定型時期，這時的畫家繼承了人類早期的概括性繪畫造型觀念。同時，由於繪畫的社會功能目的政治性因素，畫家並沒有執著於平面造型的準確性表達。他們所必須關注的是畫面中人物的社會

功能性特質，從現已發現的考古資料來看，這一時期的平面藝術幾乎都偏重於畫面中所體現出的故事情節性表現。我們今天所能見到的戰國時期繪畫，其人物面部均呈正側面，即如 1973 年出土於湖南長沙子彈庫一號楚墓的「人物御龍圖」帛畫，以及 1949 年出土於湖南長沙陳家大山楚墓的「龍鳳人物圖」，兩幅帛畫中人物的臉型均呈正側面。（圖 5-3-2）漢代出土最多、最具代表性的平面藝術品非畫像石莫屬，西漢畫像石的人物臉部大多是正側面形式，除了還處在初級階段的平面造型技法的限制外，石質材質的局限性也是造成這種現象的直接因素，正側面在刻石中更易表現人物的臉型動態，例如 1978 年在山東嘉祥縣宋山出土的「六博遊戲」畫像石的人物正側面臉型（圖 5-3-3）、江蘇衢寧舊朱集漢墓出土的門吏畫像石、〔註43〕山東滕州西戶口漢墓出土的「交談」畫像石〔註44〕等等。秦漢時期初級的造型觀念尚未走出概念化的初級階段，與畫像石人物臉部處理不同的是壁畫中的正面臉型逐漸增多，幾乎佔據大部分西漢至東漢早期的人物臉型，即如 1957 年發掘於河南省洛陽市燒溝村 61 號漢墓後室後壁的攏袖侍女的臉型（圖 5-3-4）等。與正側面相比，正面臉型的繪製技法要難於正側面，這種現象也顯示出繪畫觀念和技法的進步。

圖 5-3-2　戰國帛畫正側面臉型

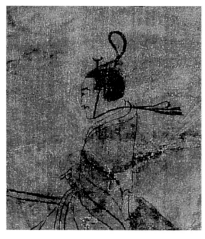

源自：劉瑋、金濤，中國人物畫全集，京華出版社，2001：戰國 003、戰國 004。

〔註43〕李淞，漢代人物雕刻藝術，湖南美術出版社，2001：291。
〔註44〕李淞，漢代人物雕刻藝術，湖南美術出版社，2001：157。

圖 5-3-3　山東嘉祥縣宋山出土的「六博遊戲」畫像石的正側
面臉型

源自：中國畫像石編輯委員會，中國畫像石全集（2）——山東漢畫像石，
山東美術出版社、河南美術出版社，2000：92。

圖 5-3-4　洛陽古墓博物館藏漢代攏袖侍女的正面臉型

源自：劉瑋、金濤，中國人物畫全集，京華出版社，2001：漢代 007。

　　漢代既沒，曹魏中興，秦漢所形成的中央集權逐漸削弱，各地豪強氏族的勢力逐步擴大，社會結構和政治體制發生了巨大的改變。秦漢所奠定的儒家思想逐漸落寞，而繪畫所承載的宣教功能也隨之淡薄，特別是隨佛教帶入的西式造型漸漸滲入主流繪畫體系，本土畫家開始關注具有體積感的平面表達方式，本土的繪畫技法也隨之得以提升。從現已發現的東漢末期的人物圖像來看，繪畫題材逐漸轉向對現實生活的描寫，並且在人物形象表現上，已經由概念化平面形式漸漸向立體化表現形式邁進。

　　因此，不論是在東漢晚期的墓室壁畫或畫像石中，大量出現了 45 度角的七分面型（圖 4-4-1）。例如，洛陽朱村東漢墓中墓主像和侍從像的半側面臉型、（圖 5-3-5）陝西神木大保當漢墓墓門左立柱畫像石人物的刻繪臉型、（圖 5-3-6）1988 年在河南南陽臥龍區麒麟崗東漢墓出土的高髻女子的半側臉型。（圖 5-3-7）

圖 5-3-5　洛陽朱村東漢墓中墓主和侍從的半側面臉型

源自：劉瑋、金濤，中國人物畫全集，京華出版社，2001：漢代 012。

圖 5-3-6　　神木大保當墓門左立柱人物的半側面臉型

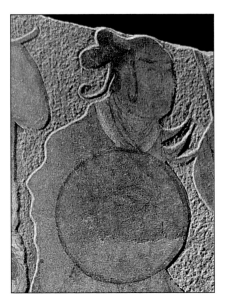

源自：中國畫像石編輯委員會，中國畫像石全集（5）——陝西、山西漢
畫像石，山東美術出版社、河南美術出版社，2000：159。

圖 5-3-7　　麒麟崗東漢墓高髻女子的半側臉型

源自：中國畫像石編輯委員會，中國畫像石全集（6）——河南漢畫像石，
河南美術出版社，2000：101。

二、魏晉南北朝平面人物臉型

魏晉時期是中國本土繪畫與外來造型觀念相互兼容的關鍵時期，同時，這一時期出現了大量的士大夫畫家，他們的整體文化素養比較高，對於外來文明的接受能力和理解能力要遠高於傳統的畫工和畫匠。並由他們帶動了一場藝術表現的變革，使得本土畫家和世人不得不對自己習以爲常的造型方式進行重新審視。

單純以線造型是中國本土繪畫的特徵，漢末的半側面臉型明顯要比正面或正側面的臉型更具立體感，因爲半側面臉型從觀看者的角度，區分了而臉部的前後關係，並帶有簡單的體積視覺感受。因此，當魏晉南北朝畫家在掌握了這種相對接近像是視覺感受的繪畫技法方式的時候，45 度角的七分面臉型便盛行開來。從魏晉早期的墓室壁畫到南北朝後期的墓室壁畫，人物的臉型除需展現墓主威嚴的正面形象外，大部分人物的臉型都採用半側面，其中原因顯然是受到西式造型觀念的影響，欲在換面中展現具有「體積」和「空間」的造型願望。

東漢末期和魏晉早期的平面人物臉型還多是正面、半側面參半，可以看出，畫家對半側面的前後空間把握的並不成熟，前大後小的視覺透視關係還沒有充分掌握。例如，藏於河南洛陽古墓博物館的東漢末期的「鴻門宴」墓室壁畫中的半側面人物，眼睛的大小並未做前後區分，使得這種看似半側面的臉型並未達到視覺上的空間立體效果。（圖 5-3-8）南北朝時期，佛畫的西式技法已基本上與傳統的中式線形繪畫融合，以線表現體積的技法漸漸顯露出來，同時，在世俗繪畫中，尚不成熟的體積表現方法，使得半側面臉型的類「空間表現」的簡單方法被普遍應用，而此時的畫家，顯然已經能夠熟練掌握半側面臉型中基本要素的前後、大小關係，因此，在南北朝的墓室壁畫中，人物的半側面臉型佔據了極大部分。例如，出土於南京西善橋南朝墓的榮啓期磚畫像的臉型、（圖 5-3-9）出土於南朝金王陳失名陵的武士磚畫的臉型（圖 5-3-10）等等，甚至在一些更爲優秀的群像作品中，所有人物臉型都採用半側面臉型，而爲了不會產生呆板的效果，畫家將半側面臉型進行了大小的穿插分佈和臉型方向的組織，使得半側面群像充滿了動感的靈性。（圖 5-3-11）

圖 5-3-8　東漢末期「鴻門宴」半側面臉型

源自：劉璋、金濤，中國人物畫全集，京華出版社，2001：漢代 007。

圖 5-3-9　南京西善橋南朝墓的榮啟期半側面臉型

源自：林樹中，六朝藝術，南京出版社，2004：圖版 179。

圖 5-3-10　南朝金王陳失名陵的武士半側面臉型

源自：陳夏生主編，中華五千年文物集刊——服飾篇（上），中華五千年
文物集刊編輯委員會，中華民國 75 年：101。

圖 5-3-11　臨朐崔芬墓墓主出行圖

源自：鄭岩，魏晉南北朝壁畫墓研究，2002。

三、唐代平面人物臉型

　　唐代之前人物畫的臉形外輪廓線大多是由一條平滑曲線勾勒而成。由於
受到「體面」觀念的影響，這種傳統概念化的表現在唐代發生了改變。在唐

代石槨的宦官線刻中，臉型的外輪廓線的彎轉變化，是依據人的肌肉結構而轉折，其中也包括顯示臉型內部肌肉變化的線形。與之前平面造型中的概念化臉形有著明顯的區別。

這些宦官臉形的外輪廓線，由上至下的向外突出部位的線條，分別是依據客觀臉型中眉弓、顴骨、咬肌而突出。（圖 5-3-12-A）鼻側的弧線，是唇部向上撅起所形成的臉頰肌肉與咬肌結合部位的夾角線。（圖 5-3-12-B）眼睛的描繪方式已脫離了之前的概念化眼形樣式，[註45] 上眼線與下眼線之間增加了一條側線，用以表現半側面眼球的轉折關係。韋詢墓石槨南向中間偏東的宦官（圖 5-3-12-A）及薛儆墓石門右門扉的線刻宦官，（圖 5-3-12-C）上眼線與眼尾皺紋連成一體，以表現年老宦官鬆弛的上眼皮。韋泂墓石槨持笏宦官的眼睛與眉毛之間的一條向上突起的弧線及眼下向下彎弧的短線，表現出了眼球的突起形狀。（圖 5-3-12-B）另外，還有一點不容忽視，從韋詢墓石槨南向中間偏東的宦官臉部的唇下的一條短線，可以看出畫家已關注到肌肉細節的結構變化，這條橫短線旨在表現下唇與下頜兩處突出肌肉的結合部的凹痕，（圖 5-3-12-A）有此短線就可明確表現出嘴唇與下巴的突起形態。

圖 5-3-12　唐代石槨線刻中的宦官臉型

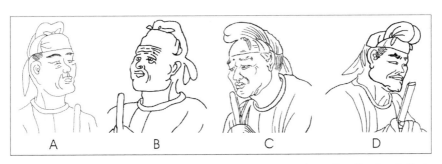

A、韋詢墓石槨南向中間偏東門吏線刻局部；B、韋泂墓石槨《新貴持笏圖》局部；C、薛儆墓石槨石墓門右門扉線刻局部；D、阿史那懷道十娃夫婦墓石槨宦官線刻局部。

盛唐畫家已經成熟的掌握了線的結構表現特性，將特定的線形變化與特定的人物形象相配合，以達到畫家所設定的形象效果。在成於睿宗景雲元年（710 年）的萬泉縣主薛氏墓甬道西壁的宦官頭像中，這種結構線群的組合表

〔註45〕隋唐之前，無論臉部的角度呈正面或側面，其眼形基本都是正面輪廓線眼形，並未表現出眼睛的體量及轉折關係。

現的更加明顯，鼻底的轉折關係清晰，嘴上兩側的線條襯托出口輪匝肌的凸出，眼睛上下的兩條弧線組合表現出眼球的凸起狀態。（圖 5-3-13）成於 734 年的阿史那懷道十娃夫婦墓石槨線刻中的宦官臉部，（圖 5-3-14-D）下頜曲線的準確轉折、穿插充分表現出下頜部的前後體積關係，其對臉部結構的理解程度絕不亞於西方寫實主義繪畫的表現。

圖 5-3-13　宦官頭像，咸陽市底張灣萬泉縣主薛氏墓甬道西壁壁畫局部

源自：神韻與輝煌——陝西歷史博物館國寶鑒賞‧唐墓壁畫卷：204。

唐墓石槨線刻侍女的臉形外輪廓線，以彎轉準確的線形勾勒出臉部的結構，與之前表現女性臉型的一條簡單弧線有著明顯區別。由於女性臉部的肌肉平滑圓潤，突起變化較緩和，不能採用明顯凸凹的線形來表現，畫家則利用線條的穿插疊壓，勾出臉部肌肉的圓轉突起。其例基本有四種：

1、將侍女臉型的外輪廓線分成兩條，上面一條弧線表現圓潤臉部曲線，另一條曲線疊壓在這條線的下部尾端形成穿插，表現下巴的突起。如永泰公主墓石槨內壁東面南次間侍女臉部的外輪廓線。（圖 5-3-14-A）

2、用上面的弧線疊壓在下面的弧線上，同樣表現這種對肌肉區分的效果，如，韋詢墓石槨北向東面第二間線刻侍女的臉型輪廓線群（圖 5-4-14-B）、

李憲墓石槨內壁西向中間線刻侍女臉形輪廓線。（圖 5-3-14-C）

　　3、永泰公主墓石槨內壁南面東間侍女臉型的外輪廓線群，是由表現下巴的弧線，疊壓於臉側上部弧線和表現脖頸與臉部轉折的下部曲線之上，（圖 5-3-14-D）這種表現方式常用於表現較胖臉形。

　　4、臉部外輪廓線保持一條統一的曲線，將表現下巴突起的短弧線單獨提於輪廓線之內，並與外輪廓線配合，形成肌肉突起的視覺效果，例如，永泰公主墓石槨內壁北面次間侍女臉部的線群組合、（圖 5-3-14-E）薛儆墓石槨外壁西向中間侍女臉部的輪廓線群。（圖 5-3-14-F）

　　傳統繪畫中，畫家對於人物臉部的表現，主要是以臉部的概念化輪廓來設定線條的走向和位置，帶有明顯的主觀類型化表現特徵。自魏晉伊始，本土藝術家在接受西式「立體化」造型觀念並逐漸消化的境態下，人物臉型從簡單的平面化正面或正側面逐漸轉向具有視覺上「立體」的半側面。很明顯，南北朝和隋唐的畫家關注到了光影對人臉部的影響作用，取形方式明顯轉向以結構來確定線形的走向，對臉部結構的表現有了顯著的提升，顯然，這種取形方式正在向現實人物靠攏。

圖 5-3-14　唐代石槨侍女臉型

A、永泰公主墓石槨內壁東面南次間線刻局部；B、韋詢墓石槨北向東面第二間線刻局部；C、李憲墓石槨內壁西向中間線刻局部；D、永泰公主墓石槨內壁南面東間線刻局部；E、永泰公主墓石槨內壁北面次間線刻局部；F、薛儆墓石槨外壁西向中間線刻局部。

第四節　眼形規程

一、阿堵傳神

　　孟子曰：「存乎人者，莫良於眸子。眸子不能掩其惡。胸中正，則眸子瞭

焉；胸中不正，則眸子眊焉。聽其言也，觀其眸子，人焉瘦哉？」〔註46〕曹魏四朝元老蔣濟亦曾著論曰：「觀其眸子，足以知人」。〔註47〕可見，眼睛是人的精神風貌及心理狀態之窗口。繪畫中的眼睛形態雖只是一個外在形式，卻因傳統眼睛的這種心理反應而成爲中國人物畫「傳神」表現的載體。顧愷之論「傳神」曰：

> 四體妍蚩，本無關於妙處，傳神寫照，正在阿睹中。

蘇軾在《傳神記》中說：

> 傳神之難在目。顧虎頭云：『傳形寫影，都在阿堵中。〔註48〕

丁臯在其繪畫實踐著述《寫眞秘訣》中亦云：

> 眼爲一身之日月，五內之精華，非徒襲其跡，務在得其神，深得則呼之欲下，神失則不知何人。〔註49〕

即便是對西方繪畫理論具有啓蒙意義的古羅馬哲學家柏羅丁（Plotinus，205～270）也關注到眼神在人物表現中的傳神作用：

> 畫家尤其必須注意抓住眼神，因爲心靈在眼神中所顯露的比在身體的體態上所顯露的要更多一些。〔註50〕

可見，眼睛在人物畫「傳神寫照」中的重要地位毋庸置疑。它是畫家的精神載體，是畫中人物情感表達的窗口，更是與觀者進行心靈交流的管道。巫鴻在《眼睛就是一切》中轉引大衛·弗里德伯格（David Freedberg）的語言：「一尊偶像的觀看者會不斷發現自己的目光被偶像的眼睛所控制，這種力量極強，使觀看者難以迴避」。〔註51〕

中國古代哲學觀念中，眼睛與人的情緒、精神相關聯，並具通靈的魔力。漢劉劭在《人物志》中說：

> 夫色見於貌，所爲徵神，徵神見貌，則情發於目。〔註52〕

南朝劉義慶在《世說新語》中描寫王羲之與夫人的對話：

> 王尚書嘗看王右軍夫人，問：「眼耳未覺惡不」？答曰：「髮白

〔註46〕「存」是考察、觀察的意思，「瞭」指眼睛明亮，「眊」謂目光昏暗，「瘦」是隱藏、藏匿的意思。（孟子，離婁章句上。）

〔註47〕三國志，卷二八，鍾會傳。

〔註48〕〔宋〕蘇軾，蘇軾集，卷三十八。

〔註49〕〔清〕丁臯，寫眞秘訣，見：芥子園畫傳，人民美術出版社，1960：8。

〔註50〕〔英〕鮑桑葵，張今譯，美學史，商務印書館，1985：155。

〔註51〕〔美〕巫鴻，禮儀中的美術（上），生活·讀書·新知三聯書店，2005：79。

〔註52〕〔漢〕劉劭，人物志，九徵。

齒落，屬乎形骸，至於眼耳，關乎神明。那可便與人隔」？〔註53〕

中國古代哲學觀中，人的形骸與神明之間區分明晰，而人的眼、耳則與神明聯通，是人與神連接的橋樑。藝術家在進行創作時，自然就會將眼睛地表現作為表達人物性格的主要技巧。

形神之爭一直是中國古代哲學的焦點，魏晉南北朝時期受玄學影響，重神而輕形佔據了主導地位，淮南王劉安在其哲學著作《淮南子》中闡釋了神與形的從屬關係：

畫西施之面，美而不可悅，觀孟賁之目，大而不可畏，君形者亡焉。

可見作為「神」之載體的眼睛，對於表現人物性格、面貌的重要性。

孫暢之在《述畫》中記錄顧愷之的老師衛協在畫《七佛圖》時，由於對於眼睛的刻畫太過重視，使「人物不敢點睛」。而顧愷之亦「畫人嘗數年不點目睛」。

《太平御覽》卷七零二引《俗語》曰：

顧虎頭為人畫扇，作嵇、阮、而都不點眼睛，曰：「點眼睛便欲語」。

唐代段成式謂吳道子所作「執爐天女」：

西中三門里門南，吳生畫龍，及刷天王鬚，筆跡如鐵。有執爐天女，竊眸欲語。〔註54〕

「竊眸欲語」即是畫家通過對畫中人物眼睛的刻畫，使觀者產生與之交流的感受，亦是對顧愷之「悟對通神」的一種解釋。

二、娥　目

中國傳統人物畫的女性眼形幾乎均是細長單眼皮，這種眼形是漢族所特有的蒙古人種特徵。魏晉伊始，北方游牧民族南侵，與中原漢族相融，南下的漢族又同化了若干南方土著民族。從體質人類學（Physical Anthropology）的觀點來看，人的體質與社會文化有著密切關係，生物的遺傳性質在受到外來因素影響後會發生改變。〔註55〕因此，魏晉南北朝之後，漢族的遺傳結構

〔註53〕〔南朝宋〕劉義慶，世說新語，賢媛第十九。
〔註54〕〔唐〕段成式，酉陽雜俎，續集卷五，寺塔記上，趙景公寺。
〔註55〕張實，體質人類學，雲南大學出版社，2003：3。

已不可能像之前那麼「純粹」了，漢人也就不會僅是單眼皮一種眼形形態。那麼，為什麼在歷代人物畫的女性眼形依然保持著單眼皮形式？顯然，這與中國傳統的審美觀有著密切關係。戰國屈原在《大招》一辭中謂美目曰：

青色直眉，美目娥只。〔註56〕

漢代許負在《相法十六篇》第一篇第一段既言，古人認為的最美眼形：

目秀而長，必近君王。〔註57〕

「娥目」一直是傳統社會所欣賞的一種女性眼睛形狀，是中國傳統美女的標準眼形，意即：眼睛半睜半閉，目不帶情。眼形較長，似如丹鳳。

「察心之邪正，莫妙於觀眸子。」〔註58〕李漁認為，女子眼之大小、粗細與其性情剛柔、心思愚慧具有密切關聯。眉眼以細長清秀為美，其性格必柔和聰慧。基於這種審美觀念，「娥目」成為中國歷代畫家描繪美女眼形的標準程式。漢景帝劉啟（前188年～前141年）墓中出土的妃子俑，眼睛以墨線勾出，其形即是漢時美女的細長「娥目」。（圖5-4-1）唐武周時期阿斯塔那張禮臣墓（703年）出土的六扇聯屏絹畫中的正面侍女（圖5-4-2）亦是「娥目」程式的沿承。

圖5-4-1　漢陽陵出土妃子俑

源自：陝西省考古研究所，漢陽陵，重慶出版社，2001：48。

〔註56〕〔戰國〕屈原，楚辭，大招，詞源注：娥，形容眼睛美麗，見：詞源，商務印書館，2006：762。
〔註57〕參見：鄭炳林，王晶波，敦煌寫本相書校錄研究，民族出版社，2004。
〔註58〕〔明〕李漁，閒情偶寄。

圖 5-4-2 唐張禮臣墓屏風，侍女眼形

源自：陳夏生主編，中華五千年文物集刊——服飾篇，下，臺灣：中華
五千年文物集刊編輯委員會，1986：178。

　　漢代墓室人物圖像的載體多是畫像石，由於材質和造型手段的限制，畫
像石上的人物幾乎都不刻畫眼睛。壁畫中的眼型亦大多模糊不清，因此，對
於漢代墓室壁畫中人物眼型的分析數據很難總結。漢末伊始，由於本土造型
觀念的提升再加之外來造型觀念的衝擊，使得人物畫的形象表現能力逐漸提
升，因此，對於眼睛的表意作用得以突出。由於石刻與繪畫材質的不同，眼
形細節的表現難度較大。以至於初唐以前人物線刻的眼形大多未刻瞳孔。初
唐李壽墓（630 年）石椁線刻中的人物眼形的表現較簡練，其中四個正面侍
女（只有正面眼形才能完整的看出婀目的整體形狀）的眼形呈棗核形，未刻
瞳孔，這也是魏晉眼形程式的遺風。唐之前的人物眼形，幾乎無一例外的用
兩條均勻細線上下對彎勾出，形狀類似棗核，只是以偏長或偏圓來區分男女
眼形。（圖 5-4-3）顯然，李壽墓人物線刻的眼形，還處在眼睛表形的模糊階
段，還不能以此區分人物性格。

圖 5-4-3　洛陽石棺床局部，北魏

源自中國畫像石全集編輯委員會，中國畫像石全集，第 8 輯，石刻線畫，河南河南美術出版社，山東美術出版社，2000：35。

　　即便如此，還是可在這些眼形中發現其演進的微妙變化。隨著勒石工藝的發展，刻工有意識的關注於人物視線的表達。爲了表現侍女仰視形態，李壽墓石槨內壁北嚮壁板線刻第三排左起第 1 人眼形下面的線條，並沒有像之前眼形下眼線畫成向下彎曲，而是畫成直線，（圖 5-4-4-D）以區別於其他侍女棗核形狀的傳統眼形表現程式。（圖 5-4-4-B）此外，李壽墓石槨內壁北嚮壁板線刻第二排左起第 3 人的眼形，（圖 5-4-4-C）刻工將眼形的上眼線畫成平直，下眼線向下彎曲，以表現人物眼睛的俯視形態。可見，唐初的刻工已經基本掌握了利用上下眼線的變化，來表現人物視線的變化的方法。

圖 5-4-4　李壽墓石槨人物眼形程式

A、內壁東向西間壁板線刻，第一排左起第二人局部；B、內壁北嚮壁板線刻第一排左起第 3 人局部；C、內壁北嚮壁板線刻第二排左起第 3 人局部；D、內壁北嚮壁板線刻第三排左起第 1 人局部。

　　盛唐時期，隨著刻工對人物眼形表現技巧的提升，瞳孔隨被刻畫出來，並且已能依據人物性格的不同而採用不同的表現形式。

　　薛儆墓石槨正面侍女的「婳目」，（圖 5-4-5）除了眼形與用筆的固定程式之外，還有一個特殊現象值得關注，即，侍女的瞳孔均向中間靠攏，類似對眼。將這些正面侍女的眼形與同時期的其他人物進行比對，就會發現，男性及宗教造像（圖 5-4-6）正面眼形的瞳孔都是正常的，而只有在描繪現實中的女性的時候，畫家才會將瞳孔向中心靠攏。此外，將唐墓線刻人物的半側面眼形與之對比，亦會發現，除正面眼形的瞳孔是向內集中外，半側面的眼形都是正常的。（圖 5-4-7）

圖 5-4-5　薛儆墓石槨正面侍女的「婳目」

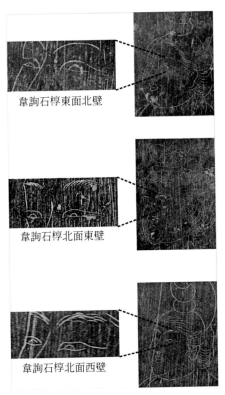

韋詢石槨東面北壁

韋詢石槨北面東壁

韋詢石槨北面西壁

A、薛儆墓石槨壁板外壁西向中間局部，源自：山西省考古研究所，唐代薛儆墓發掘報告，科學出版社，2000：46，B、薛儆墓石槨壁板內壁東向南間局部，源自：唐代薛儆墓發掘報告：49，C、薛儆墓石槨內壁東向南間局部，源自：唐代薛儆墓發掘報告：49，D、薛儆墓石槨壁板外壁西向中間局部，源自：唐代薛儆墓發掘報告：46。

圖 5-4-6　　《延壽命長壽王菩薩像》

絹本，唐，縱108公分、橫61公分，出土於新疆吐峪溝，現存於旅順博物館，
源自：中國美術史圖像手冊──繪畫卷：109。

圖 5-4-7　　唐墓石槨侍女半側面眼形

A、永泰公主墓石槨外壁東面中間侍女眼形；B、薛儆墓石槨壁板外壁北向東間
侍女眼形；C、韋頊墓石槨，侍女眼形；D、李憲墓石槨壁板內壁西向中間侍女
眼形。

　　綜合盛唐時期的繪畫表現，此時的畫家對人體結構已具有相當深入的理
解，為什麼他們還會將正面女性的瞳孔向中間靠攏哪？其主要原因多半是由
於中國古代的傳統女性觀念所致。中國古代是以男性為中心的集權社會，封
建道德規範將男女分為主從與尊卑關係，女性只是男性的附屬品，「女子者，
順男子之教而長其禮者也」。〔註59〕社會對女性的要求極為苛刻，制定了非常
嚴格的行為規範，晉時張華作《女史箴》，唐時太宗長孫皇后作《女則》30卷，

〔註59〕孔子家語，本命解。

皆是用以訓導女性。〔註60〕

　　中國傳統社會主張「坤道尙柔，婦德尙柔」。〔註61〕《詩經》曰：「關關
雎鳩，在河之洲。窈窕淑女，君子好逑。」辜鴻銘〔註62〕在《中國婦女》一
文中解釋道：「窈窕」兩字與「幽閉」具有同義性。從字面而言，「窈」即：
幽靜的、恬靜的、溫柔的、羞羞答答的模樣，並嚴格規定女性不得與男性正
面直視。因此，在傳統女性題材繪畫中，女性的臉型基本上都是側面，極少
出現正面形象，只有在繪製較爲莊嚴的形象時才會以正面取像，周履靖在《天
形道貌》中亦表述：

　　　　其畫面像，更有分數刊玢、八分、七分、六分、五分、四分、

　　三分、二分、一分之法。背面正像則七分六分四分乃爲時常之用者。

　　　　其背像用之亦少，惟畫神佛，欲其威儀莊嚴矜敬之理，故多用正像，

　　蓋取其端嚴之意故也。〔註63〕

　　由於盛唐女性地位的提高及豐富畫面要求，需要表現女性的正面形象，
但在此時，不於男子正面對視的傳統審美觀依然穩固，這就給畫家出了道難
題。

　　唐墓線刻中出現的幾個正面侍女形象，均是級別較高的女官（華麗裙裝、
頭梳高髻）。爲表現她們的雍容之態而採用正面姿態，於是畫家採取了一種折
中的方式來表現女性「幽閉」的目光，將眼形中的瞳孔聚向中心，使畫中人
物的目光形成散視狀態，這樣就使觀看者無法和畫中人物進行眼神對接交
流。觀者在矚目畫中人物正面平視的眼睛時，就如同看著側視的眼睛，丁皋
在《寫眞秘訣》中即對這種表現程式作出解釋：

　　　　意遠而神藏，望人偏灼灼。〔註64〕

　　綜上所述，初唐以降女性眼形程式的基本特點如下：

　　1、以瞳孔爲頂點呈扁三角形狀。

〔註60〕據胡文楷先生考證，唐代僅經典女教之書就多達十餘部，見：胡文楷，歷代
　　　　婦女著作考，上海古籍出版社，1985。
〔註61〕全唐文，卷六百九十一，符載，祭妻李氏文。
〔註62〕辜鴻銘，字湯生，（1857～1928）清末民初人，祖籍福建同安，出生於馬來亞
　　　　的一個華僑世家，先後在英、德、法、意等國學習十幾年，熟悉西方文明，
　　　　精通多種語言。
〔註63〕〔明〕周履靖，天形道貌，見：俞建華，中國畫論類編，人民美術出版社，
　　　　1986：496。
〔註64〕〔清〕丁皋，寫眞秘訣，眼光篇，見：芥子園畫傳，人民美術出版社，1960：71。

2、眼形基本呈彎月形。

3、眼形較長，如丹鳳眼。

4、半睜半閉，目不帶情。

5、正面眼形的兩個瞳孔向中心聚攏。

6、眼距小於一隻眼的寬度。

三、三白眼

古人認爲「四白眼」是凶目，亦稱「暴目」，傳統觀念中非常忌諱。漢代許負在《相法十六篇》的相目篇中即說：「女目四白，外夫入宅」。〔註65〕在傳統繪畫中「四白眼」多在性情暴烈的男性形象中使用，「暴目（者）眼大而神露，稍睜顯四面白光灼出，託全黑（眼）珠看人」、「黑珠突出視人梟」。〔註66〕江蘇省睢寧縣舊朱集發現的漢畫像石中的門吏的眼型即爲典型的三白眼，（圖 5-4-8-1）而在安徽亳縣十九里鄉出土的漢畫像石中的亭長眼型則爲四白眼的典型代表。（圖 5-4-8-2）

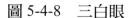

圖 5-4-8　三白眼

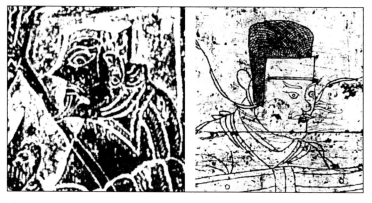

1、舊朱集漢畫像石門吏的三白眼眼型，源自：李淞，漢代人物雕刻藝術，湖南美術出版社，2001：231，2、十九里鄉漢畫像石亭長的四白眼眼型，源自：李淞，漢代人物雕刻藝術，湖南美術出版社，2001：165。

無論是「三白眼」或「四白眼」其源頭出於「青白眼」，最早見於《晉書》

〔註65〕敦煌發現的 5 個卷號《相書》寫本，是目前所知時代最早的古代相書殘卷，其中記錄了漢代女相術家許負的《相法十六篇》，參見：鄭炳林，王晶波，敦煌寫本相書校錄研究，民族出版社，2004。

〔註66〕〔清〕丁臯，寫眞秘訣，眼光篇，見：芥子園畫傳，人民美術出版社，1960：71。

中描寫「竹林七賢」阮籍（210～263 年）的放浪形骸，其父阮瑀爲「建安七子」之一。前輩建功立業的激昂風韻對他產生了深刻影響，醉心儒家學說的同時也對現實產生牴觸。《晉書》本傳載：

> 籍又能爲青白眼，見禮俗之士，以白眼對之。及嵇喜來弔，籍作白眼，喜不懌而退。喜弟康聞之，乃齎酒挾琴造焉，籍大悦，乃見青眼。

至此，「青白眼」幾乎成了憤世嫉俗的基本外在表現形態，王維在《與盧員外象過崔處士興宗林亭》一詩中說：

> 科頭箕踞長松下，白眼看他世上人。〔註67〕

白居易於《春雪過皇甫家》一詩中言：

> 唯要主人青眼待，琴詩談笑自將來。〔註68〕

杜甫在《丹青引贈曹將軍霸》中曰：

> 途窮反遭俗眼白，世上未有如公貧。〔註69〕

蘇軾在《陳季常見過三首》中亦言：

> 但得君眼青，不辭奴飯白。〔註70〕

唐李壽墓（630 年）第二過洞西壁儀仗圖中「武士」（圖 5-4-9-1）和李邕墓（727 年）前甬道西壁壁畫中「紅袍騎手」（圖 5-4-9-2）、前甬道東壁的「狩獵者」（圖 5-4-9-3）的眼形即爲暴目。

圖 5-4-9

1、李邕墓壁畫「紅袍騎手」局部，源自：壁上丹青——陝西出土壁畫集（下）：323，2、李邕墓「狩獵者」局部，源自：陝西省考古研究院，壁上丹青——陝西出土壁畫集（下），科學出版社，2009：326，3、李壽墓第二過洞西壁「儀仗圖」

〔註67〕　〔唐〕王維，王右丞集箋注，卷一四，與盧員外象過崔處士興宗林亭。
〔註68〕　〔唐〕白居易，白居易集，卷二三，春雪過皇甫家。
〔註69〕　〔唐〕杜甫，讀杜心解，卷二之二，丹青引贈曹將軍霸。
〔註70〕　〔宋〕蘇軾，蘇軾詩集，卷二一，陳季常見過三首。

局部。

　　在歷代繪畫以及墓室圖像中，除由於畫家造型技法的限制，出現的例外之外，女性眼型均是媚目的形式。例如，2000 年 10 月，在陝西旬邑百子村東漢墓中的壁畫，人物表現簡單，技法粗糙，後室東壁所繪人物組合中的第 6 位，著彩裙，梳高髻的侍女眼型顯然是由於造型能力的限制，使得眼型偏向於「三白眼」的形式。（圖 5-4-10）

圖 5-4-10　百子村東漢墓後室東壁壁畫侍女眼型

源自：陝西省考古研究院，壁上丹青——陝西出土壁畫集（上），科學出版社，2009：圖版 50。

　　清代丁皋在《寫眞秘訣》中描述了傳統女性眼形程式：

　　　　白珠兜處臥蠶低。

　　意既在描畫女性眼睛時，用上眼線和下眼線將瞳孔上下各壓一部分，以使眼球不會外凸。然而，永泰公主墓石槨的侍女線刻卻出現了傳統女性造型中非常忌諱的「三白眼」眼形。如，外壁北間（圖 5-4-11-1）、外壁南面東間（圖 5-4-11-2）、內壁北面次間（圖 5-4-11-3）的侍女眼形。韋詢墓石槨亦有三個侍女眼形爲三白眼（圖 5-4-12），甚至李憲墓石槨線刻中還出現了「四白眼」眼形。（圖 5-4-13）

圖 5-4-11　永泰公主墓石槨侍女三白眼形

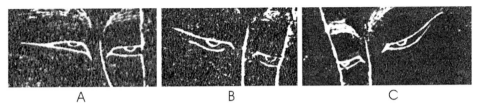

A　　　　　　　B　　　　　　　C

1、永泰公主墓石槨外壁北間，侍女三白眼形；2、永泰公主墓石槨外壁南面東
間，侍女三白眼形；3、永泰公主墓石槨內壁北面次間，侍女三白眼形。

圖 5-4-12　韋詢墓石槨三白眼眼形

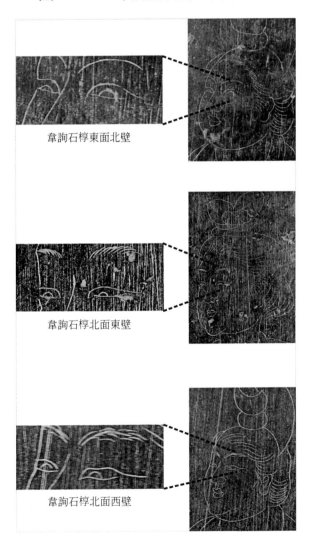

韋詢石槨東面北壁

韋詢石槨北面東壁

韋詢石槨北面西壁

圖 5-4-13　侍女四白眼眼形

A 李憲墓石槨內壁西向中間壁板，侍女四白眼眼形，B 李憲墓石槨內壁
北向西間壁板，源自：陝西省考古研究所，唐李憲墓發掘報告，科學出
版社，2005：205。

　　唐墓石槨人物線刻中出現的「三白眼」、「四白眼」眼形，與侍女端莊的
形象極不協調，顯然作者是由於某種規範限定而採用這樣的眼形。古代皇家
或貴族對於選妃或選侍有著相當嚴格的制度，被選者身體的每一部分都有相
應的標準，顯然，這種「四白眼」在貴族的現實生活中是不會出現，更何況
還要將其刻於代表陰宅的石槨之上。

　　那麼，是樣本作者不瞭解傳統的造型程式嗎？這種假設顯然不能成立，
古代畫家一般是不會對傳統的造型程式進行改動，即便改動也必符合傳統審
美要求，在傳統畫家的認識中，「下筆稍不合法，便無精彩」。〔註 71〕其中也
有例外的是，1964 年在新疆吐魯番阿斯塔納東晉墓出土的壁畫，由於畫家繪
畫技法水平有限，致使所繪人物造型準確度較差，繪畫隨意而無章法，畫面
中央繪製的墓主及侍女的眼型均呈四白眼形狀。（圖 5-4-14）而唐墓線刻的樣
本作者均是皇家畫師或當時的知名畫家，理應不會出現這種不合法度的眼形
形式。

　　排除掉線刻原型和畫家水平的問題，為何還會出現這種現象，其原因應
該是繪畫造型程式之外的其他因素所致。縱觀中國古代繪畫，這種「四白眼」
的女性眼形只是一個極少的特例而已。

〔註 71〕〔清〕鄭績，論畫。

圖 5-4-14　阿斯塔納東晉墓壁畫的四白眼

源自：劉瑋、金濤，中國人物畫全集，京華出版社，2001：圖版 015。

　　此外，一種類似「四白眼」的點狀瞳孔在唐墓線刻中也較流行，通過比對，點狀瞳孔大多出現在男裝侍女身上，以此來區別傳統女性與「中性」侍女眼形的區別。在同一組圖像中還可看出，爲了避免眼形的雷同，作者用點狀瞳孔與圈狀瞳孔交叉施用的技法，在同一組人物中採用不同的瞳孔表現形式形成對比。如景龍二年（708 年）的韋詢墓石槨人物線刻，西北侍女爲點狀瞳孔，西南爲半圈狀瞳孔；東南爲點狀瞳孔，東北爲半圈瞳孔；東北與西北侍女爲半圈狀瞳孔，中心兩人爲點狀瞳孔。（圖 5-4-15）在李憲墓（742 年）石槨中的十個女性形象，爲了避免她們的眼形雷同，並使畫面中的眼形形成節奏。將其中的兩個男裝侍女刻爲點狀瞳仁，另外的男裝侍女圈形瞳孔也均小於其他裙裝侍女的圓形瞳孔。（圖 5-4-16）而其後天寶四年（745 年）的王賢妃墓石槨線刻，人物眼形均是點狀瞳孔或長點狀瞳孔。（圖 5-4-17）可見，這種點狀瞳孔的表現形式在玄宗後期也較流行。

圖 5-4-15　韋詢墓石槨線刻人物眼形的瞳孔對比

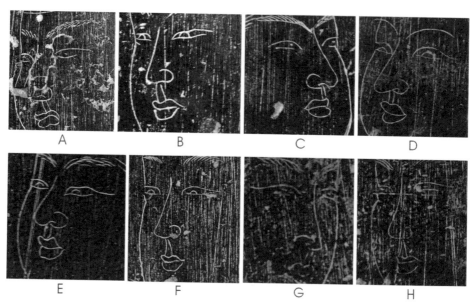

A、西壁西北間點狀瞳孔；B、西壁西南間半圈狀瞳孔；C、東壁東南間點狀瞳孔；D、東壁東北間半圈瞳孔；E、北壁東北間半圈瞳孔；F、北壁西北間半圈瞳孔；G、北壁中間（東）點狀瞳孔；H、北壁中間（西）點狀瞳孔。

圖 5-4-16　李憲墓石槨內壁南向西間壁板線刻局部

李杰攝

圖 5-4-17　王賢妃墓石槨壁板侍女線刻局部

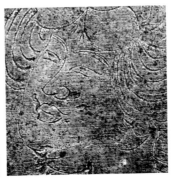

李杰攝。

四、宦官眼形

在唐代墓室壁畫中宦官是主要一類題材，宦官又分老年形象和青年形象，老年宦官的眼形均呈短三角形狀，如，惠莊太子墓石墓門門吏；（圖5-4-18-A）章懷太子墓石槨東向中間的宦官（圖 5-4-18-B）等。畫家以較硬的實筆勾出眼形，再以眼睛爲中心向擴散畫出眼周皺紋及眼袋，眼形爲實筆，皺紋稍虛。唐墓壁畫中的宦官形象與線刻形象的畫法相同，陝棉十廠唐墓甬道東壁南側壁畫中頭戴黑色襆頭的宦官眼形；薛儆墓墓室西壁南側的宦官眼形（圖 5-4-18-C）等，均爲這種畫眼形程式。

圖 5-4-18　老年宦官眼形

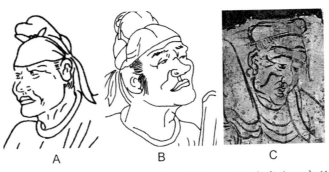

A 惠莊太子墓石墓門右門扉門吏局部，源自：陝西省考古研究所等，唐惠莊太子李撝墓發掘報告，北京：科學出版社，2004：圖 24，B 章懷太子墓石槨東向中間宦官局部，李杰摹，C 薛儆墓壁畫宦官局部，源自：唐代薛儆墓發掘報告：圖版 072。

　　唐墓中的青年宦官形象，並無老年宦官的猥瑣形態，其眼形與常人無異，甚或更接近於女性眼形，似爲男寵。如，鄭仁泰墓石槨立柱的持笏宦官；（圖5-4-19-A）楊思勗墓石槨的宦官形象；（圖 5-4-19-B）李憲墓石門東門扉的持笏門吏眼形（圖5-4-19-C）等。

圖5-4-19　青年宦官眼形

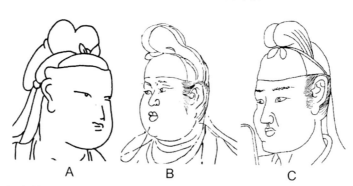

A 鄭仁泰墓石槨立柱的持笏宦官眼形，昭陵博物館李浪濤提供，李杰線摹，B 楊思勗墓石槨壁板宦官眼形，源自：中國社會科學院考古研究所，唐長安城郊隋唐墓，北京：文物出版社，1980：75，C 李憲墓石門東門扉線刻的宦官眼形，源自：唐李憲墓發掘報告：167。

五、程式的流變

　　雖然石線刻是模仿繪畫而成，但由於刻工的繪畫能力及對人體的理解程度，都遠低於畫家。又由於石材的特殊性質，很難做到細緻刻畫，其表現力落後於繪畫。由於石材質的逐漸改進、造型能力的提升，眼形的表現也由無睛發展至有睛，甚至達到以眼形來表達人物的情感狀態。將漢代至盛唐人物石刻的代表性眼形以製作時間爲排序，便可看出這種演化的基本形態。

　　漢代畫像石中的人物眼形基本上有兩種表現形式，一爲以鑿刻線條將眼形刻出棗核狀；（圖5-4-20）二爲以減地的方法將眼形鑿爲棗核形。除此之外，還有相當大的一部分不刻畫眼睛。

　　魏晉南北朝時期，隨著刻工繪畫意識的提升，在人物造型中加強了結構體量感的表現，人物的造型由正面而轉向以八分面及六分面爲主。但是，對人物眼形的表現並沒有發生質的變化，無論是正面或半側面，其眼形形式還多以棗核形眼形爲主。

　　受傳統線刻程式的延遲性制約，唐初的線刻眼形依然保留著「無睛」的括約表現形式。但已將棗核狀眼形的兩條相對弧線進行了變化，用以表現人物視線的轉動。這種在現代人看似極其簡單的變化，在當時卻是眼形形式表現上的飛躍，表明此時的眼形已由簡單的人體構件轉化爲能夠表現人物神情狀態的表現形式。

　　盛唐伊始，刻工對眼形表現的認識更加明確化。在繪畫理論趨向表現人物內心狀態的引導下，隨著繪畫與勒石的密切合作，線刻人物眼形的形態趨於結構表現的多樣化，加強了眼形在表現人物情感狀態的表達，注重人物精神狀態的體現。並由此確定了中國傳統眼形程式的基本定式，之後的中國人物畫眼形形式均是以此爲定型標準。（圖 5-4-21）

圖 5-4-20　東王公畫像局部

東漢晚期

圖 5-4-21　傳統眼形流變圖

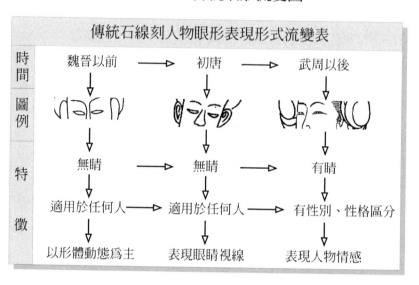

第五節　程序中的凸式特例

　　中國古代的女性藝術形象一直沿承著平胸的程式化標準。〔註72〕例如：
湖北江陵義地6號東周楚墓出土的女木俑。（圖5-5-1-1）漢景帝陽陵出土的塗
白嬪妃陶俑，其乳房如豆蔻少女之形；（圖5-5-1-2）漢陽陵出土的侍女俑、（圖
5-5-1-3）湖南長沙馬王堆漢墓出土的彩繪木俑、（圖5-5-1-5）傳北齊楊子華《北
齊校書圖》（圖5-5-1-4）與傳東晉顧愷之《女史箴圖》的仕女，（圖5-5-1-6）
胸部平坦無物；初唐傳閻立本《步輦圖》、（圖 5-5-1-7）唐節愍太子墓前甬道
西壁壁畫侍女、（圖5-5-1-8）〔註73〕新城長公主墓第五過洞西壁北開間侍女）、
（圖 5-5-1-9〔註74〕傳周昉《簪花仕女圖》（圖5-5-1-10）及傳張萱的《搗練圖》
中平胸仕女；（圖 5-5-1-11）北京故宮博物院藏，南宋陳清波所作團扇《瑤臺
步月圖》仕女；（圖 5-5-1-12）甘肅敦煌莫高窟 409 窟《西夏王妃供養圖》的
妃子形象；（圖 5-5-1-13）元代周朗《杜秋娘圖》；（圖 5-5-1-14）北京故宮博
物院藏，明唐寅《孟蜀宮妓圖》中仕女；（圖 5-5-1-15）現藏於天津藝術博物

〔註72〕彭德，中國美術理論研究中的幾個問題，見：中國美術家協會理論委員會，
　　　　中國美術館編，成就與開拓——新中國美術60年學術研討會文集，文化藝術
　　　　出版社，2009：139。
〔註73〕陝西省考古研究所，壁上丹青——陝西出土壁畫集，下，科學出版社，2008：295。
〔註74〕陝西省考古研究所，壁上丹青——陝西出土壁畫集，下，科學出版社，2008：227。

館的清代康濤《華清出浴圖》中楊貴妃形象（圖 5-5-1-16）及清焦秉貞《仕女圖》中的仕女（圖 5-5-1-17）均表現爲平胸。

圖 5-5-1　歷代平胸仕女圖例

1、湖北江陵義地 6 號東周楚墓出土女木俑；2、漢景帝陽陵出土的塗白嬪妃陶俑；3、漢陽陵出土的侍女俑；4、傳北齊楊子華「北齊校書圖」局部；5、湖南長沙馬王堆漢墓出土彩繪木俑；6、傳東晉顧愷之「女史箴圖」局部；7、傳閻立本「步輦圖」局部；8、唐節愍太子墓前甬道西壁侍女；9、新城長公主墓第五過洞西壁北開間壁畫；10、傳周昉「簪花仕女圖」局部；11、傳張萱「搗練圖」局部；12、南宋陳清波「瑤臺步月圖」團扇局部；13、甘肅敦煌莫高窟 409 窟「西夏王妃供養圖」局部；14、元代周朗「杜秋娘圖」；15、明代唐寅「孟蜀宮妓圖」局部；16、清代康濤「華清出浴圖」局部；17、清代焦秉貞「仕女圖」局部。

　　而在唐代墓室壁畫中的侍女形象卻出現了一種突出表現胸部的特例現象，這種現象集中在五周至中唐末期這一階段，特別是在永昌元年（689 年）至玄宗開元八年（720 年）的五個石槨線刻當中既有 15 幅突出胸部的侍女線刻：李晦墓（689 年）石槨北向西間壁板、（圖 5-5-2-1）北向中間壁板（圖 5-5-2-6）（西向北 2 立柱、南向東 2 立柱與北向中間壁板採用同一樣稿，故只記一幅）、南向西間壁板、（圖 5-5-2-3）東向中間壁板、（圖 5-5-2-4）東向北間壁板（西向立柱線刻著裙裝侍女與東向北間壁板係採用同一樣稿，在此只算一幅）、（圖 5-5-2-5）北向東 2 立柱線刻；（圖 5-5-2-2）懿德太子墓（706 年）石槨正面中間的兩個戴步搖侍女線刻；〔註 75〕（圖 5-5-2-7）韋詢墓（708 年）石槨東向南間壁板、（圖 5-5-2-8）東向北間壁板侍女線刻；（圖 5-5-2-9）韋頊墓（718 年）石槨侍女小兒圖、（圖 5-5-2-11）戴步搖侍女（圖 5-5-2-10）等著裙裝侍女；薛儆墓（720 年）石槨內壁東向南間壁板、（圖 5-5-2-12）外壁西向北間壁板、（圖 5-5-2-13）內壁北向西間壁板、（圖 5-5-2-14）外壁西向中間壁板侍女線刻。〔註 76〕（圖 5-5-2-15）

　　中國古代是自上而下的社會結構，藝術從來都是帝王將相的專利，〔註 77〕其存在形態也主要是為了迎合貴族階層的審美意願。中古時期受到上層社會尊崇方術的影響，女性在中國古代貴族社會中主要有三種功能作用，其一，養生作用；其二，生育作用；其三，侍從服務。在這三項中，養生是為主導。在古人觀念中男女交合是養生的重要手段之一：「得陰陽之術，則不死之道也。」〔註 78〕馬王堆出土的漢代《養生方》〔註 79〕就與房中術有著密切關係。〔註 80〕房中術所謂「御婦人之術」，〔註 81〕是養生方技之學的重要內容之一，

〔註 75〕沈從文，中國古代服飾研究，世紀出版集團、上海書店出版社，2005：295。

〔註 76〕山西省考古研究所，唐代薛儆墓發掘報告，科學出版社，2000：46～49。

〔註 77〕彭德，中國美術理論研究中的幾個問題，見：中國美術家協會理論委員會，中國美術館編，成就與開拓——新中國美術 60 年學術研討會文集，文化藝術出版社，2009：140。

〔註 78〕房內記，至理，第一，素女云：「有采女者，妙得道術。王使采女問彭祖延年益壽之法，彭祖曰：『愛精養神，服食眾藥，可得長生。然不知交接之道，雖服藥無益也，男女相成，猶天地相生也。天地得交會之道，故無終竟之限；人失交接之道，故有夭折之漸，能避漸傷之事而得陰陽之術，則不死之道也。』采女再拜曰：『願聞要教。』彭祖曰：『道甚易知，人不能信而行之耳，今吾王御萬機治天下，必不能修為眾道也，幸多後宮，宜知交接之法，法之要者，在於多御少女而莫數泄精，使人身輕，百病消除也。』」

〔註 79〕參見：馬王堆漢墓帛書整理小組，馬王堆漢墓帛書，四，文物出版社，1985。

〔註 80〕李零，中國方術考，東方出版社，2001：397。

其背景是中國傳統數術中的合天道觀念。早期道教將「男女合氣」的房中術作為修煉的重要手段，在東漢張道陵、張魯所創天師道的代表著說《老子想爾注》、〔註82〕《黃書》中即有專門教授「黃赤之道」的房中術修煉法。〔註83〕據現有史料看，最晚在漢時，房中術已作為職業性技藝而歷代傳授，〔註84〕魏晉時期房中術的流派至少有十多家，〔註85〕東晉葛洪所著錄的《抱朴子》道經中也包括了若干房中書。〔註86〕

在房中術中對女性外貌的重要要求之一即為年少、乳小。《玉房指要》云：

> 御女苦不多耳，不必皆須有容色妍麗也，但欲得年少未生乳而多肌肉者耳。〔註87〕

《玉房秘訣》云：

> 彭祖曰：「夫男子欲得大益者，得不知道之女為善。又當御童女，顏色亦當如童女。女但苦不少年耳，若得十四五以上，十八九以下，還甚益佳也。」〔註88〕

《房內記》中還描述「好女」的形貌標準為：

> 沖和子曰：「婉妍淑慎，婦人之性美矣。夫能濃纖得宜，修短合度，非徒取悅心目，抑乃尤益壽延年。」又云：「欲御女，須取少年，未生乳，多肌肉，絲髮小眼，眼精白黑分明者；面體濡滑，言語音聲和調其四支百節之骨皆欲令沒，肉多而骨不大者。」〔註89〕

〔註81〕後漢書，方術列傳，其注：婦人、房中、陰皆指女人。
〔註82〕多數學者認為此書係張道陵所著，其據為：東晉葛洪在《神仙傳》中有「得隱書秘文」之語：「天師張道陵，字輔漢，沛國豐縣人也。本太學書生，博採五經，晚乃歎曰：「此無益於年命。」遂學長生之道，得黃帝九鼎丹經，修煉於繁陽山，丹成服之，能坐在立亡，漸漸復少，後於萬山石室中，得隱書秘文及制命山嶽眾神之術，行之有驗。」參見：（東晉）葛洪，神仙傳，卷五，39，張道陵，學苑出版社，1998。
〔註83〕陳國符，道藏源流考，下冊，北京：中華書局，1963：365～369。
〔註84〕《史記》扁鵲倉公列傳中曾提到「接陰陽禁書」，《漢志》方技略中亦有八部房中類191卷，馬王堆3號墓出土的帛書與竹書中與房中術有關的有七部：養生方、十問、天下至道談、胎產書、雜療方、雜禁方、合陰陽。
〔註85〕梁，阮孝緒，七錄序，有記：「房中部十三種三十八秩三十八卷」，見：廣弘明集，卷三。
〔註86〕杜富士，略論早期道教與房中術的關係，臺灣：中央研究院歷史語言研究所集刊，1972，（2）：239。
〔註87〕房內記，至理，第一。
〔註88〕房內記，養陽，第二。
〔註89〕房內記，好女，第二十二。

圖 5-5-2 唐代石槨凸胸侍女圖例

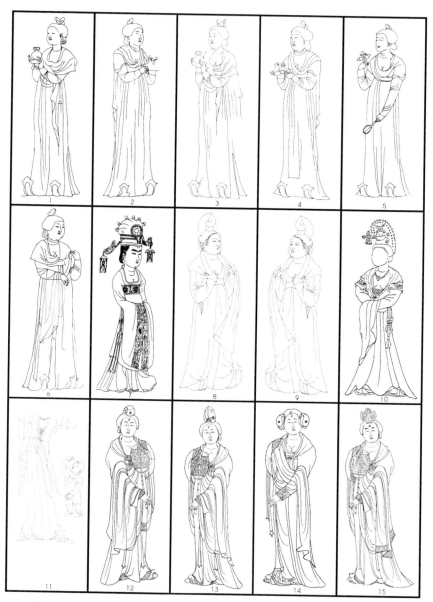

1、李晦墓石槨北向西間壁板；2、李晦墓石槨北向東2立柱線刻；3、李
晦墓石槨南向西間壁板；4、李晦墓石槨東向中間壁板；5、李晦墓石槨
東向北間壁板；6、李晦墓石槨北向中間壁板；7、懿德太子墓石槨正面
中間線刻；8、韋詢墓石槨東向南間壁板；9、韋詢墓石槨東向北間壁板
線刻；10、韋頊墓石槨戴步搖侍女線刻；11、韋頊墓石槨侍女小兒線刻；
12、薛儆墓石槨內壁東向南間壁板；13、薛儆墓石槨外壁西向北。

　　中國傳統審美觀念中，乳小是美女的重要標誌之一。然而，既然古人認為美女必須平胸，那麼爲什麼會在唐代平面圖像中出現了這些有違傳統審美觀念的凸胸侍女形象呢？

　　唐代石槨作爲「東園密器」只出現在正二品以上的高官及皇族墓葬中，〔註90〕並且由於石槨是仿墓主生前寢殿而設的陰間寢室，石槨上的圖像所反映的是當時貴族內宅生活的現實情景，〔註91〕其中所表現的凸胸侍女顯然是墓主生前近身之人。在這些侍女圖像中，凸胸侍女的身份相對較高，李晦墓石槨線刻的侍女從服飾上分爲兩類，一類是著裙裝穿高頭履身份較高的侍女，一類是著圓領袍服穿線鞋〔註92〕的低等侍女。在李晦墓石槨東向中間壁板（圖5-5-3）、東向北間壁板、西向北間壁板、西向中間壁板、西向南間壁板中，同一幅圖像並列刻著身份較高的凸胸侍女和身份較低著袍服侍女。翹頭履在這一時期只有貴族及皇族才能穿著，至文宗（827年～840年在位）時期才允許一般婦女穿著。〔註93〕此外，從著袍服侍女手持器物而斷，其身份顯見是著裙裝凸胸侍女的僕從。韋詢墓石槨侍女線刻中的兩幅凸胸侍女也是身著裙裝；（圖5-5-2-8）（圖5-5-2-9）懿德太子墓石槨和韋頊墓石槨中的凸胸侍女頭戴步搖冠帽身著裙裝。（圖5-5-2-11）（圖5-5-2-10）而薛儆墓石槨上所刻的凸胸侍女，皆爲正面形象，挺胸直視，神態悠閒自信，且額飾花鈿。〔註94〕而其他侍女則爲側身含胸拱手的謙卑形狀或雙手懷抱包袱的僕從（圖5-5-4）形象，兩者的身份差異顯而易見。

〔註90〕西安市文物保護考古所王自力，孫福喜，唐金鄉縣主墓發掘報告，文物出版社，2002：102，2009年9月由西安考古研究所在西安長安區西安國家民用航天產業基地發掘的從三品上司農卿秦守一墓，也使用了石槨，因現有史料中關於秦守一的資料較少，所以，其墓中使用石槨的原因不明。

〔註91〕石槨是仿地面上的現實殿堂建築，以代替墓主的陰宅建築。

〔註92〕唐代線鞋在新疆阿斯塔納古墓群中有實物出土，以麻繩編底，絲繩爲幫。詳細圖樣見：孫機，中國古輿服論叢，上編，文物出版社，2001：234～235。

〔註93〕《唐會要》，卷三一，載文宗時婦女服制，曰：「高頭履及平頭小花草履即任依舊」。

〔註94〕花鈿：用金銀等材料製成花形飾物，主要在唐代貴族婦女中流行，唐代流行的額鈿有兩種：1、金鈿，《全唐詩》卷七百二十六，趙光遠在《詠手二首》中云：「舌頭輕點貼金鈿」。2、翠鈿，《全唐詩》卷八百九十一，溫庭筠《南歌子》云：「眉間翠鈿深」；《全唐詩》卷八百九十一，溫庭筠《菩薩蠻》云：「翠鈿金壓臉」；《全唐詩》卷八百九十五，毛熙震《浣溪沙》云：「翠鈿金縷鎮眉心」。

圖 5-5-3　李晦石槨東向中間壁板

李杰摹

圖 5-5-4　薛儆墓墓石槨外壁南向西間、外壁北向西間壁板線刻

源自：唐代薛儆墓發掘報告：48～50。

　　從兩者身份來看，著裙裝凸胸侍女的身份應爲墓主的侍妾。侍妾在生活中的地位主要取決於主人的寵愛程度，而突出女性特徵的表現也是吸引男性的手段之一。而著袍服的低級侍女，在貴族生活中只具侍從服務的功能作用，因此，她們也就沒有「凸胸」的必要。此外，在武周至玄宗時期皇室貴族的墓室壁畫中也可看到身份較高的侍女多有身份較低的侍女隨侍。〔註95〕

　　就以上信息推斷，這些凸胸侍女的身份應是墓主生前所寵侍妾，或爲已育子女的妻妾，〔註96〕從中也顯示出，這種刻意凸胸的表現在當時流行於貴族女性當中。

　　凸胸侍女形象的出現正是武周當政之時。女性的社會地位空前提高，並隨著唐代社會的胡風染化，女性身材追求健壯之美。〔註97〕這種女權主義的源頭來自北朝，北朝初期，一部分漢人因中原戰亂遷往北方，並與匈奴、羌、鮮卑等北方少數民族進行了融合。致使「男尊女卑」的傳統儒家文化受到衝擊，北方少數民族的女權傳統逐步滲入漢族傳統觀念之中。在當時，鮮卑婦女可以不受家庭所束縛，自由選擇配偶，甚至對男子納妾亦頗有微詞。《魏書》卷一八《太武五王傳》，載元孝友上奏曰：

　　　　將相多尚公主，王侯亦娶后族，故無妾媵，習以爲常。婦人多

　　幸，生逢今世，舉朝略是無妾，天下殆皆一妻。〔註98〕

　　三國三后〔註99〕當權時期，女權觀念逐步確立，女性參政、議政在社會上形成了一種風氣。及至武周，特別是在宮廷之中延續了這種女權觀念，多有女性參與社交、行政，甚至在女尼當中也有參政跡象。〔註100〕敦煌出土「放妻協議」（圖5-5-5）中的離婚理由是因爲感情不和，措辭也並無一般休書的生硬語氣，說明了當時女性社會地位甚高。

〔註95〕李星明，唐代墓室壁畫研究，陝西人民美術出版社，2005：264。
〔註96〕韋頊墓石槨壁板殘片上的凸胸侍女身旁描畫一幼童形象，或可以資佐證。
〔註97〕唐承隋制，李唐王朝繼承了隋朝皇族，尤其是隋皇族女系母統的強悍鮮卑性
　　　　格，從性格血統上，李唐王朝的開國皇帝和初期君主都是胡化了的漢人和鮮
　　　　卑貴族女性的混血兒，李淵生母元貞太后、是鮮卑貴族獨孤信的女兒，李淵
　　　　的皇后及一個兒媳也爲鮮卑人，鮮卑族爲中國古代游牧民族，秦漢時從大興
　　　　安嶺一帶南遷至西剌木倫河流域以游牧爲生，男女均崇尚健碩之美。
〔註98〕魏書，卷一八，太武五王傳。
〔註99〕三后：北周明帝獨孤后（長女）、唐高祖李淵母元貞太后（四女）、隋文帝獨
　　　　孤后（七女）。
〔註100〕參見：段塔麗，唐代婦女地位研究，第四章，人民出版社，2000。

圖 5-5-5　敦煌出土「放妻書」局部

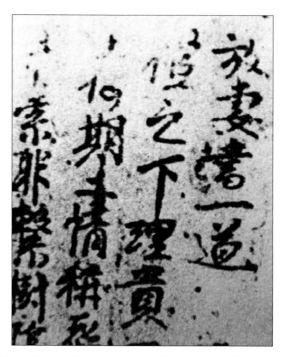

源自：唐耕耦，陸宏基編，敦煌社會經濟文獻眞跡釋錄，全國圖書館文
獻縮微複製中心，2008。

　　武周之後，社會的開放程度持續提升，特別是此時的貴族女子，[註101]
採取了一系列挑戰以男性爲中心的女權運動。在這一時期，上層社會普遍存
在懼內現象，許多貴族女子禁止丈夫納妾，以至於很多貴族男子私立外宅，
並風行一時，玄宗即位後爲整頓世風曾下令嚴查「別宅婦」。[註102]貴族女性
社會地位的提高也使得她們對傳統貞潔禮法觀念的認同相對淡薄，她們穿男
裝，打馬球，崇尚和追逐各種外來風尚。

　　從審美角度而言，北朝所提倡的「壯美」也影響到了唐代的審美情趣，
同時，李唐一族可能源於胡人，日本學者金井之忠在《李唐源流出於夷狄考》
一文中說：李唐一族具有鮮卑族胡人的血統。[註103]《朱子語類》亦曰：「唐
源流出於夷狄，故閨門失禮之事不以爲異。」[註104]這種審美風氣的轉變，

[註101] 李星明，唐代墓室壁畫研究，陝西人民美術出版社，2005：263。
[註102] 張箐，唐代女性形象研究，甘肅人民出版社，2007：47～48。
[註103] 參見：〔美〕朱學淵，中國北方諸族的源流，序言，中華書局，2004。
[註104] 朱子語類，卷一百三十六，歷代之三。

隨之帶來了女性服飾的多樣化與開放性加強的趨勢。女性地位的提高、女權主義的膨脹、儒道的沒落，〔註105〕促成了社會審美形態的轉變，改變了以男性為中心的審美傳統標準，女性得以從自己的視角來表現自身美感，並影響至盛、晚唐的審美取向。唐詩多有描寫女性胸部的詞句也可說明這種趨勢的盛行。溫庭筠《女冠子》：

> 雪胸鸞鏡裏，琪樹鳳樓前。〔註106〕

周濆《逢鄰女》：

> 日高鄰女笑相逢，慢束羅裙半露胸。

> 莫向秋池照綠水，參差羞殺白芙蓉。〔註107〕

方干《贈美人》：

> 粉胸半掩疑晴雪，醉眼斜回小樣刀。〔註108〕

韓偓《余作探使以繚綾手帛子寄賀因而有詩》：

> 帝臺春盡還東去，卻繫裙腰伴雪胸。〔註109〕

李群玉《同鄭相併歌姬小飲戲贈》：

> 胸前瑞雪燈斜照，眼底桃花酒半醺。〔註110〕

此外，出現於武周之後的凸胸現象，無論是從圖像還是史料而言，都似與佛教有著密切聯繫。唐代帝王崇佛者首推武氏，在中國傳統觀念中，女性是絕對不允許君臨天下，而武氏若想稱帝就必須尋找出一個觀念上的依據，而在傳統儒、道經典中則無相關理論支持。

武則天之母楊氏出於名門世家，因隋滅家敗而遁入佛門，是一位虔誠的佛教徒。武則天從小便崇信佛教，並曾一度捨身沙門，〔註111〕對佛教教義必然瞭解頗多，因此，她集合佛教徒在佛教經典《大雲經》〔註112〕中尋找出了

〔註105〕1、舊唐書，卷六，本紀第六載：「天授二年（691年）……夏四月，令釋教在道法之上，僧、尼處道士、女冠之前，」2、資治通鑒，卷二百四，唐紀二十載：「天授二年，……夏，四月癸卯，制以釋教開革命之階，陞於道教之上。」

〔註106〕全唐詩，卷891，女冠子。

〔註107〕全唐詩，卷771，逢鄰女。

〔註108〕全唐詩，卷651，贈美人四首。

〔註109〕全唐詩，卷682，余作探使以繚綾手帛子寄賀因而有詩。

〔註110〕全唐詩，卷682，同鄭相併歌姬小飲戲贈。

〔註111〕舊唐書，卷六，本紀第六載：「則天年十四時，太宗聞其美容止，召入宮，立為才人，及太宗崩，遂為尼，居感業寺，大帝於寺見之，復召入宮，拜昭儀。」

〔註112〕1、《佛光大辭典》載：大方等無想經（大雲經）：梵名 Maha^megha-su^tra。凡六卷（或五卷、四卷），又作大方等無相大雲經、方等無相大雲經、方等大

女性當權的可依證據。並在廢唐立周之際，指使薛懷義、法明等九僧獻上《大雲經》並「陳符命，言則天是彌勒下生，作閻浮提主，唐氏合微。」〔註113〕盛言女皇「革命」之事。由於《大雲經》在改唐立周的過程中作用匪淺，故武氏即位之後，極力倡導佛教，令全國各州興建佛寺，〔註114〕大興伽藍，獎譯群經，崇飾佛像，據成書於開元十年（722年）的《兩京新記》載，僅長安就有「僧寺六十四，尼寺二十七」〔註115〕。於此同時，印度大乘佛教修行者結合印度教修行的方式形成了密宗教派，並很快傳播至中國。相繼來唐的印度僧人善無畏（637～735年）、金剛智（671～741年），到達長安後，互相授受，並經過中國佛僧一行（683～727年）、不空（705～774年）等人的校譯、闡述，使內容更加貼近中原文化，乃於一般的佛教之外，創立了漢傳密教一宗〔註116〕。由於交流便捷，漢傳密教與印度密教在形成過程中相互滲透，漢代道教經典《黃書》房中術中的「黃赤之道，混氣之法」就與印度密教的房中修煉之法極為相似。〔註117〕按荷蘭學者高羅佩的觀點，中國的早期房中理論要早於印度密教的修煉經典，後者應是受前者的影響而形成，並同時反傳於中國，〔註118〕這其中也包括季羨林先生所論證的佛教倒流作用所致。〔註119〕

雲經、大雲無相經、大雲密藏經、大般涅槃經。略稱無相經、大雲經，今收於大正藏第十二冊，參見：星雲大師監修，佛光大辭典，北京：北京圖書館出版社，2004，2、另有說法《大雲經》係薛懷義、法明等偽造，陳寅恪先生認為並非偽造，其據是：《大雲經》為古印度人曇無讖在北涼時於敦煌譯出，曇無讖譯經始於北涼玄始十年（421年），義和三年（433年）被害，《大雲經》翻譯時間當在421年～433年之間，武則天於天授元年（690年）頒《大雲經》時，《大雲經》已存在了260年左右。

〔註113〕舊唐書，卷一百八十三，附「薛懷義傳」。

〔註114〕舊唐書，卷六，則天皇后本紀載：「令諸州各置大雲寺，總度僧千人。」

〔註115〕〔唐〕韋述，杜寶，辛德勇校，兩京新記輯校大業雜記校輯，三秦出版社，2006：12。

〔註116〕由佛教真言秘密而得名。秘密大乘佛教，又稱為怛特羅佛教、密宗、秘密教、秘密乘、密乘、金剛乘、真言乘、瑜伽密教、真言宗，是大乘佛教的一個支派，為印度後期佛教的主流，這一系的佛教，有不許公開的秘密傳授，及充滿神秘內容的特徵，因而又被稱為密教，而相對於密教，包括大乘、小乘，則被稱顯教，參見：呂建福，中國密教史，中國社會科學出版社，1995。

〔註117〕李零，中國方術考，東方出版社，2001：429。

〔註118〕參見：（荷蘭）高羅佩，中國古代房內考——中國古代的性與社會，上海人民出版社，1990。

〔註119〕參見：季羨林，王樹英選編，季羨林論中印文化交流，佛教倒流，新世界出版社，2006。

據《宋高僧傳》載：

> 阿地瞿多，華雲無極高，其於永徽三年（652 年）從西印度來
> 長安，勅令慈門寺安置。沙門大乘琮等十六個人及英公李世勣，鄂
> 公尉遲敬德等十二個人，同請法師於慧日寺浮屠院建陀羅尼普集會
> 壇。〔註120〕

這是初唐密教弘傳中很重要的事件，〔註121〕亦可見證當時密宗的興盛狀
況，在中唐時期供奉佛指舍利的陝西扶風縣法門寺便屬唐密一派。法門寺地
宮出土的唐代密宗菩薩像（圖 5-5-6-1）便有突出胸乳的表現，而這種凸胸現
象是密宗佛造像的造型定式之一，如，藏傳佛教密宗的本尊神——金剛亥母
像；（圖 5-5-6-2）現藏於西安碑林博物院的唐代密宗菩薩像（圖 5-5-6-3）等。
這一凸胸形象表現形式源於印度藝術，而印度藝術又多承希臘藝術之影響，
對於女性的審美與中國傳統女性審美標準差異較大。他們欣賞的是成熟女性
之美，在古希臘的「神人同形同性」（anthropomorphism）〔註122〕觀念影響下
的印度藝術，所依賴的哲學觀念是在「原始生殖崇拜的基礎上，漸漸形成為
超驗哲學意義上的生命崇拜，得以產生了奧義書哲學的『梵我同一』和輪迴
解脫觀念。」〔註123〕其藝術中突出女性乳房的表現也是這種以生殖崇拜發源
的哲學觀念的一種體現。（圖 5-5-7）而在極力提倡佛教的武周時期，受到這種
審美觀念的影響，同時貴族女性已漸尚肥美，而身體的肥胖也必然會導致胸
乳的增大。顯然，正在此時受到外來文化的強烈刺激下，中國傳統的平胸審
美觀念已然有所轉變。

　　梳理上文，基本可以總結，為什麼會在這一時期的唐墓平面圖像上出現
了大量女性凸胸的特例現象。其一，武曌當政時期，女權主義極具膨脹，對
於以男性為主體的審美觀念有所改變；其二，受胡風影響，女性始尚肥美，
導致胸乳增大；其三，受佛教文化的強烈影響，使得傳統中女性「未生乳」
的審美觀念發生轉變，趨向於成熟美的視覺審美情趣；其四，這些凸胸女性
多是墓主生前的寵妾，凸胸的主要目地是吸引男性，或代表具有生育能力。

〔註120〕參見：贊寧，宋高僧傳，卷二，中華書局，1987。
〔註121〕Biljana Ciric，唐代繪仕女畫及審美風氣的演變，華東師範大學 2004 年度碩
　　　　士學位論文：9。
〔註122〕古希臘人認為，神是人的最完美體現，神與人同一形象，同一性格，是人的
　　　　最高典型和個性最大的張揚放大。
〔註123〕參見：王鏞，移植與變異——東西方藝術交流，中國人民大學出版社，2005。

由於以上原因，在這一時期集中出現的女性凸胸表現也就順理成章了。

圖 5-5-6　密宗凸胸造像

1、（唐）《密宗菩薩像》，法門寺地宮出土；2、《金剛亥母像》，藏傳佛教密宗本尊神；3、西安碑林博物院藏《密宗菩薩像》。

圖 5-5-7　印度藝術中的凸胸表現

1、《迪達干吉》前 3 世紀（孔雀王朝），現藏於巴特拉博物館，源自：王琳，印度藝術，河北教育出版社，2003：29；2、《愛嬰圖》5 世紀（笈多王朝），源自：王琳，印度藝術：182；3、獅子岩壁畫局部（即西基利亞山，今斯里蘭卡）5 世紀，源自：印度藝術：69。

第六節 襆 頭

通過魏晉南北朝近三百年的民族融合，胡漢的交往早已突破了傳統單一、因襲的格局。唐代統治者一反前代漢族統治者對外民族的貶抑和歧視，以華夷一家、四海一家的觀念展現了唐代統治者的世界觀：

夷狄亦人爾，其情與中夏不殊，人患德澤不加，不必猜忌異類。

蓋德澤洽，則四夷可使如一家。〔註124〕

唐代建朝伊始，胡人大規模進入漢族集聚地，在彌漫著「大有胡氣」的文化氛圍中起步的唐王朝自然要受其文化觀念的影響。〔註125〕陳寅恪先生言道李唐一族之所以崛興時說：「蓋取塞外野蠻精悍之血，注入中原文化頹廢之軀，舊染既除，新機重啓，擴大恢張，遂能別創空前之世局」〔註126〕

唐代墓室壁畫中女著男裝的侍女形象，亦顯示出這一特定時期的特有現象。在唐代出現的這些中性化形象，除了社會政治原因外，在繪畫形象表現上的「中性」，區別於生物學〔註127〕與社會學〔註128〕當中的含義。在傳統繪畫人物造型中，男性與女性各具自身的表現程式。其主要表現是在男女體型特徵的區別；服飾、髮型的區別及身姿動態的區別，而唐代墓室平面圖像中的侍女中性化特徵，則體現在服飾上。

唐代從皇室女官至仕流之妻，女著男裝成爲一種體現女性英姿的社會時尚，大唐開放的社會風氣也使時尚女性從精神上趨向於男子的幹練形象。特別是宮廷中的女官，其不但具有與男子同樣的品級，還同男子一樣從事一定的管理工作，因此，著男子裝亦成爲女官或貴婦的時尚裝束。《新唐書》車服

〔註124〕 資治通鑒，卷第一百九十七，唐紀十三。
〔註125〕 祁嘉華，唐代女性服飾的美學風格，洛陽師範學院學報，1996，6。
〔註126〕 參見：陳寅恪，金明館叢稿二編，上海：上海古籍出版社，1980。
〔註127〕 1、在生物學領域，中性指：兼陰陽兩性者，無雌雄蕊之植物、無雌雄性之動物，見：中國文化研究所，中文大辭典，第一冊，1982：417。2、分子進化的中性學說認爲：分子水平上的大多數突變是中性或近中性的，自然選擇對它們不起作用，這些突變全靠一代又一代的隨機漂變而被保存或趨於消失，從而形成分子水平土的進化性變化或種內變異見：中國大百科全書編輯委員會，中國大百科全書，生物學卷，中國大百科全書出版社，1991：356。
〔註128〕 社會學的中性是指在一定社會現象和過程的質量與數量特徵，反映客觀事物、社會現象的結構或發展進程，見：中國大百科全書編輯委員會，中國大百科全書，社會學卷，中國大百科全書出版社，1991：322。

志載：

> 開元中，奴婢服襴衫，而仕女衣胡服。〔註129〕

《新唐書》五行志載：

> 天寶初，貴族及士民好爲胡服胡帽。〔註130〕

唐代詩人元稹在其詩中亦曾對當時女子好胡服的景象作以描述：

> 自從胡騎起煙塵，毛毳腥膻滿咸洛。女爲胡婦學胡妝，伎進胡音務胡樂。火鳳聲沈多咽絕，春鶯囀罷長蕭索。胡音胡騎與胡妝，五十年來競紛泊。〔註131〕

從文獻來看，唐代女著男裝的現象多出現在盛唐之後。唐墓平面圖像中的著襆頭侍女形象在唐初幾乎沒有，武周伊始才出現侍女著襆頭現象。盛唐之後，頭帶襆頭侍女逐漸增多，如，僅薛儆墓石槨線刻中既有六例；阿史那懷道十娃夫婦墓石槨一例；李憲墓石槨九例；武惠妃墓多例；王賢妃墓石槨兩例；武令璋墓石槨六例。

一、源　起

關於襆頭的緣起，多數學者認爲始於北周（556年～581年）武帝時期，〔註132〕所據爲唐代封演在《封氏聞見記》之言：

> 近古用幅巾，周武帝裁出腳，後襆髮，故俗謂之襆頭。〔註133〕

以封氏所言，襆頭由武帝而創，即將秦漢以來包頭的幘布的四角加長而成爲「四帶巾」式。上部微凸，以帶結於後部，餘帶後垂於腦後，並通行後世。然而，從考古資料與文獻印證卻有所出入，山西太原出土的北齊（550～577年）張肅俗墓中的彩繪男侍陶俑的頭部，則是以巾裹髮、以帶繫緊的包頭形式。（圖5-6-1）宋代俞琰《席上腐談》上卷載：「周武帝所製（襆頭）不過如今之結巾，就垂兩角，初無帶。」

〔註129〕新唐書，志第十四，車服。
〔註130〕舊唐書，卷三十七，五行志。
〔註131〕全唐詩，卷二百九十八，元稹，法曲。
〔註132〕沈從文，中國古代服飾研究，上海書店出版社，2005：281。
〔註133〕〔唐〕封演，趙貞信校，封氏聞見記校注，中華書局，2005：46。

圖 5-6-1　北齊張肅俗墓中的男侍彩繪陶俑

源自：中國古代服飾研究：238。

　　襆頭成形之前，秦漢流行冠和幘，身份高貴者，戴冠帽，身份卑賤者人戴幘。《後漢書》輿服篇曰：

> 幘，古者卑賤執事不冠者之所服也。董仲舒止雨書曰「執事者皆赤幘」，知不冠者之所服也。〔註134〕

　　幘就是包頭布，用以束髮。即以一塊方布由腦後向前將髮束包裹，並在額前繫結，方布兩角翹在前額以作裝飾，樂府詩《日出東南隅行》即有「少年見羅敷，脫帽著帩頭」之語，「帩頭」係束髮之紗巾。這種前結形式的「帩頭」在四川成都天迴山漢墓出土的土陶說唱俑（圖 5-6-2-a）和河南南陽鄧縣長冢店漢墓所出牽犬人畫像石〔註135〕之頭飾中既有體現。（圖 5-6-2-b）漢末伊始，「帩頭」的形制有所豐富，形成了將布幅加大的側系和後系的幅巾形式。幅巾之名較早見於《後漢書》鄭玄傳，其載：「玄不受朝服，而以幅巾見。」〔註136〕《三國志》之魏志、武帝紀亦有記載，裴松之注引《傅子》曰：「漢末王公多委王服，以幅巾為雅。」〔註137〕這種棄冠冕，以著幅巾的

〔註134〕〔南朝宋〕范曄，後漢書，志第三十，輿服下。

〔註135〕南陽漢畫像石編委會（長山），南陽漢畫像石編委會（仁華），鄧縣長冢店漢畫像石墓，中原文物，1982，1 期。

〔註136〕〔南朝宋〕范曄，後漢書，張曹鄭列傳第二十五，鄭玄傳。

〔註137〕三國志，裴松之注引，晉傅玄。

風尚，一直延續到魏晉仍十分流行，魏晉墓中出土的形象中亦多見幅巾形象，如南京西善橋發掘的東晉墓中的《竹林七賢與榮啓期》磚雕畫（圖 5-6-2-c）（圖 5-6-2-d）等。

圖 5-6-2　幧頭與幅巾

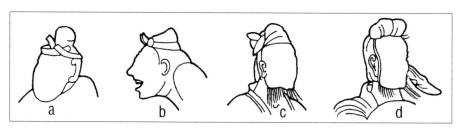

源自：孫機中國古代輿服論叢，北京：文物出版社，2001：206，a、鄧縣長冢店漢墓牽犬人；b、天迴山漢墓說唱俑；cd、《竹林七賢與榮啓期》磚雕畫。

關於襆頭原型的相關研究中，以孫機先生較爲代表。孫先生認爲，幘與幅巾並不是襆頭的直接源頭，其依據爲：在現已發現的考古資料中，還沒有見到幘或幅巾向襆頭演進的明確序列軌跡。幅巾所配合的傳統漢式服裝與襆頭所配合的圓領服分屬不同的服裝體系。〔註138〕傳統漢式服裝「衣裳博大，風流相放，」〔註139〕幅巾是其服飾體系的一部分，而「襆頭則是與圓領缺胯袍配套」〔註140〕。

按照孫機先生的說法，襆頭源於胡帽。北魏以降，鮮卑貴族提倡漢式，中原地區進行大規模的服飾改制，《魏書》禮志載：

太祖天興六年（403 年）·詔有司制冠服，隨品秩各有差。

此後作爲統治者的鮮卑人，已漸漸改變其編發結辮的習俗，所以當魏孝文帝再度改制冠服時，就再未提及編發的問題。編發改束髮，是襆頭制式形成的關鍵點，爲唐代襆頭內襯巾子的形成提供了條件。

鮮卑帽向襆頭的轉變，基本可以在考古發現的形象中看出其流變的軌跡。即：將鮮卑帽的腦後披巾紮起，從而具備了襆頭的基本特徵。（圖 5-6-3）

但據筆者觀察，還有一個問題未有答案，在敦煌莫高窟出土太和十一年（487 年）刺繡品上的供養人像；呼和浩特固原地區北魏墓的漆棺畫；大同太和八年（484 年）司馬金龍墓出土陶俑等圖像及考古發現的胡帽實物標本均爲

〔註138〕孫機，中國古代輿服論叢，文物出版社，2001：206。
〔註139〕晉書，卷二十九，五行志。
〔註140〕孫機，中國古代輿服論叢，文物出版社，2001：206。

皮質。而只有皮質才可能具備向上撐起並保持飽滿的形狀。孫機先生的襆頭來源於胡帽之說，只是從胡帽及襆頭的外形特徵進行關聯，然而，皮質胡帽向布帛襆頭的材質是如何轉變，卻無說法。

圖 5-6-3　鮮卑帽向襆頭的流變形式

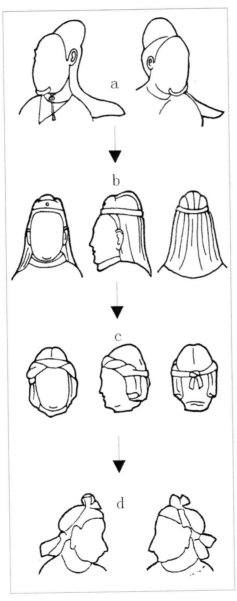

源自：孫機，中國古代輿服論叢，文物出版社，2001：208，a、太原北齊婁睿墓壁畫；b、c、河北吳橋北齊墓陶俑；d、太原虞弘墓石槨浮雕。

　　然而，作爲中國自古傳承的包頭方式，不論是幘或襆頭都不應將它們斷然割裂，雖然現有資料中幘與襆頭之間存在著斷層，但以此而言兩者之間毫無聯繫則稍顯武斷。

　　進入隋代，襆頭形制已基本確定，襆頭頭巾的兩腳繫於前額，另兩腳垂於腦後。只是此時的襆頭內部還沒有籠髻的巾子，所以，隋代的襆頭幾乎爲平頂。平頂襆頭的形象還可在武漢周家大灣隋墓的陶俑、（圖 5-6-4-a）陝西三原縣隋代李和墓陶俑、（圖 5-6-4-b）敦煌莫高窟 281 窟的隋代壁畫人物、（圖 5-6-4-c）湖南湘陰隋墓陶俑（圖 5-6-4-d）及武漢東湖隋墓陶俑（圖 5-6-4-e）中見到。〔註 141〕

圖 5-6-4　隋代襆頭

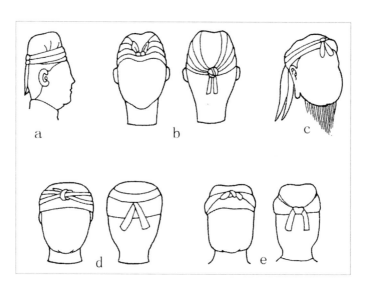

源自：孫機中國古代輿服論叢：209，a、武漢周家大灣隋墓的陶俑；b、陝西三原縣隋代李和墓陶俑；c、敦煌莫高窟 281 窟的隋代壁畫；d、湖南湘陰隋墓陶俑；e、武漢東湖隋墓陶俑。

二、襆頭定形

　　隋以前的襆頭質料，多爲布質或絹質，唐代已多使用羅紗。《宋史》載：

> （襆頭）唐始以羅代繒。〔註 142〕

〔註 141〕孫機，中國古代輿服論叢，文物出版社，2001：209。
〔註 142〕（元）脫脫，宋史，卷一百五十，輿服二。

使用輕薄的羅沙主要是由於羅沙的透氣性好，裏頭時平整服帖、皺褶較少。〔註143〕

同時唐代也是襆頭變化最多的時期，爲了增加襆頭的美觀性，初唐時期，唐人在包頭布下加入了一種硬質襯底——巾子，先將巾子固定在髮髻之上，再以羅沙巾外裏。巾子主要由桐木、絲葛、紗羅、藤草、皮革等製成，採用巾子的用意是爲了使襆頭在外觀上更加規整、美觀。唐封演《封氏聞見記》卷五「襆頭之下別施巾；象古冠下之幘也。」〔註144〕宋郭若虛《圖畫見聞志》卷一「巾子裏於襆頭之內。」〔註145〕新疆吐魯番阿斯塔那唐墓中發現的巾子就是一種帽坯架，它可以決定襆頭的造型。（圖 5-6-5）

圖 5-6-5　新疆吐魯番阿斯塔那唐墓的巾子

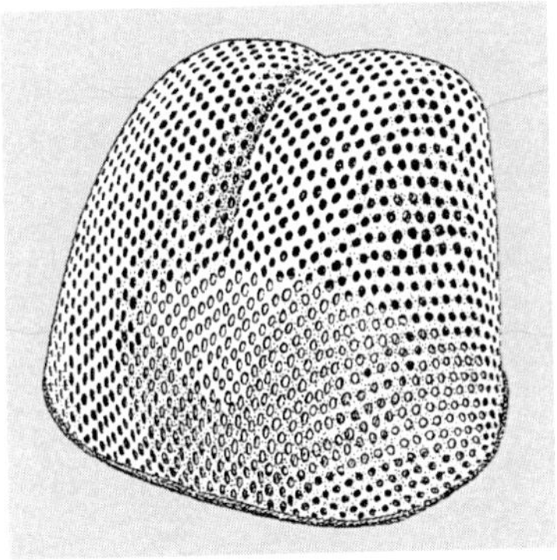

源自：中國古輿服論叢：210。

歷代襆頭的形制在趙彥衛的《雲麓漫鈔》中亦有詳細記述：

> 襆頭之制，本日巾，古亦日折，以三尺皂絹向後裏髮，晉宋
> 日幕後。周武帝遂裁出四腳，名日襆頭，逐日就頭裏之。……二腳
> 繫於上前，……二腳垂於後，兩邊各爲三摺，……又加巾子，（圖
> 5-6-7）制度不一。隋大業十年吏部尚書牛弘上疏日：「裏頭者，內
> 宜著巾子，以桐木爲，內外黑漆。」……自唐中葉以後，諸帝改制，
> 其垂二腳或圓或闊，用絲絃爲骨，稍翹翹矣。臣庶多傚之，然亦不

〔註143〕唐代亦有專爲襆頭而做的襆頭羅、襆頭紗孫，見：孫機，中國古代輿服論叢，文物出版社，2001：211。

〔註144〕〔唐〕封演，趙貞信校，封氏聞見記校注，卷五，巾襆，中華書局，2005：46。

〔註145〕〔宋〕郭若虛，俞建華注，圖畫見聞錄，卷第一，江蘇美術出版社，2007：3。

妨就枕。……唐末喪亂，宮娥宦官皆用木圍頭，以紙絹為襯，用銅鐵為骨，就其上製成而戴之，取其緩急之便，不暇如平時對鏡繫裹也。五代帝王多裹朝天襆頭，二腳上翹，至劉漢祖……裹襆頭，左右長尺餘，橫直之，不復上翹。迄今不改。國初時腳不甚長，巾子勢頗向前。今兩腳加長，而巾勢反仰向後矣。〔註146〕

襆頭的外形主要靠巾子的形狀來確定。唐早期的巾子較低，頂部多呈平型，即為「平頭小樣」巾子。之後巾子漸漸增高，陸續出現「英王踣樣」巾子、「官樣」巾子、「開元內樣」巾子等。

圖 5-6-7　襆頭繫法示意圖

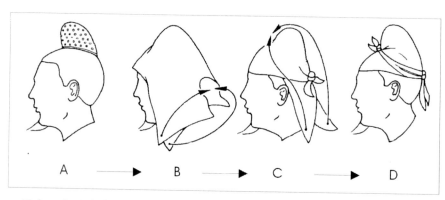

源自：中國古輿服論叢：210，A、在髮髻上套入巾子；B、繫二後腳於腦後；C、反繫二腳

人的審美觀一般都是從普通到誇張。《舊唐書》載：

> 武德以來，始有巾子，文官名流，尚平頭小樣者。則天朝貴臣內賜高頭巾子，呼為武家諸王樣。中宗景龍四年（710 年）三月，因內宴賜宰臣以下內樣巾子。〔註147〕

《舊唐書》提到的唐高祖武德時期流行的是「平頭小樣巾」，以後襆頭造型逐漸誇張，武則天賜給當朝貴臣的是「高頭巾子」，又稱為「武家諸王樣」。唐中宗賜給百官的「英王踣樣巾」就更誇張了，高踣而前傾，這種式樣與唐太宗第四子魏王所用巾子「魏王踣」相似。唐玄宗開元十九年賜供奉官及諸司長官的羅頭巾及官樣巾子，又稱「官樣圓頭巾子」。這些襆頭式樣，

〔註146〕〔宋〕趙彥衛，雲麓漫鈔，卷三。
〔註147〕〔後晉〕劉昫，舊唐書，卷四十五，輿服志。

在出土唐代陶俑和人物畫中都可找到。如咸陽出土的底張灣獨孤開遠墓陶俑的襆頭（唐貞觀十六年），（圖 5-6-6-A）頂部都較低矮，裏面襯的可能就是平頭小樣巾；李賢墓石槨線雕中的襆頭，應是硬腳襆頭；（唐開元二年）（圖 5-6-6-B）戴令言墓出土俑襆頭，應爲前踣式襆頭（唐開元二年）；（圖 5-6-6-C）豆盧建墓出土陶俑爲圓頭襆頭（唐天寶三年）；（圖 5-6-6-D）莫高窟 130 窟盛唐壁畫中人物的襆頭，是長腳襆頭；（圖 5-6-6-E）曹景林墓出土陶俑的襆頭，爲襯尖巾子的襆頭（唐建中三年）；（圖 5-6-6-F）敦煌石室所出絹本佛畫上供養人的襆頭（唐咸通五年），爲翹腳襆頭；（圖 5-6-6-G）莫高窟 144 窟五代壁畫上的供養人襆頭，應爲翹腳襆頭。（圖 5-6-6-H）

圖 5-6-6　唐代襆頭流變圖

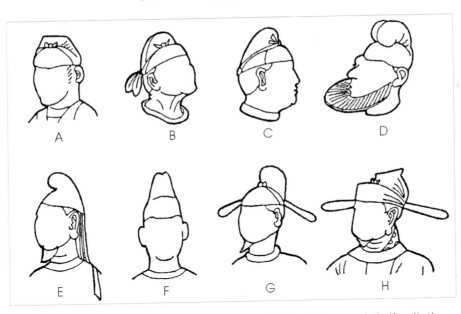

源自：中國古典服論叢：212，A、獨孤開遠墓陶俑；B、李賢墓石槨線雕；C、戴令言墓出土俑；D、豆盧建墓出土陶俑；E、莫高窟 130 窟盛唐壁畫；F、曹景林墓出土陶俑；G、敦煌石室絹本佛畫供養人；H、莫高窟 144 窟五代壁畫供養人。

　　此外，巾子還有一種功能，就是不用每天反覆繫結襆頭，襆頭巾直接包於巾子之外，使襆頭與巾子合爲一體，使之形成類似於帽子的形態，脫戴襆頭時更爲方便。

　　關於襆頭四角長短的變化，歷史文獻中並無記錄，但是，在考古資料中

大概可看出其演變軌跡。將初唐與中唐襆頭形象進行對比，這種變化顯而易見。唐早期的襆頭羅沙四腳長短相同，繫裹之後即爲短腳襆頭，唐中期，爲了使襆頭顯得更加瀟灑、飄逸，襆頭的四腳的長短有所變化，繫於髮髻前的兩腳與唐初相同，而繫於腦後的兩腳明顯加長，形成長腳襆頭。

三、女式襆頭

關於唐代女式襆頭的樣式，學術界尙少有研究。究其原因主要是大部分學者只關注唐代女著男裝的社會因素，而未關注唐代女性心理對襆頭審美取向的影響。在現有文獻資料中，尙未發現有關唐代女式襆頭的記述。而將考古資料中的男子襆頭與女子襆頭進行對比，就會發現，女子襆頭與男子襆頭則所區別。

唐代男子襆頭較爲硬朗、規整，而女子襆頭則較柔軟，皺褶也較多。形成這種變化的可能主要有兩種原因，其一，由於唐代女子已改變漢代的垂發式樣，而喜好蓬鬆的髻髮，因此襆頭內未加巾子，只將頭髮如男子般上束，於是襆頭才顯得柔軟、多褶。其二，女子襆頭的巾子採用了較柔軟的材質，使得襆頭外觀形象顯得較爲柔軟。薛儆墓石槨線刻中的女式襆頭，其上部明顯高於男式襆頭，並且向前軟塌，這也說明襆頭內可能未加巾子。（圖 5-6-8）

一般來說，女性審美期望要高於男性，且女性的審美感覺較男性更爲細膩。在唐代女著男裝的背景下，女子所穿的男裝要比男性的服裝更爲精緻也更貼體。雖然女式襆頭的繫法與男子襆頭基本相同，但唐代女式襆頭就如唐代婦女髻式多變一樣，女子細膩的本性還是要在襆頭中尋出與男子襆頭的不同之處。唐代男子襆頭無論是短腳或長腳襆頭，其頭後的兩腳都是懸垂於腦後，而盛唐之後得女子，特別是宮廷中的部分時尚女性，爲了使自己的襆頭與男子有所區別，將垂在襆頭後部的兩腳反盤至繫結之處，在腦後形成多角形式。（圖 5-6-8）雖然，從現有的考古資料中還沒有表現女式襆頭後部的形象，但可以想像，這種後盤腳的繫結會在腦後形成如花瓣的形狀，這一點也符合女性的審美訴求。女性天生尙美，阿史那懷道十娃夫婦墓石槨內壁板線刻中還出現了侍女在襆頭折腰兩側插入花枝的形象。（圖 5-6-9）天寶時期的李憲墓中，還出現了在襆頭巾上加入繡花或簪飾的形象，給樸實的襆頭形式賦予了更多的俏麗色彩。（圖 5-6-10）

圖 5-6-8　薛儆墓石槨線刻的後盤腳襆頭

圖 5-6-9　阿史那懷道十娃夫婦墓石槨內壁侍女線刻局部

順陵文管所郭勇先生提供，李杰線摹。

圖 5-6-10　李憲墓石槨線刻的花飾襆頭

第七節　寺人之令

宦官是中國古代皇權制度的特有產物，由來已久，東漢光武帝以後始成爲被閹割後在後宮爲帝王及后妃服務男人的專稱。在中國歷史上，各代宦官稱謂有所不同，「寺人」是宦官最早的稱謂。《詩經》云：

> 未見君子，寺人之令。〔註148〕

寺人的稱謂早在西周時代即已出現，當時中國境內尚無佛教，更無僧人，因而也不可能存在兩者模擬得名的情形。古代「寺」、「侍」兩字相通，鄭氏箋云：「寺，又音侍，本亦作侍字。」〔註149〕《周禮》曰：

> 云寺之言侍者，欲取親近侍御之義，此奄人也。〔註150〕

《資治通鑑・唐紀七十九》云：

> 寺人之官，自三王之世，具載於《詩》、《禮》，所以謹閨闈之禁、通內外之言，安可無也。〔註151〕

《後漢書》載：

> 中興之初，宦者悉用閹人，不複雜調他士。〔註152〕

其後歷代多以「宦官」或「宦者」相稱。宦官又稱「閹人」、「閹官」、「閹尹」、「宦人」等。男子去勢曰閹。閹本作奄，《周禮》曰：

> 奄，精氣閉藏者，今謂之宦人。〔註153〕

宦官亦稱「腐人」或「腐夫」，因腐刑而得名。《漢書》曰：

> 腐，宮刑也；丈夫割勢，不能復生子，如腐木不生實。〔註154〕

宦官還稱「中官」、「中人」、「中臣」、「內官」、「內侍」等。因多在宮中內廷服役，相對外臣而言故多以「中」、「內」名之。《漢宮儀》云：

> 中常侍，秦官也；漢興……光武以後，專任宦者，右貂金擋。
> 〔註155〕

故後世又以「擋」作宦官別稱。唐代對於宦官有著明確的管理制度，《新唐書》宦官傳載：

〔註148〕詩經，秦風，車鄰。
〔註149〕詩經，秦風，車鄰，鄭氏箋。
〔註150〕周禮，天官冢宰，敍官賈氏疏。
〔註151〕資治通鑑，唐紀七十九。
〔註152〕後漢書，宦者列傳。
〔註153〕周禮，天官冢宰，敍官鄭氏注。
〔註154〕漢書，景帝紀，顏師古注。
〔註155〕〔清〕趙一清，羅仲輝校，東潛文稿，漢宮儀，遼寧教育出版社，1998。

　　　唐制有內侍省，其官員：內侍四人；內常侍六人；內謁者監六
人；內給事八人；謁者十二人；典引十八人；寺伯二人；寺人六人。
又有五局：掖廷局掌宮人簿籍；宮闈局掌宮內門禁，其屬有掌扇、
給使等員；奚官局掌宮人疾病死喪；內僕局掌宮中供帳燈燭；內府
局主中藏給納。五局有令丞，皆內官為之。〔註156〕

　　已發現刻有宦官形象的唐墓石槨共十一座，刻於石槨門扉的有：李晦墓、
章懷太子墓、韋浩墓、韋洞墓、韋頊墓、韋詢墓，刻於其他壁板或立柱的有：
鄭仁泰墓、阿史那懷道十娃夫婦、楊思勖墓、王賢妃墓、武令璋墓。（表 5-1）

表 5-1：現可取樣的唐墓石槨宦官線刻

墓主	時　　期	官　　職	線刻部位	資料來源
鄭仁泰	麟德元年（664年）	開國郡公（正二品）	立柱	昭陵博物館李浪濤提供。
李晦	永昌元年（689年）	右金吾大將軍（正二品）秋官尚書	東向南間、南向東間壁板	現場考察
李賢與妃房氏	神龍二（706年）遷葬，景雲二年（711年）與其妃房氏合葬	雍王（正一品）章懷太子、高宗第二子	東向中間壁板	現場考察
韋浩	景龍二年（708年）	贈揚州大都督、武陵郡王、韋皇后二弟	南向中間壁板	陝西省考古研究所，陝西新出土唐墓壁畫，重慶出版社，1998。
韋洵	景龍二年（708年）	汝南郡王（從一品）韋皇后大弟	南向中間壁板	現場考察
韋洞	景龍二年（708年）	淮陽郡王（從一品）衛尉卿并州大都督、韋皇后三弟	南向中間壁板	陝西省文物管理委員會，長安縣南里王村唐韋洞墓發掘記，文物，1959，8。
韋頊	開元六年（718年）	韋后兄弟	南向中間壁板	王子雲編，中國古代石刻畫選集，中國古典藝術出版社，1957：圖版二十（12）。
阿史那懷道十娃夫婦	開元十五年（727年）	左金吾衛大將軍。瀚海國夫人。	壁板	順陵文管所郭勇提供。

<hr/>

〔註156〕新唐書，列傳第一百三十四，宦官。

楊思勗	開元二十八年（740 年）	駙馬都尉、上柱國、開國郡公、殿中省少監	內壁	中國社會科學院考古研究所，唐長安城郊隋唐墓，文物出版社，1980。
王賢妃	天寶五年（746 年）元月 3 日	睿宗賢妃	不詳（石槨已無法復原）	現場考察
武令璋	天寶七年（748 年）	壯武將軍、行右司禦率府副率使、執節銀川郡兼銀川太守（四品）、上柱國	R11、R6、R14、R8 壁板外壁	王勇剛、白保榮、宿平，新發現的唐武令璋石槨和墓誌，考古與文物，2010，2：20～29。

　　唐代墓葬中出現宦官的形象，是爲了表明墓主的高貴身份。繪（刻）有宦官圖像的唐墓墓主分爲三類：

　　1、皇子或皇妃，皇上的直系子女。如：章懷太子、惠莊太子及「號墓爲陵」的永泰公主，這些陵墓等級僅次於帝陵，是名正言順使用宦官的特權階層。

　　2、皇親，皇帝及妃子親屬。如：韋泂（中宗韋皇后之兄弟）、薛儆（睿宗之女婿），這一類是皇室親屬，使用宦官也可允許。

　　3、高官，如：張世貴（輔過大將軍，荊州都尉、虢國公）、安元壽（右威衛將軍、上柱國）等。這一類人物按制是不能使用宦官，但唐代蓄養閹奴頗爲盛行，官吏可買閹人作爲家奴。〔註157〕

　　唐墓線刻中的宦官形象多刻於墓門或石槨門扉之上，很明顯是職守門衛之職。這些宦官的形象大多束帶拱手持笏板，腰間多掛有一件繫口的長形弔袋，雖然所刻物品較爲模糊，但可看出大體形狀。韋泂墓、韋頊墓石槨門扉上所刻的宦官和永泰公主墓石門以及李撝墓石門（圖 5-7-1）上的宦官腰間均

〔註157〕由於蓄養閹奴之風日長，玄宗曾下詔定制：天寶八載（749 年）六月十八日敕：京畿及諸郡百姓，有先是給使在私家驅使者，限勒到五日內，一切送付內侍省。其中有是南口及契券分明者，各作限約，定數驅使，雖王公之家，不得過二十人。其職事官，一品不得過十二人，二品不得過十人，三品不得過八人，四品不得過六人，五品不得過四人，京文武清官，六品七品不得過二人，八品九品不得過一人，其嗣郡王郡主縣主國夫人諸縣君等，請各依本品，同職事及京清資官處分，其有別承恩賜，不在此限，其蔭家父祖先有者，各依本蔭職減，比見任之半，其南口請禁蜀蠻及五溪嶺南夷獠之類，見：唐會要，卷八十六，奴婢。

弔有此類物品。據《舊唐書》載：

上元元年（674 年）八月又制：一品已下帶手巾、算袋，仍佩
刀子、礪石。武官欲帶者聽之。景雲中（710 年）又制，令依上元
故事，一品已下帶手巾，算袋，其刀子、礪石等許不佩。〔註158〕

按《書》所記，宦官腰間所佩的長圓型弔袋應爲「算袋」，算袋所盛爲算
籌（古時計算工具），算籌以竹製或象牙製，長約八公分左右；合起寬約三公
分左右，對應圖中的算袋大小，將算籌放入理應合適。佩戴算籌是方便皇家
或貴族內部的「給納」工作，《新唐書》宦官傳對此工作就有載：「內僕局掌
宮中供帳燈燭；內府局主中藏給納。」〔註159〕

圖 5-7-1　李撝墓石門

源自：陝西省考古研究所，唐惠莊太子李撝墓發掘報告，科學出版社，
2004：圖二四。

此外，以其形狀推測，這種長形弔物也可能是唐代官員隨身必佩的魚符
弔袋。隋文帝開皇十五年（595 年）五品以上京官有佩魚符之制，〔註160〕唐

〔註158〕舊唐書，卷四十五，志第二十五。
〔註159〕新唐書，列傳第一百三十四，宦官。
〔註160〕孫機，中國古輿服論叢，文物出版社，2001：191。

沿此制，高祖爲避其祖李虎的名諱，廢止虎符，改用黃銅做魚形兵符，稱爲「魚符」。《朝野僉載》記：

> 逆韋詩什並上官昭容所制。昭容，上官儀孫女，博涉經史，研精文筆，班婕妤、左嬪無以加。……漢發兵用銅虎符。及唐初，爲銀兔符，以兔子爲符瑞故也。又以鯉魚爲符瑞，遂爲銅魚符以佩之。
>
> 至僞周，武姓也，玄武，龜也……〔註161〕

唐代以鯉魚爲符瑞，玄宗時期曾兩度禁止捕殺鯉魚。〔註162〕武則天當朝後改爲「龜符」，中宗年間又恢復爲魚符。唐代的魚符、龜符除了徵調軍隊時做爲憑證外，亦是官員出入宮門的身份標誌，據《新唐書》車服志載，唐初，內外官五品以上，皆佩魚符、魚袋，以「明貴賤，應召命」。〔註163〕魚符以不同的材質製成，「親王以金，庶官以銅，皆題其位、姓名。」〔註164〕盛魚符的魚袋「三品以上飾以金，五品以上飾以銀」。〔註165〕武后天授元年改內外官所佩魚符爲龜符，魚袋爲龜袋。並規定三品以上龜袋用金飾，四品用銀飾，五品用銅飾。

唐代官員使用的魚符一般長約 6 釐米，寬約 2 釐米。分左、右兩半，中間有「同」字形榫卯相契合。有些魚符還在底側中縫加刻「合同」二字，以資合符時查驗之用。魚符內側有刻文，注明佩符人身份或魚符的使用範圍。

魚符在唐時很受重視，它是爲官員出入宮禁及防止詐僞而設。永徽二年（651 年）開始向五品以上的京官頒發，去職或亡歿，便須收繳。外官遠離京畿，本無佩帶隨身魚符的需要，而垂拱二年（686 年）以後地方都督、刺史亦可佩帶。天授（690 年～692 年）以後，低品之官還可「借魚」，將魚符袋飾以金銀繫於腰間，成爲職官身份尊顯的一種標誌。在唐代佩魚符已是相當普及，據《舊唐書》載：「至開元九年，張嘉貞爲中書令，奏諸致仕許終身佩魚，以爲榮寵。以理去任，亦聽佩魚袋。自後恩制賜賞緋紫，例兼魚袋，謂之章服，因之佩魚袋、服硃紫者眾矣」。〔註166〕

垂拱二年後，魚袋的裝飾作用加強，樣式亦有多樣，（圖 5-7-2）魚符已

〔註161〕參見：〔唐〕張鷟，朝野僉載──隋唐嘉話，三秦出版社，2004。

〔註162〕〔宋〕王溥，唐會要，卷三十二，輿服下。

〔註163〕新唐書，卷二四，車服志。

〔註164〕新唐書，卷二四，車服志。

〔註165〕新唐書，卷二四，車服志。

〔註166〕舊唐書，卷四十五，志第二十五。

失去其本質意義，成爲一種獎勵象徵物品及裝飾。據《冊府元龜》載：靈武、和戎各軍領取魚袋五十個，將領可以在軍中臨時封賞與手下有軍功者。〔註167〕由於魚符的實際功能的喪失，至宋代「人亦不復能明其何用何象也」。〔註168〕

圖 5-7-2

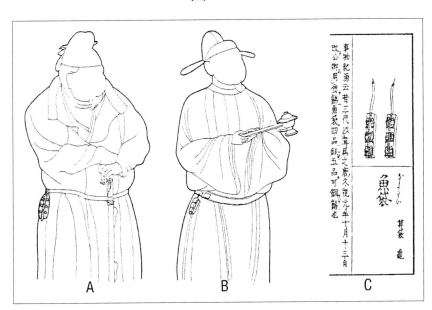

A、李賢墓壁畫佩魚袋者；B、莫高窟 156 窟壁畫佩魚袋者；C、《倭漢三才圖繪》中魚袋，源自：中國古輿服論叢：192。

　　唐墓門戶所繪之宦官當是門衛職官，理應佩戴魚符以勘校驗。據《唐六典》載：

　　　　太子内坊：皆宦者爲司局。典内二人，從五品下。錄事一人，
　　典直四人，正九品下。導客舍人六人，閣帥六人，内閣八人，内給
　　使，無員數。〔註169〕

　　章懷太子墓前甬道東壁所繪宦官，右手托持的魚符之下即掛著一把鑰匙，（圖5-7-3）當爲門衛職官。據《唐六典》載，太子東宮有宮門局，内設有宮門郎，其職責爲掌管宮門及鑰匙，壁畫中所繪之持符宦官，應爲東宮宮

〔註167〕〔宋〕王欽若，冊府元龜，卷六十。
〔註168〕〔宋〕程大昌，演繁露，卷六。
〔註169〕唐六典，卷第二十六，太子内坊。

門郎。〔註170〕宮門郎亦是《唐六典》所載之「導客舍人」，其官職應為從五品下。

圖 5-7-3　章懷太子墓前甬道東壁所繪宦官

源自：神韻與輝煌──陝西歷史博物館國寶鑒賞・唐墓壁畫卷：94。

　　唐初對宦官管束嚴厲，所以早期唐墓中的宦官多為表情謙恭、形象猥瑣瘦弱，《舊唐書》韋機傳載：

　　　　有宦者於苑中犯法，機杖而後奏，高宗嗟賞，賜絹數十匹，謂

　　　日：「更有犯者，卿即鞭之，不煩奏也。」〔註171〕

───────────────

〔註170〕申秦雁主編，神韻與輝煌──陝西歷史博物館國寶鑒賞・唐墓壁畫卷，三秦
　　　　出版社，2006：94。
〔註171〕舊唐書，卷一八四，列傳第一三四，韋機傳。

另《舊唐書》宦官傳載：

貞觀（627～649年）中，太宗定制，內侍省不置三品官，內侍
是長官，階四品。至永淳末（683年）向七十年，權未假於內官，
但在閤門守禦、黃衣稟食而已。則天稱制，二十年間，差增員位。
中宗性善，務崇恩貸，神龍（705～707年）中，宦官三千餘人，然
衣朱紫者尚寡。〔註172〕

由此可見，在這種抑宦的政策下，宦官的勢力必將受到弱化，所以，這
一時期的宦官並不像其他時期會有宦官專權、參政的機會甚至與宮禁之外接
觸也必需謙恭畢至，唐墓室線刻中出現的宦官形象與史載記錄相向吻合，其
唯諾的奴才形象也證實了此點。

唐代中晚期，貴族勢力逐漸走入沒落，等級制度弱化，社會形態發生巨
大變化。此時的貴族不重世家傳統，注重自身享樂。由於皇家對現實享樂的
追求，促使爲其直接服務的近身內侍的地位得以提升，也使宦官的社會地位
逐漸提高。初唐時期宦官普遍受到打壓，太宗定制宦官的官階最高爲四品以
下，中唐後宦官的地位發生了轉變，玄宗時期宦官的勢力空前盛大，皇家有
官職的宦官多達三千多人，五品（衣朱紫）以上的內侍就達千人之多。〔註173〕

玄宗始，唐代宦官對宮闈的控制甚至對朝政的參與逐步增強。出現了如
楊思勖、高力士、李輔國、程元振、魚朝恩、劉希暹、賈明觀、竇文場、霍
仙鳴、俱文珍、吐突承璀、王守澄、田令孜、楊復、楊復恭等權宦。據《舊
唐書》載：

後李輔國從幸靈武，程元振翼衛代宗，怙寵邀君，乃至守三公，
封王爵，干預國政，亦未全握兵權。代宗時，子儀北伐，親王東討，
遂特立觀軍容宣慰使，命魚朝恩爲之，然自有統帥，亦監領而已。

〔註174〕

楊思勖，本姓蘇，羅州，石城人。爲內官楊氏所養，以閹，從
事內侍省。預討李多祚功，超拜銀青光祿大夫，行內常侍。思勖有

〔註172〕舊唐書，卷一八四，列傳第一三四，韋機傳。
〔註173〕宦官：玄宗在位既久，崇重宮禁，中官稍旨者，即授三品左右監門將軍，得
門施榮戟，開元、天寶中，長安大內、大明、興慶三宮，皇子十宅院，皇孫
百孫院，東都大內、上陽兩宮，大率宮女四萬人，品官黃衣已上三千人，衣
朱紫者千餘人，見：舊唐書，列傳第一百三十四。
〔註174〕舊唐書，列傳第一百三十四，宦官。

脅力，殘忍好殺。從臨淄王誅韋氏，遂從王爲爪士，累遷右監門衛
將軍。〔註175〕

高力士，潘州人，本姓馮。少閹，與同類金剛二人，聖曆元年
嶺南討擊使李千里進入宮。則天嘉其點惠，總角修整，令給事左右。
後因小過，撻而逐之。內官高延福收爲假子。延福出自武三思家，
力士遂往來三思第。歲餘，則天復召入禁中，隸司宮臺，廩食之。
長六尺五寸，性謹密，能傳詔敕，授宮闈丞。〔註176〕

宦官地位的提高、生活的奢侈在死後的墓葬中也反映出來，天寶四年
（745 年）之後的唐代墓葬中，壁畫最多的是宦官及其家屬墓，〔註177〕如：
大曆十二年（777 年）高力士墓、天寶四年（745 年）蘇思勗墓、太和九年
（835 年）姚存古墓、天寶五年（756 年）高元珪（高力士之弟）墓等。在
此時期，由於宦官當權的原因，宦官的圖繪形象也由之前的醜化形態轉變爲
正常形象，宦官的身體也由前期的鞠痀形象轉變爲挺胸抬頭狀，身材也較之
前更加魁梧、偏肥。

唐代墓室中的宦官形象是一種人性扭曲的代表圖像，他們不同於瑰麗多
姿的女性形象，也不同於其他官吏、侍從形象，更具有典型表現主義的特徵
性質。線刻及壁畫中所繪的宦官形象，多爲雙目深陷，高眉弓，鼻樑低扁，
鼻翼較寬，嘴唇較凸，身材矮小，偏瘦。這些特點與閩南一帶人的體貌特徵
相似，由此推測，除了畫家醜化宦官形象之外，很可能與宦官的來源有關。
史籍中對於初唐宦官的出身並無記錄，但有晚唐的宦官記錄可資借鑒，《新唐
書》載：

是時，諸道歲進閹兒，號「私白」，閩、嶺最多，後皆任事，
當時謂閩爲中官區藪。咸通中，杜宣猷爲觀察使，每歲時遣吏致祭
其先，時號「敕使墓戶」。宣猷卒用群宦力徙宣歙觀察使。〔註178〕

另《資治通鑒》載：

諸道進私白者，閩中爲多，故宦官多閩人。福建觀察使杜宣猷

〔註175〕舊唐書，列傳第一百三十四，宦官。
〔註176〕舊唐書，列傳第一百三十四，宦官。
〔註177〕申秦雁，楊效俊，陝西唐墓壁畫研究綜述，見：周天遊，唐墓壁畫研究文集，
　　　　三秦出版社，2001。
〔註178〕新唐書，列傳第一百三十二，宦官上。

　　每寒食遣吏分祭其先塋，宦官德之，庚申，以宣猷爲宣歙觀察使，

　　時人謂之「敕使墓户」。〔註179〕

　　由於當時的閹人多出自閩中，畫家很有可能在作畫時將這些閹人的特徵進行誇大、丑化，將宦官刻畫爲一種典型的形象。這也反映出盛唐以前，人們對宦官的一種普識性的形象表現。盛唐以後，由於宦官勢力的激增，使得人們在日常觀念上已將宦官等同於正常人，畫家在繪製宦官形象時，將中唐以前宦官瘦弱、鞠瘠的猥瑣形象逐步向普通人的形象靠攏。

　　以盛唐爲界，將前後的代表性宦官形象按時間順序進行排列，就可明顯看出這種變化。隋大業六年（610 年），寧夏固原史射勿墓墓道第二天井西壁壁畫的宦官像，臉上無須，臉部拘謹，表情卑恭，頭戴軟腳襆頭，雙手持笏躬身而立；（圖 5-7-4）唐神龍二（706 年），章懷太子墓墓道第三過洞東西壁畫有內侍四人，瘦弱、鞠瘠形態猥瑣〔註180〕；神龍二年（706 年），永泰公主墓石門門扉，門吏兩人，持笏對立，表情肅穆，瘦弱、謙恭，頭部稍大；開元八年（720 年）薛儆墓石門門吏，頭戴襆頭，身穿圓領長袍，腳穿尖頭軟鞋，瘦臉，顴骨略高，身材較長，抱手恭立；（圖 5-7-5）開元十二年（724 年）惠莊太子李撝墓石門門吏，身材瘦削、骨凸，持笏躬身對立，表情猥瑣。（圖 5-7-1）天寶之後宦官形象已經改變，李憲墓（742 年）石門門扉所刻門吏，臉部平展、身材較豐滿、挺立，只是由於表情拘謹，還可看出一點宦官形態，（圖 5-7-6）而在唐德宗興元元年（784 年）西安東郊王家墳唐安公主墓甬道東壁壁畫中的兩個宦官，無論從他們的表情或是身形來看，都與普通人無異。（圖 5-7-7）

〔註179〕資治通鑒，卷二百五十，懿宗昭聖恭惠孝皇帝上咸通六年（865 年）。
〔註180〕周天遊主編，章懷太子墓壁畫，文物出版社，2002：48。

圖 5-7-4　隋代史射勿墓壁畫，
　　　　　宦官

圖 5-7-5　薛儆墓石門左門扉，
　　　　　門吏

源自：寧夏回族自治區固原博物館等
編，原州古墓集成，文物出版社，1999：
圖版 89。

源自：唐代薛儆墓發掘報告：25。

圖 5-7-6　李憲墓石門西門扉，
　　　　　門吏

圖 5-7-7　唐安公主墓甬道東壁
　　　　　壁畫局部

源自：唐李憲墓發掘報告：166。

源自：神韻與輝煌——陝西歷史博物館
國寶鑒賞·唐墓壁畫卷：140。

下部　風格學研究

第六章 觀念的顯現

第一節 墓室圖像的敘事頃間

　　法國評論學者羅蘭・巴特（Roland Barthes）在《敘事作品結構分析導論》一書的序言中指出：「對人類來說，似乎任何材料都適宜於進行敘事……而且，這些幾乎無窮無盡的形式出現的敘事，存在於一切時代、一切地方、一切社會。敘事是與人類歷史本身共同產生的。」〔註1〕在記錄的歷史中圖像和文字幾乎就是歷史的全部形式，圖像的敘事性與文字的敘事性，既有交叉同時也各具特徵。圖像存在與空間當中，而敘事則是一個時間概念，時間和空間都是一種先驗的「感性形式」，時間和空間則構成了人類感覺世界的先驗框架。我們知道，敘事是通過時間的進展來展現故事的過程，它在具有情節性的同時，還具有明確的時間方向。而敘事圖像則是時間進程的瞬點，不可否認，這一瞬間片段也具有時間性質，然而，它是通過空間來展現的時間，也就是說，圖像是脫離了時間過程的而凝結於空間中的斷點。這個斷點往往被認為是整個敘事結構中最具代表性的，能夠充分說明故事情節的「決定性頃間」，（圖 6-1-1）這個圖像頃間具有最大化的敘事表現力，同時這些圖像在藝術表現和事件統和而言是最具張力的頃間選擇，是「最能產生效果的只能是可以讓想像自由活動的那一頃刻。〔註2〕

〔註1〕　〔法〕羅蘭・巴特，敘事作品結構分析導論，張寅德，敘述學研究，中國社
　　　　　會科學出版社，1989：2。
〔註2〕　〔德〕萊辛・拉奧孔，朱光潛譯，人民文學出版社，1981：18。

圖 6-1-1　決定性頃間示意圖

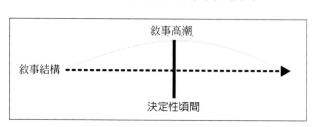

一、決定性頃間

　　由於文本和圖像兩者的性態完全不同，文字與圖像的轉換，不單是對文本的簡單圖解，無論是對於創作者或讀者而言，兩者要達到完全等值是不可能的。文本的開始線索、展開過程以及主題敘事是不可能通過圖像完全展現出來，必然會有一定的「缺失」。這種「缺失」給了觀者提供了二次創作的空間，正是圖像的這種性態，顯示出視覺閱讀的魅力，因此，「決定性頃間」的圖像不僅是敘事內容元素的取捨或濃縮，而是一種對情節的再創造。

　　在中國古代大量的圖像中，除了決定性頃間的作品，同時也存在大量的一般性頃間的圖像。「一般性頃間」是相對「決定性頃間」而言的，是人類初級階段尚未形成高級思維邏輯的必然現象，我們將已發現的史前岩畫進行對比即會發現，史前人類在進行圖像繪製時的大多採用隨機性片段截取，沒有明確的規律。（圖 6-1-2）如將這些圖像的選擇頃間分類，大概可分爲三類，一類是無敘事有情節式的隨機性選擇頃間，如放牧圖、單幅人物圖、單幅動物圖等。另一類則是「類決定性頃間」，這種選擇性頃間實際是「一般性頃間」的無意識接近了「決定性頃間」，「如狩獵圖像中，動物已經被獵殺倒地，或者射出的箭直接沒入動物的肌體，也就是圖像體現的是狩獵事件過程的頂點，即動物被或捕獲，並不是動物即將被捕獲的那一頃間、或者箭在弦上即將射出又尚未射出之時那樣動人心弦的緊張一刻。」〔註3〕第三類是圖符性抽象圖示，這種圖像往往是經過提煉後的事件結果呈現，而這種結果多半是由巫術所有意呈現的象徵性抽象符號，它們不具有敘事頃間所具備的時間性特質，或者換句話說，史前具有圖符性質的圖像作品，在時間向度上降低的時候，則會失去敘事的階段性發展性態，而當圖像之於觀者的想像空間不對

〔註3〕李彥鋒，中國傳統繪畫圖像敘事的頃間，南京藝術學院學報美術與設計版，2009，4：23。

應的時候,「圖像與受眾的互動性變差。」圖像所表達內容的鮮活性則會降低而形成刻板單調的象徵性一般頃間。例如史前象徵性岩畫(或稱作巫術圖像),的創作過程,是通過對母題的展現的意圖驅動,利用心理「仿似性」的暗示,達到體現控制原型的企圖,「通過「相似」、「感染」,去同化他們所賴以生存的外部世界。」〔註4〕這些被黑格爾稱作「藝術前的藝術」,是象徵性思維概念所制約下的隱喻式思維。〔註5〕其實,抽象性造型是早期人類的自然反應,心理學家往往以兒童象徵人類早期的思維性態。通過心理學的研究顯示,「兒童的視覺感受是富有我向性(autistic)色彩的,而這恰恰是最主觀化的重要標誌。」〔註6〕「這種包含很少時間性的象徵圖像的解讀要依靠製作者「我」之經驗記憶和解說,才能夠擁有與岩畫受眾的互動。脫離了「我」,脫離了製作主體的在場,原始岩畫的這種缺少時間性的象徵或隱喻就向人們關閉了開啟之門。」〔註7〕

圖 6-1-2　一般性頃間示意圖

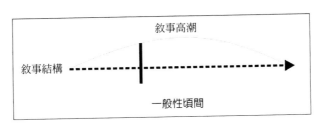

一般性頃間是人類邏輯性思維的初級階段的自然體現,而當人的邏輯思維逐步複雜的時候,圖像的頃間選擇必然會更加準確,更加接近敘事的邏輯性關鍵點。因此我們在漢代的遺存中看到了,展現敘事高潮的「決定性頃間」截取圖像。

敘事是文字語言的典型形式,圖像則意味著敘事的定格顯現,從已發現的歷史圖像的顯意性來看,每一次的圖像與文字敘事的轉換,不僅意味著對文字意圖的重述,而且意味著一次審美意義和社會意涵的再創造和闡釋。作為獨立的思想媒介,圖像從非視覺的文字轉換為可見的視覺形式,不單單是對文本意圖的複製,更重要的是建立了兩種敘事形式的互文性表意形態和相

〔註4〕劉青硯,巫術影響下的岩畫創作,中國社會科學報,2010,12:9:10。
〔註5〕劉錫誠,中國文化象徵論,民間文化論壇,1992,2。
〔註6〕丁寧,視覺心理與視覺創造,新美術,1995,2:26。
〔註7〕李彥鋒,岩畫圖像敘事的頃間性,民族藝術,2009,2:71。

互介意的平衡性態。

「決定性頃間」圖像是敘事結構中最具典型的視覺瞬間節點，即如我們所常見的漢代畫像石圖像，都是選取典型性瞬間來替代整個事件的情節結構。

秦漢之際，圖像是宣政的主要工具，漢畫像石是迄今所發現的最具代表性的漢代圖像史證，「假如把它們有系統的搜輯起來，幾乎可以成爲一部繡像的漢代史。」〔註8〕畫匠們是沒有主動創作的空間，大量的決定性頃間作品在定型之後被複製於疆域範圍內，甚至於他們具備了一定的符號性質，因此，這些同質的作品，我們幾乎在全國各地都有所發現。在漢代墓室圖像中常見的事件如丁蘭侍木人、老萊子娛親、董永孝親、梁節姑姊、齊義繼母、聶政刺俠累、荊軻刺秦王、二桃殺三士等忠義孝子故事。這些事件的頃間選取是經過長期揚棄而成爲典型的「決定性頃間」，它是建立在人們對「事件」的普適性認識觀的基礎之上，頃間的選取不但要符合事件的瞬間結構，同時也要預示著事件的進程和發展。

漢畫像石中常見的二桃殺三士敘事圖像，是當時流傳非常廣泛的題材。。《晏子春秋》諫下載：

> 公孫接、田開疆、古冶子事景公，以勇力搏虎聞。晏子過而趨，三子者不起。……晏子曰：「此皆力攻劫敵之人也，無長幼之禮。」因請公使人少饋之二桃，曰：「三子何不計功而食桃？」
>
> 公孫接仰天而歎曰：「晏子，智人也！夫使公之計吾功者，不受桃，是無勇也，士眾而桃寡，何不計功而食桃矣。接一搏猏而再搏乳虎，若接之功，可以食桃而無與人同矣。」援桃而起。
>
> 田開疆曰：「吾仗兵而卻三軍者再，若開疆之功，亦可以食桃，而無與人同矣。」援桃而起。
>
> 古冶子曰：「吾嘗從君濟於河，黿銜左驂以入砥柱之流。當是時也，冶少不能遊，潛行逆流百步，順流九里，得黿而殺之，左操驂尾，右挈黿頭，鶴躍而出。」津人皆曰：「河伯也！」若冶視之，則大黿之首。若冶之功，亦可以食桃而無與人同矣。二子何不反桃！抽劍而起。
>
> 公孫接、田開疆曰：「吾勇不子若，功不子逮，取桃不讓，是

〔註8〕翦伯贊，秦漢史，北京大學出版社，1983：6。

貪也；然而不死，無勇也。」皆反其桃，挈領而死。

古冶子曰：「二子死之，冶獨生之，不仁；恥人以言，而誇其聲，不義；恨乎所行，不死，無勇。雖然，二子同桃而節，冶專其桃而宜。」亦反其桃，挈領而死。

使者復曰：「已死矣。」公殮之以服，葬之以士禮焉。

1952 年在洛陽舊城西北邙山南坡燒溝漢墓發現的二桃殺三士壁畫圖像，「取晏子設計以除掉公孫接、田開疆、古冶子三勇士的故事來宣揚封建社會智勇忠義的倫理觀念。圖像敘事中最爲精彩的部分當屬三士在幾前頃間的精心選取（圖6-1-3）。盛有桃子的盤子放在几上，幾的右側田開疆低頭視桃、公孫接仰首作挈領狀、古冶子按劍直立。」〔註9〕顯然，畫面頃間的選擇是經過深思熟慮的，圖像的時間和空間通過這一經典瞬間的展現，得以巧妙的轉換。通過這一「決定性頃間」的展現，圖像對於故事情節的發生、進程和結果得以充分的舒張。

圖 6-1-3　燒溝漢墓畫像石，二桃殺三士圖

源自：李彥鋒，中國傳統繪畫圖像敘事的頃間，南京藝術學院學報美術與設計版，2009，4：25。

荊軻刺秦王也是漢畫像中常見題材，據現有資料可知，荊軻刺秦王漢畫像在各個漢代墓葬集中出土區域都有所發現，其年代在東漢的早、中、晚各

〔註9〕李彥鋒，中國傳統繪畫圖像敘事的頃間，南京藝術學院學報美術與設計版，2009，4：25。

期，多見於中、晚期。山東地區發現較多，較爲完整且故事情節最豐富當以山東嘉祥漢墓中的荊軻刺秦王畫像石畫最具表現性，在畫面中共有五人，秦王站於立柱右側，作倉惶狀，荊軻在則刺劍刺於立柱，太醫在背後環抱荊軻，圖右下的秦舞陽已被其景嚇的仰倒在地，柱下有剛被砍下的樊將軍於期的首級，右上角可見衛士奔跑前來救駕。畫面分散且混亂，畫家選取的定格充分展現了當時的緊張氣氛。（圖6-1-4）蔣英矩在《漢代武氏墓群石研究》中對此畫像評述：「尤其荊柯刺秦王的畫像，更抓住了這個全部故事的高潮，表現了刺秦王瞬間的事件突發性。看那匕首中柱，荊軻怒髮衝冠，秦王棄袖驚逃，地上擺著樊於期頭，和嚇得五體俯地的秦舞陽，是多麼扣人也弦的驚險場面啊，義士荊軻的無畏形象，也躍然於畫面了。畫像抓住了事物發展高峰轉眼即逝的情節，發揮了高度的表現效能，給人以強烈深刻的印象。」〔註10〕

圖6-1-4　武氏祠左石室後壁小龕西側，荊軻刺秦王圖

源自：中國畫像石全集編輯委員會，中國畫像石全集 1──山東漢畫像石，河南美術出版社、山東美術出版社 2000：56、圖版80。

我們來將圖像和這個敘事故事進行對比，來看看畫家所選取的節點，《史記》刺客列傳載：

> 秦將王翦破趙，虜趙王，盡收入其地，進兵北略地，至燕南界。太子丹恐懼，乃請荊卿曰：秦兵旦暮渡易水，則雖欲長侍足下，豈可得哉？荊卿曰：「微太子言，臣願得謁之。今行而無信，則秦未可親也。……於是荊軻就車而去，終已不顧。既至秦，持千金之資幣物……荊柯奉樊於期頭函，而秦舞陽奉地圖柙，以次進。至陛，秦舞陽色變振恐，群臣怪之。荊柯顧笑舞陽，前謝曰：「北蕃蠻夷之鄙

〔註10〕蔣英矩，漢代武氏墓群石研究，山東美術出版社，1995：116～117。

人，未嘗見天子，故振。願大王少假借之，使得畢使於前。」秦王
謂軻曰「取舞陽所持地圖」。軻既取圖秦之，秦王發圖，圖窮而匕首
見。因左手把秦王之袖，而右手持匕之。未至身，秦王驚，自引而
起，袖絕。拔劍，劍長，操其室。時惶急，劍堅，故不可立拔。荊
軻逐秦王，秦王環柱而走。群臣皆愕，卒起不意，盡失其度，而秦
法，群臣侍殿上者不得持尺寸之兵；諸郎中執兵皆陳殿下，非有詔
召不得上。方急時，不及召下兵，以故荊軻乃逐秦王。而卒惶急，
無以擊軻，而以手共搏之。是時侍醫夏無且以其所奉藥囊提荊軻也。
秦王方環柱走，卒惶急，不知所爲，左右乃曰：「王負劍！」負劍，
遂拔以擊荊軻，斷其左股。荊軻廢，乃引其匕首以秦王，不中，中
桐柱。秦王復擊軻，軻被八創。軻自知事不就，倚柱而笑，箕踞以
罵曰：「事所以不成者，以欲生劫之，必得約契以報太子也。」於是
左右既前殺軻，秦王不怡者良久。

　　對比圖、文，我們可以看到，畫家並沒有選取故事的由因和結果，選取
的節點是這個故事當中最具緊張、最具關鍵且動感最強的關鍵頃間。每個人
物的典型性和整體的動勢共同構成了圖像的可讀性和作者所要展現的這個故
事的圖像氣勢。這個「決定性頃間」所給觀者帶來的視覺效應，並不僅僅局
限於瞬間定格圖像的本身，而是可以使人根據普適性的認識來進行前序和後
果的聯想，補充頃間圖像所不能展現的整體故事構成。

　　除武氏祠的三幅荊軻刺秦王外，四川樂山麻浩一號崖墓畫像和陝西神木
大保當漢墓門楣上的荊軻刺秦王畫像（圖 6-5-5）都選取了秦宮刺殺的情景。
雖然由於藝術水准、造像材質同，但所有荊軻刺秦王畫像均牢牢把握這個關
鍵性的頃間，說明了這一瞬間是整個故事信息的主要展現瞬間，同時也是故
事的時代普適性決定頃間。

圖 6-1-5　陝兩神木大保當漢墓荊巧刺秦王畫像

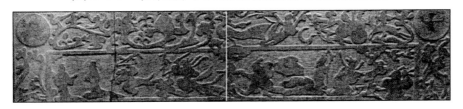

源自：中國畫像石全集編輯委員會，中國畫像石全集 5——陝西、山西漢畫像
石，河南美術出版社、山東美術山版社，2000：169～169、圖版 225。

「決定性頃間」所展現的定格，與敘事性文本的「閱讀」過程不同，文字語言的敘事是以事態的開始、轉折、結尾的邏輯發展爲結構，而「決定性頃間」圖像的讀取性態則與文字不同，它的展現是以敘事的高潮階段的情節定格爲開端，讓讀者同通過對故事的普適性認識觀來推理情節的起始與結尾。在完全不同的「閱讀」境態，圖像對文本的描述的忠誠忠實度、是否能充分調動讀者對故事的「先在理解」（preconception）和「期待視域」（horizon）是「決定性頃間」選擇的基本條件。

二、連環性頃間

我們看到，漢畫像石的表現主體均是當時人們所熟知的典故，這些決定性頃間的建立需要一個普適性社會認識觀爲基礎，而當觀者對敘事主體不太熟悉的時候，決定性頃間所意圖體現敘事結構則不能完全展現。因此，創作者就需要以更加具有說明性的圖像來闡釋敘事意圖。魏晉南北朝時期，由於內部政權交相更替，地方氏族相對獨立，致使外來文化大舉摻入，在這個文化大交融的時代，本土的儒、道學說無不被外來的西方思想所裹挾，其中尤以佛教爲甚。

佛教藝術在漢末隨佛教東傳而入華，由此，西式的立體表現方式開始對本土的平面表現觀念進行改造。《歷代名畫記》所記：「以形制古樸，未足瞻敬，阿育王像至今亦有存者可見矣。後晉明帝、衛協皆善畫像，未盡其妙。泊戴氏父子皆善丹青，又崇釋氏，範金賦彩，動有楷模。至如安道潛思於帳內，仲若懸知其臂胛，何天機神巧也？其後北齊曹仲達，梁朝張僧繇，唐朝吳道玄、周昉各有損益。聖賢盼蠁，有足動人；瓔珞天衣，創意各異。至今刻畫之家列其模範，曰曹、曰張、曰吳、曰周，斯萬古不易矣。」〔註11〕可見，中古時期佛教美術在我國平面藝術中的重要位置，時至當代，張彥遠的認識不但被大量出土的實證所證實，同時也是當代藝術研究者的共識。

佛教藝術的典型性存在方式主要體現在洞窟和寺院，中古寺院我們幾乎很難見到，即使保存至今也與其時無可等齊而論。唯一我們還能體驗的典型佛教藝術，盡見於洞窟美術。我們今天常見的片段式佛教藝術品往往不是原初的意圖表達，人爲的切斷了局部主題與整體主題之間的內在聯繫，〔註12〕

〔註11〕〔唐〕張彥遠，俞劍華注，歷代名畫記，上海人民美術出版社，1964：125。
〔註12〕信立祥，漢代畫像石綜合研究，文物出版社，2000：59。

只有當我們進入窟洞的場景中，才能體驗佛教藝術的表達情境。〔註13〕每一個窟洞都是具有一個整體表意性質，它的中心主要是由主尊像爲統領，並以此爲中心分別展開各種佛傳故事。雖然每一部分看似分散，實則是在一個統一主體之下的設定，雖然每一部分都具有獨立的表意性，但同時也是整體創意和主體意識的組成部分。顯然，這種表達方式給人一種連環傳達的表意境界，其中既包含了主尊的象徵性佛指，同時也在佛傳故事中以連環式講述的方式，將人們帶入故事當中。敘事的起始、進展、高潮、結尾，通過連環式頃間的設定逐一展現。這種表現方式顯然比決定性頃間的畫面更具說明性，特備是在敘事主題還未形成社會普適性的前提下，這種連環講述式的頃間構成更具接受性。

　　佛教圖像主要分「像」與「圖」，「像」最早單指釋迦牟尼像，後泛指所有佛教諸尊像。「圖」則指的是釋迦牟尼佛一生教化事蹟圖像，以多幅連續的形式，或圍繞其中某一事蹟展開。佛教壁畫圖像中最爲典型的是「無量壽佛經變圖」，「從經變畫所承擔的宗教功能來講，它應該是該部經文的中心，也是每一位信眾入洞「觀想」的目的和結果。佛與西天聖眾伎樂有規律的組合，主次相從，層層展開。寺觀建築、樓臺的形象安排錯落有致，爲呈對稱性分佈的西天聖眾營造了一個猶如舞臺般緊湊而飽滿充盈的氣氛。主佛前的平臺上舞樂悠揚，一直延引到畫面以外，在每一個朝拜者面前舒展開來，實現了觀想和參拜者與佛國親近的心理要求。說法圖被營構成舞臺式的大場景令人震懾，也令人激動。偶像性的圖式結構被對稱形式進一步加強，在觀看的第一時間裏，猶如舞臺大幕拉開一樣。」〔註14〕

　　這種圖像視覺的緣起、展開、高潮、氣氛，隨情故事情節的展開採用了中國傳統戲劇舞臺的展現結構，作爲圖像定格頃間，將內容與形式相統一於一個整體空間當中，形成一個充滿意義的表現實體。（表6-1）

表6-1：無量壽佛經變圖頃間配置與戲曲舞臺對比〔註15〕

飛天 舞臺出將、上場	主殿形象 人物威嚴高貴	飛天 舞臺出將、上場

〔註13〕巫鴻，圖像的轉譯與美術的釋讀，讀書，2006：08。
〔註14〕胡紹宗，觀無量壽佛經變畫的圖像分析，藝術考古，2009，4：12。
〔註15〕胡紹宗，觀無量壽佛經變畫的圖像分析，藝術考古，2009，4：13。

菩薩	主佛	菩薩
浪漫、幻象	主角、莊嚴	超自然
側坐的佛	伎樂、歌舞	側坐的佛
主角	激動、熱烈	隨意、溫暖

　　在佛傳故事中，九色鹿王的故事即是連續式頃間的典型代表，而在一些現實境遇的故事中，連續頃間的表現形式也常常出現，例如，敦煌莫高窟第45窟中的商人遇盜圖壁畫，其表意為佛的保祐無處不在，畫面的通過一支商隊，趕著駱駝和驢子，馱著貨物，穿過森林，戈壁，沿著河流，一路朝向東前行的場景開始展開。圖中畫了五六個胡商趕著幾匹滿載貨物的毛驢，正沿著回轉的山路走來，被隱藏於山間、手執刀劍的強盜所阻截。圖中的胡商高鼻樑，眼睛深邃，一臉串臉胡，頭戴各氈帽。他們小心翼翼地站在強盜面前，神色恐懼不安，前面的綠衣服商人彎腰屈背，其後幾人雙手合十舉於胸前，最後面的一人剛剛安置好牲畜，正緩步走近同伴。在他們腳下，放著兩包貨物和一副尚未卸下對象的馱架。商人們後面兩匹鞍具齊備，高大健壯的毛驢，高高豎起兩隻耳朵，張著嘴巴，瞪著眼睛，吃驚地注視著眼前的情景。對面山前，一強盜右手執刀斜靠肩上，左手低舉正在講說什麼。在他身後，另有兩名強盜手舉兵器，側身於山間谷口，僅露出上半身。這些強盜戴襆頭、腳穿麻鞋、打著綁腿、身穿圓領長袍、腰束帶，看來經常出沒在這條路上，商人們無力抗拒，只好將貨物交出。（但他們不甘遭此厄運，於是口念佛語，乞求神靈相助。果然，佛祖顯靈，強盜們受到了菩薩法力的感化而覺悟，從此放下屠刀，改惡從善，商人們也保住了財物，化險為夷。（圖6-1-6）畫面通過分段式的連環頃間的設定，一步步將故事情節展開，與決定性頃間不同的是，這種連環式頃間更具有敘事表達的明確性和時間性延展性。（圖6-1-7）

　　由於佛教美術的影響，這種連續頃間的表現方式漸成為主流，在現已發現的魏晉伊始的墓葬平面中，這中表達形式比比皆是。魏晉南北朝墓室壁畫的配置規程與佛傳故事的敘事模式相同的是，都是具有一定的場域效應，每幅壁畫都是整體配置的一部分，每幅壁畫的表意也是整體設定的主題的局部。與佛傳故事不同的是，墓室壁畫的頃間減弱了情節性敘事的時間性質，因此，這些圖像在附會於表現主題的情境下，具有明確的象徵性表現。並形成一組連續性主題頃間，來代表所要展現的物化境態。

圖 6-1-6　敦煌莫高窟第 45 窟壁畫局部

圖 6-1-7　連續性頃間示意圖

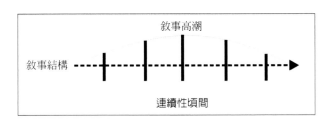

　　例如，嘉峪關魏晉壁畫墓中圖像配置，以墓主為中心，以連環性頃間展開象徵貴族生活的吃、住、行情景，用以象徵死後的高貴存在狀態。嘉峪關 5 號魏晉墓中的墓主飲宴圖像中，賓主四人兩邊相對而坐，其中一人持耳杯，一人持便面，中間放置勺、斛等飲食器具，旁邊有一侍者正伸手取勺伺候賓主進食。另外還有女主人飲宴圖，女性賓主二人相對而坐，旁邊分別有一名女侍手持團扇作服侍狀，中間放置勺、斛、鏇一組飲食器，食器旁邊有一男侍。嘉峪關 6 號魏晉墓同樣有男女墓主飲宴圖，分別繪製在不同的磚面上，每個磚面都有紅色的邊框，並在在臨近的磚面上繪製伺候進食的侍者，兩個或三個侍女作站立在側並雙手捧食物。〔註16〕（圖 6-1-8）

〔註16〕甘肅省文物隊等，嘉峪關壁畫墓發掘報告，文物出版社，1985。

圖 6-1-8 嘉峪關魏晉 6 號墓墓主宴飲圖

源自：胡之編，甘肅嘉峪關魏晉六號墓彩繪磚，重慶出版社，2000：2。

太原北齊徐顯秀墓壁畫由三部分組成，墓道、過洞、天井繪儀仗出行圖；
甬道繪侍衛圖；墓室北壁繪墓主人飲宴圖；墓室東西兩壁繪牛車鞍馬圖。其
中墓主宴飲圖展現的象徵性頃間的內容爲：墓主夫婦正面端坐於榻上，榻上
繪高大帷帳，榻後有彩畫屏風。展現墓主華麗生活起居。墓主前置有一個大
食盤，盤中有食物，周圍有高腳漆杯圍繞。床榻兩邊各有一個女侍，後繪 8
名男女樂伎，其後再繪手持傘蓋、扇子等儀仗器具的侍從十多名，整個畫對
稱莊重，顯示墓主的華麗貴族生活狀態。（圖 6-1-9）

圖 6-1-9 北齊徐顯秀墓宴飲圖

源自：太原市文物考古研究所，北齊徐顯秀墓，文物出版社，2005：圖版 15。

　　展現墓主出行狀態的儀衛出行圖部分，是顯示墓主身份的象徵性頃間展
示。磁縣北齊灣漳墓〔註17〕墓道兩壁各繪由五十三人組成的儀仗出行隊伍。
兩壁的儀仗隊之前繪朱雀、青龍、白虎等引導神獸，兩壁所繪的儀衛隊員手
執戟盾、鼓樂、旌幡、傘蓋組成兩隊，左右共四列，面向墓門方向。整個隊
伍莊嚴肅穆，在圖像的瞬間定格中可以看出創作者所要顯示的墓主地位。
（圖 6-1-10）

圖 6-1-10　磁縣北齊灣漳墓儀衛出行圖（局部）

源自：河北省文物研究所，河北古代墓葬壁畫，文物出版社，2000：73。

　　嘉峪關魏晉 7 號墓出行圖由 8 塊磚繪組成，第一塊磚上繪兩名導引騎
士，第二塊磚上繪馬上持鞭的墓主人像，後六塊磚上，每磚各繪三名手持長
矟的騎士。〔註18〕（圖 6-1-11）通過這組連續性頃間圖像，象徵墓主的政治
地位和貴族身份。

〔註17〕中國社會科學院考古研究所、河北省文物研究所鄴城考古工作隊，河北磁縣
　　　　灣漳北朝墓，考古，1990，7：600～607。
〔註18〕甘肅省文物隊等，嘉峪關壁畫墓發掘報告，文物出版社，1985。

圖 6-1-11　嘉峪關魏晉 7 號墓出行儀衛圖

源自：胡之編，甘肅嘉峪關魏晉六號墓彩繪磚，重慶出版社，2000：1。

　　墓室圖像中的每一組主題都是墓葬整體設計的局部構成，墓室圖像首先
以創造墓主死後境界的狀態為目的。嘉峪關新城 M1、M5 墓前室畫像磚的分
佈為：以墓主人宴飲為核心，面朝墓門方向的左側內容為分別為庖廚、進食、
屠宰、園林以及雞群和耕作圖為生活情境，而右側以塢堡、農牧業活動、出
行、狩獵及駿馬圖象徵生活保障性內容，以守衛、門犬、露車象徵地位門第。
即墓主人宴飲圖的左側畫像主要為表現物質享受的連續性頃間構成，右側畫
像主要表現精神層面的連續性瞬間圖像組合。

　　秦漢以來繪畫的主要功能是固皇權的一種手段，是「見善足以戒惡，見
惡足以思賢」的圖解說明：

　　　　觀畫者見三皇五帝，莫不仰戴；見三季暴主，莫不悲惋；見篡
　　　臣賊嗣，莫不切齒；見高節妙士，莫不忘食；見忠節死難，莫不抗
　　　首；見放臣斥子，莫不歎息；見淫夫妒婦，莫不側目；見令妃順后，
　　　莫不嘉貴。是知存乎鑒者圖畫也。〔註19〕

　　魏晉南北朝時期，大一統的政治局勢已不存在，雖然這一時期戰亂不
斷，但也促使南北方和外來文化的交流開放。本土繪畫受到了前所未有的衝
擊，首先是之前作為政治圖解的繪畫，已逐漸失去了一統的政權管理下，「成
教化」的繪畫功能已不明顯，特別是在外來造型觀念的入滲出下，使得繪畫
逐漸向獨立審美的方向發展。畫面的空間性相對增強，造型的象徵性審美標
準得以提升，而圖像的頃間選擇受到這種影響，圖像的敘事性已消弱，使得
圖像定格的時間性已被去除，而圖像表意的象徵性漸漸增強，畫面中的普適
性造型具有明確的代表性和普遍性。南朝陵墓中常出現的「竹林七賢與榮啟

〔註19〕〔唐〕張彥遠，俞建華注，歷代名畫記，江蘇：江蘇美術出版社，2007；另
　　　　見：御覽，七百五十一，引歷代名畫記，魏曹植言。

期」（圖 6-1-12）形象，已成爲帝陵中的圖像標誌，只有高等級陵墓才能配置，甚至成爲我們今天評定南朝陵墓級別的一項標準。〔註20〕

圖 6-1-12 「竹林七賢與榮啟期」畫像磚局部

現藏於南京博物院，李杰攝。

作爲士人的代表，竹林七賢與榮啓期能夠取代西王母進入帝陵圖像體系，顯見有其特定原因。竹林七賢的身份只是士人或臣子，顯然要低於墓主的皇家或門閥的地位，榮啓期也是先秦士人的代表，無論是竹林七賢或榮啓期，都具有當時人們認爲接近神仙的兩種表現，一是都具有較高的思想性，二是都有異於常人的放達形象和事蹟，正因如此，人們往往把他們對等於仙人。〔註21〕而對於功利性明確的墓葬配置而言，墓主升仙必須有仙人的引導，漢代墓葬中的西王母圖像即是導引神仙的代表。而在崇尚思想性和轉世觀念的南北朝社會中，具有較高思想性的玄學士人自然就成爲時代的精神嚮往，而其死後，他們即會順勢成爲仙人，而在墓葬中，他們自然也就具有了類似西王母的導引功能。漢墓中常出現的西王母，是秦漢前的一個部落頭領，在秦漢求仙風氣之下始爲神人，並逐漸在墓葬配置中成爲引導墓主重生的象徵性圖騰，而竹林七賢與榮啓期在南北朝墓葬中成爲取代西王母的象徵性符號。在圖像中，並未選擇竹林七賢或榮啓期的事蹟敘事頃間，而是選擇了類

〔註20〕 武翔，江蘇六朝畫像磚研究，東南文化，1997，1：88。
〔註21〕 鄭岩，魏晉南北朝壁畫墓研究，文物出版社，2002：229。

似標準像式的圖像定格，很明顯，這類圖像並不是以敘事爲目的，只是以此形象代表了這一類人物，在定格選擇上採用了象徵性頃間的選取方式。畫面明顯不是自然的時空定格，是畫家以繪畫技巧把人物的象徵性特徵壓縮在具有巨大包容性的無時間、無空間的頃間之中，畫中逐漸淡遠的敘事關係被形式特徵所覆蓋，圖像的時空關係被虛化，象徵特徵被誇張和強調。

三、象徵性頃間

隋唐時期的「南朝化」傾向幾乎已成定論，陳寅恪較早提出了唐代制度的「南朝化」傾向，牟發松亦說：「放眼漢末至宋初的歷史發展，可知北朝隋唐時期特別是唐中葉的南朝化傾向，是中古歷史按照其內在邏輯自然演進的結果。」可見，隋唐代演進的「南朝化」傾向是學術界帶有普遍性認識。〔註22〕

「圖畫以鑒戒」是漢魏藝術之主要功用。有唐以降，唐人已不僅僅注重繪畫的教化、倫理功用，中國傳統繪畫的表意功能逐漸削弱，繪畫更需要給人帶來感觀上的享受和愉悅。〔註23〕因此，以審美爲目的的繪畫遂成爲藝術表現主題，繪畫的藝術性和創造性成爲創作的重要課題。郭若虛在《圖畫見聞志》中一語點破唐代繪畫與前人的不同：

> 歷觀古名士畫金童玉女及神仙星官中，有婦人形相者，貌雖端嚴，神必清古，自有威重儼然之色，使人見之恭肅，有歸仰之心。今之畫者，但貴其娇麗之容，是取悅於眾目，不達畫之理趣也，觀者察之。〔註24〕

雖然郭氏的口氣稍帶貶義，但不可否認的是他對「古」、「今」繪畫的目的作了明確的區分，古之繪畫注重教化之功，而唐代繪畫則將意圖設定在欣賞性上。因此，在繪畫的審美性提高的同時，繪畫作品的表意性則逐漸衰退，特別是在繪畫的審美性提高的同時，繪畫的抒情性特徵得以舒張。是以，畫

〔註22〕持不同意見的主要以錢穆爲代表，他認爲：「隋唐制度，自是沿襲北朝。」對於這種認識，沒有關注到南北朝帝陵墓室壁畫所反映的「上移和下降」現象，並由此而顯現的「南朝化」。（汪小洋，南北朝帝陵壁畫墓的圖像體系討論，民族藝術，2015，4：91。）

〔註23〕范文南，論「比德」到「暢神」的審美嬗變與唐代典型畫風的演化，南京藝術學院學報——美術與設計版，2006，3：25。

〔註24〕〔宋〕郭若虛，圖畫見聞志，四部叢刊編輯影印本，人民美術出版社，1964：18～19。

面描繪事物的時間包孕性也隨之喪失，時間與表意目的的降低，使得繪畫的
圖像構建漸漸演化成爲一種平面的象徵性符號。這種以審美爲目標的創作觀
念使得中國傳統繪畫在此時發生了轉變，繪畫已不再需要以「決定性頃間」
來設定故事的敘事構成，因爲敘事已幾乎不存在於畫面當中，「更多地使人想
起一種本來外在於它的內容意義。」以此，畫面呈現的物象並不重要，重要
的是它所象徵的意義和帶給觀眾的想像空間。這種象徵性圖像表達方式「是
直接呈現於感性關照的一種現成的外在事物，對這種外在事物並不直接就它
本身來看，而是就它所暗示的一種較廣泛較普遍的意義來看。」〔註 25〕黑格
爾所說的意義是一種象徵性觀念，不管畫面所描寫的內容是什麼，它所表現
的是一種感性的觀念存在或一種形象的存在。

　　唐墓壁畫中經常出現四類人物：一爲儀衛，大多在墓道兩壁，是墓主的
身份象徵；二爲男侍，多爲門衛，象徵門第；三爲女侍，象徵庭內富足；四
爲伎樂，象徵豐富的精神生活。（圖 6-1-13）

圖 6-1-13　李憲墓透視圖

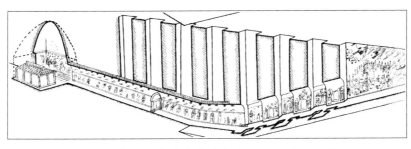

源自：陝西省考古研究所，唐李憲墓發掘報告，科學出版社，2005：12。

　　墓室圖像中的人物大多採用靜態站姿，這與之前的決定性頃間所選擇的
動勢姿態不同，將敘事的正在進行時動態，轉變爲沒有時間節點的靜姿。同
時，人物的造型也形成了依據人物普適性認識而形成的程式化形象，例如女
性的「娴目」眼型形，〔註 26〕內侍的萎縮形態〔註 27〕（圖 6-1-14）等，其象

〔註 25〕　〔德〕黑格爾，朱光潛譯，美學（第二卷），商務印書館，1996：10。
〔註 26〕　李杰，勒石與勾描──唐代石槨人物線刻的繪畫風格學研究，人民美術出版
　　　　　社，2012：142～143。
〔註 27〕　傳統社會的普適性認識中內侍是低於常人的「不全之人典型形象，形象往往
　　　　　呈現爲猥瑣、躬身的萎縮形態。而在中唐之後宦官當權的階段，內侍的形象
　　　　　則與常人無異，甚至還更趨於美觀化。（李杰，唐代宦官圖像的造型轉變，榮
　　　　　寶齋，2013，7：118～129。）

徵性意態顯而易見，圖像所表達的境界範圍，要遠大於決定性頃間所展現的
事態節點的含義。正是由於圖像含義邊界的擴大，創作者的注意力從表現含
義轉向畫面意境的典型性。特別是在南北朝末期伊始，逐漸成型的繪畫樣本
體系，如以張僧繇爲代表的「張家樣」、以吳道子爲代表的「吳家樣」等樣式
沿承體系。人物畫像從「某一個人」轉向爲「某一類人」的符號形式，其中
的象徵性頃間選擇範圍明顯擴大，決定頃間選擇的方式已不再取決於敘事內
容，而是轉向繪畫畫面效果的需要和創作程式的要求。這一時期畫家更多關
注的是不具時間性質的線形規範，例如，剛剛規範起來的平行線型（鐵線描）
和吳家樣創造的「蒓菜條」線型。再如，唐代繪畫中逐漸增多的暈染畫法和
筆墨效果等。以上這些帶有明顯符號性質的技法組合所形成的畫面造型，無
形中即帶有了符號特質，再加上這一時期繪畫的社會功能性減弱，更加促使
畫面圖像的象徵意味的抒發。

圖 6-1-14　韋頊墓石槨線刻對持笏板宦官

李杰摹

　　通過我們對已知的唐代繪畫與之前進行比較，會發現繪畫逐步從「象形」
轉向程式化表現的現象。畫家在創作之前既已在腦海裏形成了一種畫面定
式，構成和技法流程，以「樣式」所代表的程式化造型觀念，已成爲唐代繪

畫的一種風尚，特別是佛教繪畫世俗化的帶動，通過佛教繪畫的儀軌量度規程的浸潤，筆墨的程式化和造型頃間選擇已成爲一種象徵性時代符號。〔註28〕

　　人物圖像是敘事性繪畫的表現主體，因爲只有人物才是展開故事情節的主角。因此，中國早期傳統繪畫造型藝術中幾乎都是人物畫，不單單是中國如此，世界各地所發現的早期繪畫也是以人物表現爲主，其中的主要原因即是「人」對於社會而言，所承載的信息和內容要遠大於其他物質。然而，我們看到，不但人物畫在唐代逐步形成筆墨程式，同時，以前在畫面中不能獨立成畫的一些輔助元素，也漸成畫科，如山水畫、花鳥畫等。可見此時的畫面頃間選擇，已明顯不局限於人物敘事，而是轉向以物寄情的高級模式。在這種藝術觀念的承載下，畫面中的人、景、物都是抒發情致的代言品，而組成畫面的線條、筆墨、形式亦是形成具有獨立品質的藝術元素得以發展。

　　作爲中國標線畫典型特徵的線條，在之前只是作爲框定色界的作用，而隨著繪畫觀念的轉變，線條在畫面中已逐漸具有獨立的藝術作用。南北朝之前的線條沒有明確的規程，南北朝至中唐期間，畫面中的線條形成了中國繪畫史上的第一次規範，用筆均勻的平行線型「鐵線描」成爲廣泛的線形追求目標，並成爲定式。更爲顯現的是，唐代山水畫的成立，標誌著畫面頃間的選擇已不再是簡單的敘事結構。雖然此時的山水畫還處於對景物的臨摹階段，但已在造型上逐漸脫離了具體的物象，特別是在畫面的構成上已經能夠依據創作觀念而自由組織。而在中國式畫面中最爲特點的筆墨，由於從造型的禁錮中脫離了出來，筆墨漸漸成爲畫面中的一種抽象的程式化符號，並成爲畫家的抒情載體之一。「大凡要求離開生活自然形態遠一點，即加工美化較多，形式感較強的藝術，都會有某種程式性。」〔註29〕而繪畫本體元素的程式化發展和時間性的退化，使得現實物象之於繪畫的地位遭到了前所未有的質疑，進而對繪畫的自由維度展現提供了更大的空間，同時也給畫面的象徵性頃間選擇提供了更加廣泛的指代性。

〔註28〕史葦湘在論及唐代佛畫的世俗化因素時，以頭部圖像比較的方式，顯示出這種程式化造型的多維應用，（史葦湘，再論產生敦煌佛教藝術審美的社會因素，見：史葦湘，敦煌歷史與莫高窟藝術研究，甘肅教育出版社，2003：516～518。）沙武田先生亦認爲唐時畫家「或使用相同的畫稿繪畫不同的形象。」（沙武田，敦煌畫稿研究，中央編譯出版社，2007：350。）
〔註29〕龔和德，戲曲人物造型論，徐書城，中國畫之美，中國社會科學出版社，1989：51。

通過對各歷史時期圖像的考察，不同歷史時期畫面「頃間」的選擇，隨繪畫觀念和共用的發展而各有側重。早期人類繪畫的一般性頃間選擇就如兒童一樣，明顯帶有強烈隨意性，其敘事的指代性較差。而秦漢時期的決定性頃間選擇，則是這一時期繪畫政治化的代言品，繪畫作為宣政和信息載錄的工具，頃間的選擇關注點放在事件過程中敘事高潮的那個瞬間，用以展現整個敘事情節的結構。隨著繪畫審美性的提升和圖像宣教作用的減弱，南北朝後期和隋唐期間，繪畫的頃間選擇性明顯擴大，已不再依靠敘事結構來進行瞬間定格，而是依據畫面審美的要求和技法的抒發而構圖，其頃間的選擇帶有顯現的象徵性意味。

第二節　六朝士人形象

一、士人品藻

1927 年魯迅先生在《而已集》中提出了「魏晉風度」之詞，由此開啓了對六朝風範的研究之風。「魏晉風度」雖然談的是文學風格及時代思潮，卻也基本定型了六朝士人的風貌特徵。然而，無論是「魏晉風度」擬或我們慣稱的「魏晉風流」、「清談雅士」都只是從精神高度對魏晉士人的概論描摹，若論及魏晉士人容止的具體特徵則鮮有設論。

德國哲學家威廉·狄爾泰（Wilhelm Dilthey，1833～1911 年）在論及藝術的意義時指出，藝術只有存在於特定的歷史狀態下才具有意義。因此，當我們通過圖像或文獻瞭解當時人物形象特徵的時候，必須對其意識形態中審美觀的關注點充分瞭解，特別是對人物描寫的品評標準進行明確的把握，才能從品藻中分辨出人物形態的形與神。

人物品藻即是對特定人物的容止評論。「容止」意為容貌和舉止。是古人識人的最基礎的價值取向，甚至於「容止」也被當做選官取士的一個重要衡量標準。《後漢書·胡廣傳》曰：

> 廣少孤貧，親執家苦。長大，隨輩入郡為散史。太守法雄之子真，從家來省其父。真頗知人。會歲終應舉，雄敕真助其求才。雄因大會諸史，真自於庙間密占察之，乃指廣以白雄，遂察孝廉。既到京師，試以章奏，安帝以廣為天下第一。旬月拜尚書郎，五遷尚書僕射。

《世說新語・識鑒》載：

> 武昌孟嘉作庾太尉州從事，已知名。褚太傅有知人鑒，罷豫章，
> 還過武昌，問庾曰：「聞孟從事佳，今在此不？」庾云：「試自求之。」
> 褚眄睞良久，指嘉曰：「此君小異，得無是乎？」庾大笑曰：「然。」
> 於時既歎褚之默識，又欣嘉之見賞。

取士以貌而定，皇帝選妃亦然。《後漢書・卷四十四・胡廣傳》載：

> 順帝欲立皇后，而貴人有寵者四人，莫知所建，議欲探籌，以
> 神定選。廣與尚書郭虔、史敞上疏諫曰：「竊見詔書以立後事大，謙
> 不自專，欲假之籌策，決疑靈神。篇籍所記，祖宗典故，未嘗有也。
> 恃神任筮，既不必當賢；就值其人，猶非德選。夫岐嶷形於自然，
> 俔天必有異表。宜參良家，簡求有德，德同以年，年鈞以貌，稽之
> 典經，斷之聖慮。」

可以看出，這種由表及裏的唯心主義判斷標準與當時的社會背景及審美
思潮有著必然的關聯。東漢末期，皇室腐敗，黨錮盤生，范曄在《後漢書・
卷六十七卷・黨錮列傳》中對漢代士人風尚做了分析：從漢初士人的任俠之
風到武帝時期的尚儒「守文之徒」，至光武中興期間，士人明哲保身，隱逸之
風相沿成俗，再至桓、靈二帝時代，外患叢生，南北對峙，致使清議之風大
盛。

以「品核公卿，裁量執政」為宗旨的清議之風，所涉內容廣泛，不僅限
於一般的公卿、士人，甚至帝王也參與清議。因此，公議的力量往往會使公
卿甚或帝王感到壓力，《後漢書・卷五十二卷・崔駰列傳》載，冀州之名士崔
烈「因傅母入錢五百萬」而得司徒，因而聲譽大減。崔烈深以為憾，問其子
崔鈞：「我入列三公，大家有何評價。」崔鈞說：「根據你的才幹完全可以歷
位卿守，但是而今登其位，卻天下失望。」崔烈追問其故，崔鈞回答：「清議
者認為你的官職中有銅臭之氣。」

據《後漢書・卷四五・周榮傳》介紹，清議公卿為政的優劣，不但要看
為政是否清廉，品德是否高尚，亦要看為官者的待人態度如何。因此，清議
者往往要對被議人的舉止言行作出準確的描寫，是以，人物品藻成為了這一
時期的評議依據以及時代人物審美觀的主要支撐要素。

二、玉　人

魏晉時期的人物品藻並非是直接的形象描寫，往往將形態的描述參夾於

人物行止和對事物的態度描寫當中。《人物志・九徵》載,「夫儀動成容,各有態度。」同書中的《效難》篇亦曰:「是以眾人之察,不能盡備。故各自立度,以相觀采。或相其形容,或候其動作……。八者游雜,故其得者少,所失者多。」可見,三國之後,人們逐漸認識到人物的容止是反映個人品性的重要依據,同時,對於容止的觀察已不完全拘泥於外形,而是借形傳神。

正始(240～249 年)以始,政治稍顯穩定,儒教在皇權眼中的地位漸漸淡化,玄學之勢漸大,士族勢力逐步左右了政治傾向。〔註 30〕這一時期的玄學其實只是儒學的延伸,或可說此時的玄學是道、釋、儒相雜的新儒學。〔註 31〕正始士人多具有深厚的儒學根基,他們是世人的楷模,大多出身名門,具有較高的文化和教養,注重個人形象。既如王弼、何晏等玄學名士,在佔據上層學術思潮的同時,他們的容止也成為世人關注摹習的焦點。因人至學,清談的社會風氣漸漸由關注政治而泛延為對士人形象的審美品鑒,人的形貌已經成為體現身份地位的一種外在形式。《世說新語》容止篇描述曹魏思想家嵇康:「身長七尺八寸,風姿特秀,見者歎曰:蕭蕭肅肅,爽朗清舉」;描述漢末名士夏侯玄(209～254 年):「時人目夏侯太初朗朗如日月之入懷」、「蒹葭倚玉樹」;描寫何晏則更為直白:「何平叔美姿儀,面至白」。顯然,形態至美已成為士人的典型形象。

對於人物容止的描寫,魏晉品藻中大多精練,以形似而入神似,不拘泥於外在細節,以「神領」〔註 32〕而抓住精神本質,以「神」之高下為品評的依據。《世說新語・四二・品藻》曰:「劉丹陽、王長史在瓦官寺集,桓護軍亦在坐,共商略西朝及江左人物。或問『杜弘治何如衛虎?』桓答曰:『弘治膚清,衛虎奕奕神令。』王、劉善其言。」顯然,弘治之「膚清」屬「形」之範圍,而衛虎之「神令」則屬「精神」的範疇。古人認為,精神一旦形成即成為固有狀態,不論「形」是否變化,「神」則永遠不變。《世說新語・一零・容止》載,裴令公即使在病中,其「雙眸閃閃若岩下電,精神挺動」;《晉書・卷七六・王廙傳》說,王廙「素有風眩疾,發動甚數,而神明不損」;《世說新語・二・自新》中說,即便是少年期間有行劫經歷的戴淵,也是「神氣猶異」、「神姿峰穎」。

〔註30〕 正始年間的玄學大家,如何晏、夏侯玄等,與後世不問世事的玄學名士所不同的是,他們都具有強烈的政治抱負。

〔註31〕 錢穆,中國學術思想史論叢(三),三聯書店,2009:37。

〔註32〕 神領:指謂精神上的領悟和理解。

　　魏晉早期的人物品藻雖然提出了對人物精神的重視，但實際上對於「形」的描寫仍然佔據較大篇幅。《三國志・卷一一・管寧傳》言：管寧「長八尺，美鬚眉。」《晉書・卷五七・張光傳》曰：張光「身長八尺，明眉目，美音聲。」《晉書・卷六四・武十三王傳》載：「清河康王遐（司馬遐）字深度，美容儀，有精彩，武帝愛之。」再如：《晉書・卷六五・王導傳》，附，王劭傳：

　　　　劭美姿容，有風操，雖家人近習，未嘗見其墮替之容。

　　《晉書・卷六七・溫嶠傳》：

　　　　風儀秀整，美於談論，見者皆愛悅之。

　　《晉書・卷七三・庾亮傳・庾翼傳》：

　　　　風儀秀偉，少有經綸大略。

　　《晉書・卷七九・謝安傳》，附，謝琰傳：

　　　　弱冠，以貞幹稱，美風姿。

　　《晉書・卷八四・劉牢之傳》：

　　　　牢之面紫赤色，鬚目驚人，而沉毅多計劃。

　　《晉書・卷八八・孝友列傳》，王裒：

　　　　裒少立操尚，行己以禮，身長八尺四寸，容貌絕異，音聲清亮，辭氣雅正。

　　《晉書・卷八九・忠義列傳》，王育：

　　　　身長八尺餘，鬚長三尺，容貌絕異，音聲動人。

　　《晉書・卷九零・良吏列傳》，吳隱之：

　　　　隱之美姿容，善談論，博涉文史，以儒雅標名。

　　《晉書・卷九三・杜乂傳》：

　　　　性純和，美姿容，有盛名於江左。

　　《晉書・卷九八・王敦傳》：

　　　　敦眉目疏朗，性簡脫，……。

　　《晉書・卷九九・殷仲文傳》：

　　　　少有才藻，美容貌。

　　《晉書・卷一零零・王機傳》，附，王矩傳：

　　　　美姿容，每出遊，觀者盈路。

　　品藻中如上引中形容士人秀美形象的品評還有很多，從中顯示出魏晉人物審美的唯美主義典型傾向。魏晉時期的人物品藻雖然倡導重視「神」的表

達，但在具體表現當中並未忽視「忘形」的作用，嵇康所提出的「神須形以存」即說明了描形是表達精神的一個途徑。在品藻中進行審美觀照的典型手段就是借物言人，宗白華先生在《美學散步》中指出，晉人的美學理想的主導既是追求晶瑩、亮潔，美的意象。〔註33〕在古人的理解中只有玉是高貴、聖潔的物化形態，《禮記》曰：「君子比德如玉，」不但賦予玉以「德行」之象徵，同時也將玉譬喻爲品德高尚的士人形態。早在先秦時期的《詩經·魏風》中即言道：「彼其之子，美如玉」；《詩經·衛風》說：「有匪君子，如圭如璧」。特別是魏晉以來，以玉喻人隨之成爲描述士人君子形象的典型程式。《三國志·魏書·卷十·逸士傳》載：

> 或問許子將，靖與爽孰賢，子將曰：「二人皆玉也。慈明外朗，叔慈內。」

> 王戎目山巨源：「如璞玉渾金，人皆欽其如寶。」〔註34〕

> 劉萬安即道真從子。庾公所謂：「灼然玉舉。」〔註35〕

> 有人詣王太尉，遇安豐、大將軍、丞相在坐。往別屋見季胤、平子。還，語人曰：「今日之行，觸目見琳琅珠玉。」……王大將軍稱太尉：「處眾人中，似珠玉在瓦石。」〔註36〕

以玉喻人的品藻集中在漢末和魏晉早期，這一時期的人物美學可以稱之爲「玉人美學」。〔註37〕然而，玉人形態雖然飄逸瀟灑，其中也夾帶著女性化傾向的唯美特徵。無論就膚色、形貌和體徵而言。此時的士人大多追求光潔、白皙的柔美之態。《晉書·卷三五·裴楷傳》載：

> 楷風神高邁，容儀俊爽，……時人謂之「玉人」。

《世說新語·容止·八》載：

> 王夷甫容貌整麗，妙於談玄，恒捉白玉柄塵尾，與手都無分別。

《世說新語·容止·九》載：

> 潘安仁、夏侯湛並有美容，喜同行，時人謂之連璧。

《南史·卷一九·謝晦傳》載：

〔註33〕宗白華，美學散步，上海人民出版社，1981：212。
〔註34〕〔南朝宋〕劉義慶，世說新語箋疏，中華書局，2011：374。
〔註35〕〔南朝宋〕劉義慶，世說新語箋疏，中華書局，2011：403。
〔註36〕〔南朝宋〕劉義慶，世說新語箋疏，中華書局，2011：531。
〔註37〕李修建，六朝人物美學：類型及意蘊，西北大學學報──哲學社會科學版，2013，9：15～19。

晧美風姿，善言笑，眉目分明，鬢髮如墨。……嘗與晧俱在武
帝前，帝目之曰：「一時頓有兩玉人耳。」

《梁書・卷二八・夏侯亶傳》，附，魚弘傳載：

魚弘，……白晳美姿容。

《南齊書・卷二一・文惠太子傳》載：

（蕭長懋）姿容豐潤，小字白澤。

《世說新語・一五・言語》（劉孝標注引）載：

至長七尺三寸，潔白，黑髮、赤唇、明目，鬢鬚不多，閒詳安
諦，體若不勝衣。

《世說新語・容止・一六》載：

王丞相見衛洗馬，曰：「居然有羸形，雖復終日調暢，若不堪
羅綺。」

上文中描寫士人形象的「晧美風姿」、「若不勝衣」、「若不堪羅綺」等詞
語幾乎和描述女子形象的文字無異，顯然，這種女性化傾向是「玉人」的升
級版表現，完全脫離了漢代「任俠之風」的男子氣概。更甚者，作為士人典
範的何晏則經常穿著婦人服飾，〔註38〕動止形態也酷似女性。

《世說新語・一四・假譎》載：

謝遏年少時，好著紫羅香囊，垂覆手，太傅患之，而不欲傷其
意。

《三國志・王粲傳》載：

時天暑熱，（曹）植因呼常從取水，自澡訖，傅粉，遂科頭拍
袒胡舞。

香囊和傅粉都是女性常用之物，可見，這是一個崇尚柔美的時代，從極
力尚武的漢代退出之後，士人們更加珍惜風和日麗的現狀，同時創造出了旖
旎的文采和華麗的風流。然而，脫離了「任俠之風」的六朝士人，也給五胡
亂華提供了嫌隙。

晉初的「玉人」美學，並非是士人審美觀的全部，以何晏為代表的精緻、
柔美的士人形象，是士人社會的主流方向，並因為他們的高級貴族身份和處
在權利中心的地位，「玉人」形象成為顯示高貴身份的符號。

〔註38〕晉書・卷二七・五行志上・服妖曰：尚書何晏好服婦人之服，傅玄曰：「此服
妖也。」

三、放達自然

正始十年（249年），司馬懿趁曹爽陪曹芳離洛陽至高平陵掃墳時，起兵發動高平陵政變，將何晏、桓範、丁謐等曹魏重視的士人官員幾乎盡數斬殺；嘉平三年（251年），王淩舉兵造反，兵敗，楚王彪被賜死；正元元年（254年），齊王曹芳被廢，夏侯玄、蘇鑠、樂敦、劉寶賢等夷三族；正元二年（255年），司馬師平毌丘儉；甘露三年（258年），司馬昭殺諸葛誕；魏元帝景元元年（260年），司馬昭弒高貴鄉公曹髦。大批處在權利中心與司馬氏對立的士人幾乎無一幸免被鏃，因此，士人多無望於政治而棄仕避難，寄望於個體自由的天性釋放。其中「竹林七賢」既是典型的代表，他們脫離了社會中心的束縛，大多寄情於山水，而放浪形骸，因此，他們的外在形象也與何晏等士人秀美整麗的儀態完全不同：「性復疏懶，筋駑肉緩。頭面常一月十五日不洗，不大悶癢不能沐也。每常小便而忍不起，令胞中略轉乃起耳。又縱逸來久，情意傲散。」這是嵇康聞山濤在調任大將軍從事中郎時所寫《與山巨源絕交書》中對自己的描寫。信中嵇康指出人的秉性各有所好，申明自己賦性疏懶，不堪禮法約束的個性。他強調放任自然，既是對世俗禮法的蔑視，也是崇尚老、莊無爲思想的一種體現。

竹林七賢是玄學時代的代表，他們的思想傾向略有不同。嵇康、阮籍、劉伶、阮咸始終主張老莊之學，「越名教而任自然」，山濤、王戎則好老莊而雜以儒術，向秀則主張名教與自然合一。但他們所共同的是均尚《莊子》，《莊子》亦是由於七子的名望和推崇，成爲魏晉玄學的主要思想來源。劉勰（約465～520年）在《文心雕龍》中言到：「及正始明道，詩雜仙心，何晏之徒，率多膚淺。唯嵇志清峻，阮旨遙深，故能標焉。」此評語不但標榜嵇康等人的學識造詣，從中亦顯露出玄學名士飄忽俊佚的達遠氣度。無論從治學亦或行止，七子均秉承《莊子》放達的自然觀，從外在而言，他們粗服亂髮，放浪形骸，從而與世俗的士子形象拉開距離而顯示獨特。同時，由於嵇康等人在玄學上的貢獻和聲望，將任性放達的生活態度和「禮法豈爲我輩設」的認識觀推向極致，世人多傚仿之。《世說新語》德行篇劉注引王隱《晉書》曰：「魏末阮籍嗜酒荒放，露頭散髮，裸袒箕踞。其後貴游子弟阮瞻、王澄、謝鯤、胡母輔之之徒，皆祖述於籍，謂得大道之本。故去衣幘，脫衣服，露醜惡，同禽獸。甚者名之爲通，次者名之爲達也。」《文選》，卷四九，干寶《晉紀總論》曰：「觀阮籍之行，而覺禮教崩弛之由。」然其追隨者非但未因他

們的形態「無禮」，傚仿者日多，著名的「西晉八達」既是七賢的追慕者，也有追其形而末之本的效行者，《晉書・卷九四・隱逸・戴逵傳》載：「若元康之人，可謂好循跡而不求其本。故有捐本循末之弊，捨實逐聲之行。是猶美西施而學其顰眉，慕有道而折其巾角。所以爲慕者，非其所以爲美，徒貴貌似而已矣。夫紫之亂朱，以其似朱也。故鄉愿似中和，所以，亂德，放者似達，所以亂道。然竹林之爲放，有疾而爲顰者也，元康之爲放，無德而折巾者也，可無察乎。」

　　七賢等人雖形象放浪，卻並非沒有濟世抱負，政治態度上七人也多分歧。嵇康、阮籍、劉伶一派對司馬氏持不合作態度，致嵇康被殺害，阮籍裝瘋避世，向秀亦被迫出世。山濤最初隱世山林，40 歲後出仕成爲司馬氏集團的智囊。阮咸曾爲散騎侍郎，卻不爲司馬炎所重。王戎爲人上下其所，入晉後歷任侍中、吏部尚書、司徒等，經晉武帝、晉惠帝兩朝，在持續 16 年的八王之亂中，仍能悠閒對待而不失其重。可見，竹林七賢的放達態度並不是無底線的任性，他們的形態「其所以爲美」是基於重德與關心民政的基礎之上，是因無力爲政而形成的放達之形。

　　《世說新語・任誕》曰：王孝伯問王大：「阮籍何如司馬相如？」王大曰：「阮籍胸中壘塊，故須酒澆之。」阮籍胸中的壘塊既來自於政治的壓力，同時也是對現實的反抗，心中充滿痛苦和彷徨，〔註 39〕因此才會借酒澆愁，以酒舒胸中意氣。竹林七賢、元康名士及至江左名士，皆好杯中之物，嗜酒不但可以緩解政治的壓力、激發才情，同時也是形成「露頭散髮，裸袒箕踞」放浪士人形態的外在促因。

四、自適神仙人

　　雖然六朝士風的內涵及其外在表現亦曾發生若干變化，然仍以自然、超越名教、超越世俗，貼合老莊思想的尋求個體解放、追求精神自由爲中心，並以此構成了中國士人高遠、浪漫的人生境界和處世態度。放達是西晉玄學士人的主要外在形式，而在此之外另有一部分介乎於玉人型和放達型之間的士人形象。

　　偏安江東的東晉，因世族與皇權並重而形成的門閥政治，使政權保持了

〔註39〕魯迅，魏晉風度及文章與藥及酒之關係，魏晉風度及其他，上海古籍出版社，2000：192～196。

相對穩定的政治局勢。東晉士人與權利中心的關係也與西晉不同，即不像何晏等人能夠控制政治傾向，也不想嵇康等人放棄政治主張，東晉士人則採取了與權利中心若即若離的政治態度和瀟灑形象。《世說新語・第九・品藻》載：撫軍問孫興公：「劉眞長何如？」曰：「清蔚簡令。」「王仲祖何如？」曰：「溫潤恬和。」「桓溫何如？」曰：「高爽邁出。」「謝仁祖何如？」曰：「清易令達。」「阮思曠何如？」曰：「弘潤通長。」「袁羊何如？」曰：「洮洮清便。」「殷洪遠何如？」曰：「遠有致思。」「卿自謂何如？」曰：「下官才能所經，悉不如諸賢；至於斟酌時宜，籠罩當世，亦多所不及。然以不才，時復託懷玄勝，遠詠老、莊，蕭條高寄，不與時務經懷，自謂此心無所與讓也。」正如郭象之言，東晉士人身處權利中心卻心繫林泉，[註40] 他們接近自然與竹林七賢不同的是，不再是以避世爲目的，而是發自內心的嚮往。特別是相對安定的政治環境爲他們提供了穩定的生存基礎，而建安溫潤的地理環境也給這一時期的知識分子帶來了一個可以深入的體驗方式。他們往往寄玄心於山水，清談政治，縱論人生，反映到人物品藻上則少了竹林七賢的乖戾之氣，而多了許多溫潤、清麗的人格魅力。《世說新語・第八・賞譽》載：「謝幼輿（謝琨）曰：『友人王眉子（王玄）清通簡暢，嵇延祖（嵇紹）弘雅劭長，董仲道（董養）卓犖有致度。」東晉士人雖然放行山林，但處事有節度，不致放行失態，反映到形象上則顯示爲從容優雅的形象。南朝士人對容止的崇尚態度依然未減，容止之美仍是樹立個人形象的重要手段。《晉書・卷九零・良吏列傳》中描寫吳隱之：「隱之美姿容，善談論，博涉文史，以儒雅標名。」《梁書・卷四一・褚翔傳》載：「（褚）向風儀端麗，眉目如點，每公庭就列，爲眾所瞻望焉。」其時所推崇的士人形象的標準是身材偉岸、形貌端莊。《宋書・卷六八・武二王傳》劉義宣：

> 白皙，美鬚眉，長七尺五寸，腰帶十圍⋯⋯

《梁書・卷一一・呂僧珍傳》：

> 身長七尺五寸，容貌甚偉。

《梁書・卷四零・到漑傳》：

> 漑身長八尺，美風儀，善容止，⋯⋯

《南史・卷六零・范岫傳》：

> 岫長七尺八寸，姿容奇偉。

[註40] 莊周，莊子注疏，郭象注，成玄英疏，中華書局，2011：15。

《宋書・卷四四・謝晦傳》：

　　晦美風姿，善言笑，眉目分明，鬢髮如點漆。

《梁書・卷九三・隱逸列傳》，龔祈：

　　風姿端雅，容止可觀，中書郎范述見而歎曰：「此荊楚仙人也。」

《梁書・卷二一・王峻傳》：

　　峻少美風姿，善舉止。

《梁書・卷四二・傅岐》傳：

　　岐美容止，博涉能占對。

《宋書・卷五三・謝方明傳》：

　　方明嚴恪，善自居遇，雖處暗室，未嘗有墮容。無他伎能，自
　然有雅韻。

《梁書・卷三四・張緬傳》，附，張纘傳：

　　身長七尺四寸，眉目疏朗，神采爽發。高祖異之，嘗曰：「張
　壯武云『後八葉有逮吾者』，其此子乎。」

《南史・卷六五・陳宗室諸王傳》，陳昌：

　　（衡陽獻王陳）昌容貌偉麗，神情秀朗，雅性聰辯，明習政事。

《世說新語・容止・第五》：

　　周侯說王長史父：「形貌既偉，雅懷有概，保而用之，可作諸
　許物也。」

　　從以上描繪中可見，東晉時期的人物品藻在標注形貌的同時更注重反映
人物的精神面貌。《世說新語・四二・排調》載：

　　桓豹奴是王丹陽外生，形似其舅，桓甚諱之。宣武云：「不恒
　相似，時似耳。恒似是形，時似是神。」桓逾不說。

《世說新語・四二・品藻》載：

　　劉丹陽、王長史在瓦官寺集，桓護軍亦在坐，共商略西朝及江
　左人物。或問「杜弘治何如衛虎？」桓答曰：「弘治膚清，衛虎奕奕
　神令。」王、劉善其言。

　　顯然，東晉士人注意容止的同時更加注重「神」對人的容止的提領作用。
「神」勝於「形」、「神清」勝於「膚清」，神貌成為東晉「容止」品藻的最重
要特徵。品藻中更將高貴士人形象定位為神仙中人，《世說新語》容止中多記
述了此類形象：

或以方謝仁祖（謝尚）不乃重者。桓大司馬曰：「諸君莫輕道，仁祖企腳北窗下彈琵琶，故自有天際眞人想」；

王長史（王濛）爲中書郎，往敬和許。爾時積雪，長史從門外下車，步入尚書，著公服。敬和遙望，歎曰：「此不復似世中人」；

簡文作相王時，與謝公共詣桓章武。王珣先在內，桓語王：「卿嘗欲見相王，可往帳裏。」二客既去，桓謂王曰：「定何如？」王曰：「相王作輔，自然湛若神君，公亦萬夫之望，不然，僕射（謝安）何得自沒」；

王右軍見杜弘治，歎曰：「面如凝脂，眼如點漆，此神仙中人」。

可見東晉的人物美學趨向於溫潤、端麗、灑脫的士人形象，既如《逍遙遊》中游乎四海之外的神人形態，透射出六朝玄學超然的思性美學和自然的人格審美境界。

在六朝人物品藻中，形貌容止是士人地位、品性以及學術成就的一種外在體現形式。六朝士人的典型容止形象在正始階段偏向於「美姿儀，面至白」的玉人型，正始之後，一批遠離權利中心的玄學名士尋求個體解放、追求精神自由，寄情於山水，而放浪形骸，引領了士人放達形象的個性追求。東晉伊始，以建安文化爲中心的士人形象則介乎於兩者之間，更注重反映人物的精神面貌，注重對自然和超然的推崇，人物品藻中更將高貴士人形象與神仙中人相比擬。

第三節　魏晉美學中的玄佛互文

從漢亡至隋三百餘年間，在三十餘王朝交替興滅中，中國文化在儒家逐步喪失一統地位的同時，諸多新文化因素互相影響，交相滲透，使得這一時期中國文化的發展趨於複雜化。爲什麼會在此時外來佛教與本土玄學的互融成爲中國美學的典型特指，其內在根源不但在於儒釋道的社會地位轉換，更源於玄、佛的社會互涉性及其互文性理論內質。

一、佛道互漸

漢武帝伊始，賈胡頻仍，西域文化踐行東進。〔註41〕西域各國與中原文

〔註41〕張廣達，西域史地叢稿初編，上海古籍出版社，1995：276。

化交流日切，作爲中國最大本土宗教的道教，對於佛教的接納，採取了一種既抗拒又融合的態度。無論在教義、儀式還是神話上都受到來自佛教的影響，特別是對方術靈神以及佛學讖緯神學的借用，突破了傳統道教封閉的宣傳和修煉體制。

佛教傳入初期，影響甚微，東漢後期，政府還明令禁止百姓篤信佛教。同時，又因爲譯經艱澀，不易爲國人所接受。以至於在東漢三國時期，大多數人都將其混同於黃老之類，早期佛教既是在與道術結合的過程中發展起來。其中多有西域胡姓習道，〔註42〕《雲笈七籤》卷一百五《清靈眞人裴君傳》載：「清靈眞人裴君，字玄仁，右扶風陽夏人也。……家奉佛道……嘗於四月八日與馮翊趙康子、上黨皓季成共載詣佛圖。……見君而歎曰：「吾從少至老見人多矣，而未嘗見如子者。」乃延君入麴室之中。……因以所修秘術密以告君。道人曰：「此長生內術，世莫知也。」〔註43〕此中記載了佛教徒直接參與道教活動的情景。佛教進入初期，亦常有佛道並崇或道改佛及佛改道的現象，據《高僧傳》卷十《神異下·竺法慧附范材傳》載，范材原是佛教徒，後「遂退道染俗，習張陵之教云。」〔註44〕

魏晉南北朝時期，佛教在中國逐漸勢大，傳承過程中漢傳道教與印度佛教在相互妥協過程中，促成諸多相通之象，漢代道教經典《黃書》房中術中的「黃赤之道，混氣之法」就與印度密教的房中修煉之法極爲相似。〔註45〕按荷蘭學者高羅佩的觀點，中國的早期房中理論要早於印度密教的修煉經典，後者應是在受前者的影響才形成，並同時反傳於中國，這其中也包括季羨林先生所論證的佛教倒流作用所致。

宗教的傳播大多要以獨傳的技術來吸引教眾，早期道教在傳播自己教義，排除他教的同時，在黃老道術中即揚棄的借鑒了西域特有的方術來製造神跡，並以此栽培信仰。如西域傳入的使火術，《後漢書》卷八十六《西南夷傳》載：「永寧元年，撣國王雍由調復遣使者詣闕朝賀，獻樂及幻人，能變化吐火，……自言我海西人。海西即大秦也，撣國西南通大秦。」《搜神記》卷

〔註42〕魏晉時期西域人帛（白）和入華後改修道教，《神仙傳》卷七及《抱朴子內篇》卷二十《袪惑》曾載該人。說：「乃復有假託作前世有名之道士，如白和者，傳言已八千七百歲。」帛（白）爲龜茲國姓氏；清靈眞人之裴姓亦爲西域胡姓，（姚薇元，北朝胡姓考·西域諸姓·裴氏，科學出版社，1958。）

〔註43〕〔宋〕張君房，李永晟校注，雲笈七籤——卷一百五，中華書局，2003。

〔註44〕〔南朝〕梁慧皎撰，高僧傳，卷十。

〔註45〕李零，中國方術考，北京：東方出版社，2001：429。

二云:「晉永嘉(307～312年)中,有天竺胡人,來渡江南。其人有數術,能斷舌復續、吐火,……其吐火,先有藥在器中,取火一片,與黍合之,再三吹呼,已而張口,火滿口中,因就取以飲,則火也。」〔註46〕使火術在早期道教中多有記載,亦是道家常施法術。

此外,以火辯經則是佛、道共修之術。《高僧傳》卷四《朱士行傳》云:「遂以白王云:漢地沙門欲以婆羅門書惑亂正典。王爲地主,若不禁之,將斷大法,聾盲漢地,王之咎也。王即不聽齎經。士行深懷痛心,乃求燒經爲證,……投經火中,火即爲滅,不損一字,皮牒如本。」〔註47〕再如「神行術」、「祈雨術」、「馴獸術」(圖6-3-1)等,大致分爲預測術和長生術兩大類。

在佛教入華的進程中,跨文化交流起著至關重要的作用,而這種文化交流必然是在兩個或多個特定的文化背景之間進行信息碰撞。以威爾伯·施拉姆傳播模式〔註48〕來解釋中國傳統畫家在接收和理解由印度傳來的文化信息時,由於受到文化背景信息整合方式等因素的影響,必然會傾向於用自己的視角來理解對方的思維方式,從而有選擇的接受對方的信息素材。正是由於隨佛教傳來的西域幻術,切合了中國本土道家以術傳道的理念,而使佛學在不自覺間灌輸至以儒玄所壟斷的中國社會和學術界,並形成了儒釋道並存的鼎立。

圖6-3-1 馴獸圖

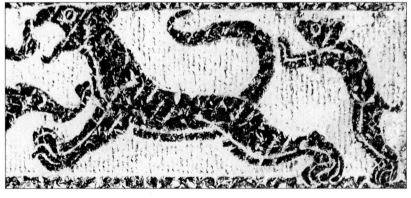

源自:中國畫像石全集編輯委員會,中國畫像石全集——河南漢畫像石,河南美術出版社,2000:60。

〔註46〕(東晉)干寶,搜神記,卷二。
〔註47〕〔南朝〕梁慧皎撰,高僧傳,卷四。
〔註48〕譚自強,圖解跨文化交流學,世界圖書出版西安公司,2010:18。

二、儒佛互漸

　　東漢末期，大一統政治分裂，傳統的價值體系開始崩潰，居於統治地位，規範人性的名教觀念開始動搖，於是背世已久的古文經學逐漸顛覆了空泛的今文經學。儒家社會思想體系和人文價值觀念崩潰的同時，地方勢力和莊園的發展促成了士族經濟社會的形成。同時，一種在思維方法上尊重理性，在人性上追求「自然」，相對平等的士族文化體系和個性自由的封建秩序，促成了玄學的壯大和發展。

　　魏晉時期的玄學，注重抽象理論探討，思辨強哲。其主體主要以一系列哲學概念及概念之間的邏輯關係，表述精神世界中「名教與自然」的主題。開放的玄風盛行，使得當世人民的思想開化自由，各個學派以吸納新知識和創造新思想爲尚。以士大夫爲主體的士族文士，在倡導反對虛僞禮教、崇尚自然的玄學思潮的同時，也提升了人生境界，創造了爲歷代嚮往的「魏晉風度」。

　　南北朝時期，名士思想更爲開闊，受老莊思想影響，崇尚放達，推崇黃老，名理校練，認爲「人事爲本，天道爲末，」〔註49〕破除了天命論，以平等、求理爲原則的「正始之音」更將玄學推至新的高度。此時的思想領域漸趨成形出不同於兩晉的新風尚，佛教逐漸勢大，佛經流行日趨廣泛，使得儒、道、玄、佛的相互關係及其社會格局發生變化。大批儒、玄名士將思想文化焦點漸漸趨向佛教思想的再定義和本土化上。〔註50〕

　　自漢末迄始，佛教般若經〔註51〕流行，支婁迦讖傳譯大乘佛教般若經至中國，後經朱士行、道安、竺法護等高僧居士泛播，般若思想逐漸在中國紮根。在魏晉清談盛風之下，外來般若學迅速與玄學思潮交匯，依附玄學，傳播般若，兩股思潮相融激蕩，構成了當時思想境界的主流，奠定了「六家七宗」〔註52〕等佛教學派。

〔註49〕全後漢文，卷八十九，昌言下。
〔註50〕東晉釋道安在《鼻奈耶序》中認爲：自經流秦土，有自來矣，以斯邦人老莊教行，與方等經兼忘相似，故因風易行也。
〔註51〕般若學是魏晉南北朝佛教的主要思想體系。般若，梵文 Praiā 的音譯，亦稱「波若」、「缽羅若」等，意譯爲「智」、「慧」、「明」等。全稱爲「般若婆羅蜜多」（Prajāpāramitā）或般若波羅蜜，意譯爲「智度」、「明度」、「無極」等，是成佛的特殊認識。這種認識視世界萬物爲因緣和合所生，認爲它沒有固定不變的自性，所以性空。「般若」即「空觀」。
〔註52〕據隋代吉藏之中論疏載：（一）本無宗，包括道安、僧睿、慧遠等之説；（二）

佛與玄儘管都是思性的、形上的，但玄學是人生經驗的體現，而佛學則是超驗爲之，顯然，佛的思想性之於中國而言，存在理解上空間。

永嘉之禍和五胡亂華，打破了中原的政權的獨立架構，加大了北方游牧民族與中原漢族文化經濟的交集。東晉伊始，門閥制度集聚擴張，大批世族名士南渡，力圖「克服神州」恢復失去樂園。他們認爲，西晉亡國在於儒學崩潰、世風敗壞，而西晉名士的放達觀念，沒有任何積極意義，「胡虜遍於中國」﹝註53﹞之責首先在於玄學的「清談」與「放達」，因此，名教的忠禮思想漸復統治地位。學術界對秦以來的政治思想進行反思，首先是對王弼等玄學名士的批判，《晉書》范甯傳曰「王何蔑棄典文，不遵禮度，遊辭浮說，波蕩後生，飾華言以翳實，聘繁文以惑世；縉紳之徒，翻然改轍，洙泗之風，緬焉將墜！遂令仁義幽淪，儒雅蒙塵，禮壞樂崩，中原傾覆。古之所謂言僞而辯，行僻而堅者，其斯人之歟！」﹝註54﹞《刺驕》載葛洪語，阮籍等人的「傲俗自放」之舉，非華夏大國所爲，而是未開化蠻夷之行爲。﹝註55﹞

然而，這些反思的名士大都長期受到玄學浸染，復尊儒學，對他們而言只是形勢所迫，雖然儒、玄在立論根基上差距甚遠，但在這些致力於形而上研究的名士而言，將名教與玄學相結合則是可行的共識，他們用以道釋儒的方法將名教和道教自然的相諧起來，「在儒而儒，非道而有道，彌貫九流，玄同彼我。」﹝註56﹞儒道雙修一時成爲風尚。然而這種本土化格局的新興思潮，尚未形成主導，既被外來的佛教思想所打破。並由於玄、佛的諸多互涉性質，逐漸將名教擠偏，而形成佛玄合流的態勢。

三、玄佛互漸

魏正始（240～249 年）之後，動亂加劇，朝不保夕，人們普遍存在關注

即色宗，關內之「即色義」與支道林之即色遊玄論；（三）識含宗，爲于法蘭之弟子于法開之說；（四）幻化宗，爲竺法汰之弟子道壹之主張；（五）心無宗，包括竺法溫、道恒、支愍度等之說；（六）緣會宗，有于道邃之緣會二諦論；（七）本無異宗，爲本無宗之支派，有竺法琛、竺法汰之說。七宗之中，就基本觀點而言，一般以本無宗、即色宗、心無宗三家爲當時般若學說主流之所在。〔唐〕嘉祥吉藏，中觀論疏，卷二。

﹝註53﹞〔唐〕房玄齡等，晉書，虞預傳。
﹝註54﹞〔唐〕房玄齡等，晉書，范甯傳。
﹝註55﹞（東晉）葛洪，抱朴子，卷四十七，刺驕。
﹝註56﹞〔唐〕房玄齡等，晉書，王坦之傳。

生存、生死等問題的精神取向，在此背景下，佛教所倡之因果報應等學說使
世人獲得了極大的精神安慰。因此佛教經典的譯注逐漸增多，清談玄風中滲
入諸多了大乘般若學觀點。而般若學顯也受到當時魏晉玄學思潮的影響，在
方法上更爲直接的受到「得意忘言」的映像，〔註 57〕故佛教博興，正因般若
學與玄學的相交，佛學正式登上了中國學術思想的舞臺。至此，講習般若，
蔚然成風，促成了朱士行西行求法：「《放光》尋出，大行華京，息心居士，
翕然傳焉」。〔註 58〕

　　南朝梁陳時人所輯東晉僧人僧肇（384～414 年）的《肇論》，是一個相對
完整的早期般若思想初創理論體系，其所提出的「不眞空論」把玄、佛之有
無之爭引向眞假之辨，解釋了般若學「自空性」的局限，系統的闡發了性空
思想，推進了中國佛教和中國學術思想的發展。

　　東晉時期，儒家學說面對的動盪時局和寄希擺脫困苦的民眾而言，顯得
無能爲力。而佛教所宣稱的「人人皆可成佛」極大的吸引了無所適從的下層
人民，讓他們看到一絲希熠，並有意迎合統治者的需求。而上層統治者正是
看到了佛教可穩定人心的作用而推行佛教，使佛教得到廣爲傳播的契機。

　　面對儒家的排斥，佛教徒極力調和仁義道德與佛教教義的矛盾，辯護佛
教具有輔助名教的作用，與儒、玄同出一理，「故雖曰道殊，所歸一也。」〔註
59〕永嘉之後，儒學已失去顯學地位，經學往往要借助玄學而確立，這也明確
了佛學必須依靠與其互涉性很強的玄學而發展自身。

　　玄佛合流有著諸多有利條件，首先，玄學之崇高境界的「道」是脫離現
實的虛化境界，般若學所奉的「佛」亦爲至高虛渺梵形，兩者同爲形而上的
虛景。再者，玄者以「無」爲萬物之根本，而佛家則言「世界皆本無」，兩者

〔註57〕　彭自強，從「格義」到「得意」──佛教般若學與魏晉玄學交融的主線，佛
　　　　學研究，1999，99。東晉高僧慧遠在《大智論抄序》中結合玄學理念解讀了
　　　　佛經的理解方法「又論之爲體，位始無方而不可詰，觸類多變而不可窮。或
　　　　開遠理以發興，或道近習以入深，或闢殊途於一法而弗雜，或闢百慮於同相
　　　　而不分。此以絕夫曇瓦之談，而無敵於天下者也。爾乃博引眾經以贍其辭，
　　　　暢發義音以弘其美。美盡則智無不周，辭博則廣大悉備。是故登其涯而無津，
　　　　挹其流而弗竭，汪汪焉莫測其量，洋洋焉莫比其盛。雖百川灌河，未足語其
　　　　辯矣；雖涉海求源，未足窮其邃矣。若然者，非夫淵識曠度，孰能與之潛躍？
　　　　非夫越名反數，孰能與之澹漠？非夫洞幽入冥，孰能與之沖泊哉！」蘇晉仁
　　　　等點校，出三藏記集，中華書局，1995：390。
〔註58〕　（東晉）釋道安，合放光光贊隨略解序，（梁）僧祐，出三藏記集，卷九。
〔註59〕　（梁）慧皎撰，高僧傳，卷六，釋慧遠傳。

均都否定物質客觀，其根本理念趨同。兩者在方法論上亦有相通之處，佛家講究心思澄淨，「慧解為本」，玄者認為忘言物外，返樸歸真。正因如此，外來佛教以玄學為依託，首先讓士大夫和當政者接受佛學，以便傳教，謀求發展。正如淨土宗的開山鼻祖慧遠所言：「如今合內外之道以弘教之情，則知理會之必同。」〔註60〕又如道安附言：「不依國主，則法事難立。又教化之體，宜令廣布。」〔註61〕

　　東晉時期，玄學理論已至瓶頸，急需更新知識體系和理論途徑，而佛學的精深思辯哲學豐富了玄學的內容，使清談家們找到了更可深入的興奮點。並且，由鳩摩羅什傳入的大乘中觀思想的方法論與玄學的方法論有諸多相似之處，「夫輕忽人事，追逐至足，晉代名士與名僧之心胸，本屬同氣。貴無賤有，反本歸真，則晉代佛學與玄學之根本義，殊無區別。」〔註62〕兩者的融通避免了掌握話語權的玄學士人的排斥，促使剛剛建立起來的般若學研究，能夠排除枝節更加直達要旨。〔註63〕佛教高僧不但在學術上與名士們相交，同時也用玄機薰薰的口才和飄逸沉靜的風度迎合了注重形象和詭辯的名士們的意趣。東晉玄言詩人在其所撰《道賢論》中甚至將西晉至東晉初年之高僧竺法護、竺法乘、于法蘭、于道邃、帛法祖、竺道潛、支遁等七人，依次比作玄門的竹林七賢。因此，在儒玄名士的推動下，玄佛合流已成為風尚顯學。此外，東晉諸帝「遊心虛玄，託情道味，以賓友禮待法師」。〔註64〕帝王的崇佛更使佛教的地位迅速上升，帝王引高僧為師友，名士引佛學入玄學，而「六家七宗」確立，則更加標明了佛教已具備獨立發展的能力，顯示出般若學已有實力從玄學中脫穎出來，而建立起中國佛學獨立的思想體系。〔註65〕因此，發展至蕭梁時，佛教反客為主，排擠玄、儒而獨自登上了「國教」寶座。〔註66〕

〔註60〕　（梁）僧祐撰，弘明集，三報論。

〔註61〕　（梁）慧皎撰，高僧傳，卷五，釋道安傳。

〔註62〕　湯用彤，漢魏兩晉南北朝佛教史，北京大學出版社，1997：191。

〔註63〕　彭自強，從「格義」到「得意」——佛教般若學與魏晉玄學交融的主線，佛學研究，1999，99。

〔註64〕　高逸沙門傳。

〔註65〕　申俊龍、劉立夫，魏晉玄學向佛學轉變的內在哲學根據，南京社會科學，2000，10：23。

〔註66〕　孔毅、李民，魏晉玄學的衰落及其與佛教的合流，許昌師專學報——社會科學版，1997，2：80。

魏晉南北朝的佛玄融合，經歷了從入華到獨立的三個階段，東漢末年般若學傳入後，首先是佛經的初譯階段，其間，佛學受道學影響，術數技能最早為傳統道家所接受，而道化的佛學則對玄學的發展也起到了一定的推動作用。第二個階段，與玄學相漸形成六家七宗流派，這一時期各家爭鳴的學術氛推動了對般若觀念的探索和完善，而對於玄、佛之間的辯論互難，佛學也由早期的「心無」等觀念逐步演進拓展至般若學的「空義」境界。這也是士大夫們在儒玄基礎上不斷消化和發展般若學理論的過程，為僧肇階段揚棄的融化儒玄義理的「性空」佛理奠下基礎。

《肇論》「性空」思想的創立，是般若學發展的第三個階段。而佛學譯經的成熟豐富、完整了般若性空思想的內容，並在中外思想的碰撞下，使佛學得到了比較準確的表達。通過對命題分析、概念梳理和結構形式來解構般若學思想，「從而創立了中國佛教史上第一個比較完整的中國化的佛教哲學思想體系，把佛教的中國化推向了一個新的階段」。〔註67〕

四、經驗與超驗

對現實的超越，對道的超越，對聖人的超越。多是以玄學體驗「無為」的「順應萬物、以順其和」、「世人守弱、不爭、快樂為感悟根基。其理念認為人生是無主觀臆斷的作為，一切應是遵循客觀規律的行為，順應自然而作為，不要違反「天時、地性、人意」。並認為：「天道無為，順其自然趨勢而為，無親無疏，無彼無己也。」〔註68〕以此準則為代表的嵇康，亦提出人生至高境界既是「追求一種自由自在、閒適愉悅的、與自然相親、心與道冥的理想人生。」〔註69〕

這種「無為」、「自然」都是一種人間之道，是對人生與現實的對應生存之道，王弼玄學的自然無為本體觀則更為豐富，主要分為五種對應涵義：1、抽象的一般對應本體義的「無」；2、共相對應生成義的「無」；3、物的本始或生成者對應抽象義的「無」；4、相當於黑格爾之「純無」對應功能義的「無」；5、某種「作用方式」對應境界義的「無」。〔註70〕王弼的本體論偏重於觀念

〔註67〕洪修平，三教關係視野下的玄佛合流、六家七宗與「肇論」，佛學研究，2008：89～90。
〔註68〕月牙山人，無知錄，下，君子獨善其一。
〔註69〕羅宗強，玄學與魏晉士人心態，南開大學出版社，2003：99。
〔註70〕在康中乾所著「有無之辨──魏晉玄學本體思想再解讀」（人民出版社，2003）

性邏輯本體，或作為某種原理、方式，將人生觀通過邏輯觀念的「體用一如」表現出來。因此，可以說王弼的本體論（裴頠、郭象的理論體系與王弼基本相同）是觀念邏輯本體轉化的過程，偏重於從「有」或有無統一的「自生」角度，展開的抽象本體。這與佛玄直接從人生的存在狀態與價值的體「空」大有不同，後者雖也是思性方式表達出來的，但它的本體觀念「空」，主要指涉意義在於「性空」，而非邏輯結構上的「用」與「體」。

面對短暫生命的無常、以及精神的永恆等超驗現象，都不是傳統儒玄美學所能對應解釋的。而般若的中心思想則認為，一切現象都是無實在自性的「假有性空」，〔註71〕將世人帶引至假定的精神空間，從而擺脫現實的煩惱。這也是般若中觀方法論學說在空觀思想上的基礎方法理論，它假定一切事物有兩個方面，一是空，二是「假名」，兩者是互相聯繫的。因「空」才是「假名」，也因「假名」而是「空」。不只是要觀照一面，而是觀照兩面，這就要求修持者既不執著實有，也不執著虛無的空；既觀照空性，又觀照假有。由此，攝融了傳統玄學「自然」觀，注重對現世精神超越，以解脫、出世為緣起的中國佛教，改變了以無為論為中心的中國傳統美學觀念，和以倫理界定的，否定來世的價值體系。而兩種哲學的介融，也大大增加了玄佛學說的包容性和受眾的廣泛性，使得玄佛合璧的理論學說，成為中國傳統美學的本體核心。

佛玄哲學的成立不是簡單意義上的 A 加 B 組合，這是兩種思想碰撞後所產生的新的哲學理念。這種新觀念類似於黑格爾辯證思維中新事物的合理價值觀，假設我們把佛學設定為 A，把玄學設定為 B，按照黑格爾的辯證邏輯，「『非 A』的規定性是一種完全的無，任何『非 A』都意味著一種純粹抽象的無的性質；但如果以肯定的方式理解『非 A』，則『非 A』應被設想為具有肯定意義的『B』，這是一種嶄新的質的規定，蘊含了『非 A』作為『B』的所有潛在可能性，並且，當如此去設想『非 A』時，矛盾即被消除，走向更高階段的『A∨B』關係命題。」〔註72〕如果「A」和「B」都以新的方式存在並被理解為更高的、更具包容性的命題，這種個命題就涵蓋了兩者的重要核心成分，〔註73〕顯然這是佛玄學術理論進化的一個積極因素表現。

一書的中編「第二章」第三小節做了總結歸納。

〔註71〕大正藏，卷五，中論。

〔註72〕周保彬，海因里希‧沃爾夫林藝術風格理論研究，上海師範大學文藝美學博士學位論文，2007：302。

〔註73〕〔美〕H‧阿金，王國良、李飛躍譯，思想體系的時代──十九世紀哲學家，

　　佛玄美學本體論的結構成立，是一個思維、方法和觀念、體系全面轉型的過程，〔註74〕般若學中的「心亦不有不無」本來就與玄學本體論「否定之否定」的用意相通。而佛學與玄學在人生論基礎上實現的溝通，〔註75〕則是一種關乎人生價值與永恆命運的新本體論創構。這種佛化的玄學，亦或說玄化的佛學，其本質內容既是精神外化的人格美學。

　　秦漢之際，人物的審美標準主要從倫理、道德等方面出發，至魏晉，人們開始用無利害的態度來對待自然、人生和藝術，因此，中國傳統美學意趣由社會功用的實用性質，逐漸轉向欣賞對象。由於佛玄的向「意」和追求精神至上的人格美學導向，人物品藻從外貌之美，轉向舒張內在氣質之美。三國魏劉劭在其系統品鑒人物才情的《人物志》中即提出：「蓋人物之本，出乎情性。情性之理，甚玄而微。」〔註76〕展現魏晉風流士人群像的《世說新語》中亦隨處可見對人物精神氣質的描寫，既如，描寫王恭之貌時，並未直寫其貌，而是以景代情，使人通過想像看到人物的超然脫俗的形骸：「有人歎王恭形茂者，云：濯濯如春月柳」，「王戎曰：太尉神姿高徹，如瑤林瓊樹，自然是風塵外物」。〔註77〕王璨在《神女賦》中描寫神女：「惟天地之並化，何產氣之淑真。陶陰陽之休液，育夭麗之神人。稟自然以絕俗，超希世而無群。」〔註78〕此外，魏晉時期的美學思想強調以人的內在氣質的角度來面對藝術創作，與孟子在作品中主要強調君臣、道德、修養不同，鍾嶸（？～約518年）的《詩品》強調的是個體情感和心理感受的表達，而不是詩與政治的關係。而曹丕（187～226年）則強調「文以氣為主」的創作理念，創作個體的獨立氣質決定創作風格。顯然，這一時期無論在美學理念亦或在藝術創作上，都已經顯現出了重自我、重內心、重性靈，張揚人格之美的新特徵。〔註79〕

　　人的心、神就是人格本體，「它既可以游離於事物之外的共相，本身又

　　　　　光明日報出版社，1989：67。
〔註74〕　趙建軍，魏晉般若與美學，復旦大學文藝學博士研究生論文，2004。
〔註75〕　任繼愈，中國佛教史（第二卷），中國社會科學出版社，1985：191。
〔註76〕　〔魏〕劉劭，劉國建注，人物志，長春出版社，2001：3。
〔註77〕　〔南朝宋〕劉義慶，柳士鎮、劉開驊譯注，世說新語全譯，貴州人民出版社，
　　　　　1996：389。
〔註78〕　吳雲、唐紹忠，王粲集注，中州書畫社，1984：53。
〔註79〕　劉昱，魏晉時期審美文化的轉變，大眾文藝，2008，12：178。

是絕對的體。」〔註80〕當人的現實生命本質被抽象爲一種不可毀滅之觀念實體的「精神」，即成爲不以肉體的存亡爲其標誌的特殊生命本質，它以神化的人格生命作爲人格本體美學的標準。〔註81〕這種把人格抽象爲內在意義的生命美學，主要體現在儒玄人生論美學中的一種追求心性永恆的「內聖之學」。〔註82〕從審美角度而言，心性之學是張揚道德榜樣的人格美學所呈現的藝術形式典範，〔註83〕這種人格美學雖與般若學有所相關，但顯然與主張「超驗」的，否定世俗價值的般若性空宗教美學相去甚遠。大乘般若即以超越人世間生死流轉的性空思想作爲代表，認爲個體的自主性與現實實體一樣是幻而不實之性，依大乘般若教理，佛處於生死之外，部分表象具有人格因素，但其更主要的是具有解度眾生的超現實能爲。

在佛玄的性空論美學旨趣中，其超人格性質所引出的是出世、無生、無死的人生觀。不再強調個體品性價值，而是以體現人精神終極所在的超越價值，也就是「空義」所代表的「軌持」，〔註84〕這種帶有實體性，反對自性的佛教法度，以覺悟獲得無上正等正覺。就此理解，越是貼近個體人格的觀念則離般若學的「空」越遠，然而在本土傳播中，佛學卻不得不借用人格的概念來適應中國民眾的理解力，將「空義」更多變形爲體驗性的或境界性的經驗體會，因此，佛教徒往往會以一種看似超然的行爲來標明不同於傳統人格美學的超凡境界。而這種看似相悖卻又相互交持在一起的兩種世界觀，既是佛教本土化的眞實寫照。

佛性追求共性的、嚴格法度的極致美感，而玄學則是追求個體人格之美，這兩種相對矛盾的美學旨趣，在這一時期的可視藝術中體現的更爲明確直觀，現已發現的魏晉眾多壁畫中，以儀軌法度製作的「佛」之形象，完全不同與現實人物造型，特別是在魏晉佛教洞窟中，同一面畫壁上的佛傳造型與

〔註80〕 高華平，魏晉玄學人格美研究，巴蜀書社，2000：236。

〔註81〕 儀平策，中國審美文化史──秦漢魏晉南北朝卷，山東畫報出版社，2000：238。

〔註82〕 牟宗三，心體與性體，上海古籍出版社，1999：5。

〔註83〕 劉華，論內聖之學的理想性與超越性特質，天府新論，2012，5：21。

〔註84〕 丁福保佛學大詞典對「軌持」的解釋：解法之字義者。法有二義，一軌之義，謂以其體爲軌範使人起領解心也。二持之義，謂維持其體不混亂他體也。唯識論一曰：「法謂軌持。」同述記一本曰：「軌謂軌範，可生物解。持謂任持，不捨自相。」陳義孝佛學常見辭彙對「軌持」解釋：即法的意義。軌者軌範，使人生起領解心，持者維持，維持其體而不混亂其他的個體。

供養人形象，明顯屬於完全不同的兩種形式風格體系，甚至連佛與菩薩的造型程式都不相同。（圖 6-3-2）

圖 6-3-2　釋迦多寶並坐說法圖，西魏，敦煌莫高窟第 285
　　　　　窟北壁局部

源自：費泳編，魏晉南北朝敦煌壁畫（1），江蘇美術出版社，1998：39。

魏晉時期是中國美學範疇的確立時期，佛的超驗性美學與玄學的經驗性美學在此相互交錯，這種看似不和諧的現象，處在魏晉時期則具有一定的合理性。外來佛學逐步建立體系，本土儒玄亦處在相互轉換的關鍵時期，在這種處境下，佛玄的美學體系和藝術本體理論顯然還不能達到統一、和諧的理論建構。「他們所說的那種最初的語言……是一種幻想的語言，運用具有生命的物體的實體，而且大部分是被想像為神聖的。」〔註 85〕在此階段所形成的玄佛思性美學，極力從客觀現實之拘束中脫穎出來，追求一種脫離生、死觀念的，排除一般性思維（現實境遇）的感性自由化藝術美學。

在這種思性佛玄美學中，「傳神」是其藝術美學的終極目的，而如何能達成這個目標，晉人顧愷之在《傳神論》中給出的答案是「遷想」與「妙得」，顯然在這個因果關係中，無論是結果或達到目的的過程，兩者都具有形而上的模糊性，即便是以經驗而出的創作方法，也帶有非常強烈的超驗性質。這

〔註85〕〔意〕維柯，朱光潛譯，新科學，人民文學出版社，1986：178。

種哲學本體論上的不確定性，直接導致其美學體系的涵蓋邊界較爲模糊，使得這個美學體系構架明顯不能具體化、單純化的確定美學對象的歸屬，而顯然，最爲聰明的解決辦法既是將「經驗」與「超驗」合體，將玄、佛的互文性理論內質提煉歸一，總之玄佛合流促使魏晉士人在哲理層面上對宇宙、生命意義從新體悟，同時在這個審美自覺時期，其感性形式內核所體現出的生生不息的生命力和創造力，完成了人們對傳統自然審美的超越，形成了中國新藝術美學的「意象」理論架構。

第四節　佛造像的形式影響

一、佛畫入華

　　魏晉南北朝時期，出現了三個對繪畫產生巨大影響的社會性因素，首先，東晉元興二年（404 年），桓玄〔註86〕下令以紙代簡，至此紙張成爲中國繪畫的主要材料之一，並由於紙張的平整度高，成本也較絹低的多，從而推動了繪畫在整個社會上的普及。並且，由於紙張易裁剪和易連接的特性，促使中國繪畫所特有的手卷、立軸形式，在此時應運而生。〔註87〕其二，魏晉時期出現了專業的士大大畫家，他們的整體文化素養和身份地位遠高於一般畫工，從心理上對秦漢以來較爲呆板統一的繪畫造型形式產生了強烈的牴觸情緒，並在傳統繪畫中加入了更具個性的表現因素，推動了繪畫表現技巧的提高。其三，外來藝術在此時與本土藝術產生了強烈的碰撞，使得本土畫家不得不對習以爲常的塑形方式重新進行審視。

　　以上三個因素當中，對繪畫本體影響最大的非印度佛畫莫屬，雖然佛教在漢初即已進入中國，但並未對中國傳統巫術及天地君親師的地位產生衝擊，佛教形象只是作爲眾神之一員的形式出現，〔註88〕這一點可以在漢畫像石的人物形象中得以印證〔註89〕。佛教之所以能在中國傳佈，一是在於

〔註86〕桓玄（369 年～404 年），字敬道，一名靈寶，晉時譙國龍亢（今安徽省懷遠縣西龍亢鎮北）人，漢族，東晉末期桓楚國建立者。
〔註87〕張鵬川，中國古代人物畫構圖模式的發展演變——兼議「韓熙載夜宴圖」的製作年代，南京藝術學院學報，2007，3：24。
〔註88〕張強，中國人物畫學，河北美術出版社，2005：136。
〔註89〕漢畫像石中所刻的人物形象多爲《水經注》中神怪及現實社會人物，極少出現佛教形象。

初期人們把它當作一方神怪，二是佛教的諸多觀念與中國傳統儒、道、釋相契合。

秦漢時期的中國人物畫是本土畫家在相對封閉的狀態下隨慣性而發展，它是中國人物畫的傳統根基。進入魏晉南北朝，佛教在中國逐步勢大，由西域傳來的佛教藝術，逐漸對中國的傳統造型藝術產生影響，促使中國人物畫與之前的本土造型觀念形成了截然不同的面貌，並在唐時趨於極致。

佛畫何時傳入中原？以史岩先生為代表的說法是：犍陀羅藝術是由北齊時期進入中原的中亞畫家曹仲達所帶入：

> 北齊與北周作品中，偶而也可發現一些與眾不同的薄衣貼體的
> 佛像，這種風格同北魏完全異趣，當是一處濕褶法，它來源於西域，
> 由撒馬爾罕的曹仲達帶來中原。〔註90〕

以此觀點而言，曹仲達來華之前，中原應不會出現犍陀羅藝術的影子，但從已發現的資料證實，魏晉早期就有印度佛畫出現，就此現象史岩先生並沒有做出解釋。任繼愈先生認為西漢末年，佛教經由西域傳入中國內地，東漢已較為流行。〔註91〕從現有資料來看，西晉之初，北方佛教已發展至相當大的規模，西晉前涼（301～376年）至北魏（396～439年）初期，北方胡族統治於青海、甘肅等部分地區，其都城便是中原與西域的交接點——涼州。由於其時中原地區常年戰亂，涼州刺史張軌統治的涼州地區較為獨立，使得該地區成為北方相對安全的地帶，胡族統治者提倡佛教，為其興盛提供了良好的傳播基礎。《魏書》釋老志載：

> 涼州地接西域，道俗交得舊式。〔註92〕

在此期間，西域及印度僧人經常往來於涼州，隨著涼州地區佛教的盛行，犍陀羅藝術也在當地普及開來。敦煌莫高窟的第 268、272、275 三窟即為北涼時期的犍陀羅代表樣式。

北魏時期，佛教由於統治階層的信奉而逐漸在中原興盛，北魏開國皇帝道武帝（371～409年）在天興元年（398年）曾下詔：

> 夫佛法之興，其來遠矣。濟益之功，冥及存沒，神蹤遺軌，信
> 可依憑。〔註93〕

〔註90〕 史岩，中國雕塑史圖錄，第二卷，總述，上海人民美術出版社，1987。
〔註91〕 任繼愈主編，中國佛教史，第一卷，中國社會科學出版社，1985：45。
〔註92〕 〔北齊〕魏收，魏書，釋老志，中華書局，2003。
〔註93〕 〔唐〕釋道宣撰，廣弘明集，上冊，卷二，（臺灣）臺灣中華書局，1966。

北魏之後，儒家思想與佛教逐漸交融，犍陀羅藝術與中國傳統藝術結合，形成了褒衣博帶、瀟灑飄逸為特徵的中原藝術風格，並成為中國本土佛教藝術的開端。

彥悰《後畫錄》載：

> 曹（仲達）師於袁，冰寒於水。外國佛像，無竟於時。〔註94〕

張彥遠在《歷代名畫記》卷八說：

> 曹仲達本曹國人也。北齊最稱工，能畫梵像。官至朝散大夫。
> 〔註95〕

張彥遠所說的「曹國」，是中亞烏茲別克斯坦撒馬爾罕一帶的胡人部族，是昭武九姓栗特胡之一，其繪畫風格是典型的西域畫風。

曹仲達是在北齊時期進入中國的畫家，其活動年代應為文宣帝高洋（550～559 年）時期至北周（557～581 年）初期，由此看來，曹仲達生活年代不會晚於 6 世紀。在此期間，中國佛教的造象形式已發展至褒衣博帶式的中原風格，純粹的犍陀羅式造像風格已遠不如之前盛行。

雖然佛教在漢時即已傳入中國，但佛教藝術入華，是在魏晉之初隨著佛教的深入而傳入中原，佛畫隨之開始了它的東征。佛教在進入中國之後的傳播，並非是直線性推進，而是立體擴散性的演進，據考古資料顯示，佛教進入的線路主要為三條：一是西北路；二是東南路；三是西南路。〔註96〕在這三條線路中以通過西域的絲綢之路為主線，又分為塔里木盆地南緣和北緣兩路，即漢西域南北二道。（圖 6-4-1）

西域相連於印度，佛教美術主要是由此傳入中原。西域美術研究者李青先生在對米蘭藝術深入分析後認為，米蘭藝術是犍陀羅繪畫的典型樣式，「從這個意義上看，在中國美術史中，所謂西洋繪畫東漸的時間可上溯到公元 2 世紀至 3 世紀，因為米蘭藝術是犍陀羅藝術及希臘羅馬藝術東漸的結果」。〔註97〕潘欣信先生認為佛像的製造「是從公元 2 世紀的月氏貴族建

〔註94〕〔唐〕張彥遠，歷代名畫記，卷八，曹仲達傳，錄唐彥悰《後畫錄》語。

〔註95〕〔唐〕張彥遠，俞建華注，歷代名畫記，卷八，上海人民美術出版社，1964：158。

〔註96〕早期佛教傳播線路文章可參考：榮新江，陸路還是海路？──佛教傳入漢代中國的途徑與流行區域研究述評，見：北大史學，第 9 輯，北京大學出版社，2003；羅二虎，論中國西南地區早期佛像，考古，2005，（6），吳廷璆，鄭彭年，佛教海上傳入中國之研究，歷史研究，1995，2；張曉華，對佛教初傳中國內地的時間及路線的再考察，史學集刊，2001，1。

〔註97〕李青，古樓蘭鄯善藝術綜論，中華書局，2005：389。

立的貴霜王朝開始的，貴霜王朝定都犍陀羅，國王信奉佛教，佛教興，佛教
藝術盛」。〔註98〕從以上兩位先生的觀點可以看出，米蘭地區雖屬中國版圖，
但從其地區屬性和文化屬性上來看與中國主流文化大相徑庭。就其藝術表現
而言，米蘭藝術幾乎是與犍陀羅藝術同步發展的，（圖 6-4-2、圖 6-4-3）就如
長安藝術與洛陽藝術，雖然其各自的風格有些局部區別，但其發展規律及審
美趨勢是基本相同的。

圖 6-4-1　佛教入華線路圖

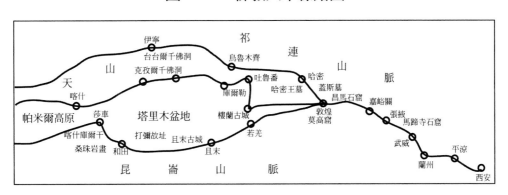

圖 6-4-2　米蘭 M・V 佛寺出土　　圖 6-4-3　犍陀羅地區佛像，
　　　　　泥塑佛像　　　　　　　　　　　　西元 2 世紀

源自：李青，古樓蘭鄯善藝術綜論，中　　源自：王琳，印度藝術，河北教育出版
華書局，2005：362。　　　　　　　　社，2003：140。

　　公元二世紀左右，佛像首先在貴霜帝國的中心犍陀羅地區出現，而佛的

〔註98〕潘欣信，佛像「曹衣出水」藝術樣式淺析，齊魯藝苑，1999，2：31。

形象則是直接借用了希臘藝術中阿波羅神形象，並貫以佛所特指的屬性。

犍陀羅地區相當於今巴基斯坦白沙瓦及其毗連的阿富汗東部一帶。公元前 326 年馬其頓亞歷山大帝國及巴克特里亞王國統治達 130 多年，並以犍陀羅地區爲其統治中心。因此，犍陀羅藝術深受希臘、羅馬藝術的影響，結合本土藝術塑造出了各種佛傳故事形象，形成了犍陀羅藝術的表現風格。其造像的典型特徵爲：橢圓形臉型；眼窩深陷；眉毛細彎；嘴唇較薄；嘴角上翹；鼻樑與額頭呈直線平面連貫；表情平淡靜穆；眼睛微閉。（圖 6-4-3）身體比例與正常人相比較粗短，衣飾質感強烈，衣紋呈規律性貼身交疊。

隨著佛教及在這一地區的廣泛傳播和流行，以及東西方貿易的交流，使犍陀羅地區成爲多種文化的聚集地和融匯點，導致印度教、佛教寺院的大量興建和因此而盛興的犍陀羅式佛造像。其後的印度笈多時代（約 320 年～550 年），是中世紀統一印度的第一個封建王朝，印度文化藝術得到了全面的發展，史稱印度歷史的黃金時代。這一時期的佛教藝術達到非常完美地步。細勻而富有韻律感的衣紋，透明的絲質袈裟，單純聖潔的形象，顯示出佛教藝術極端理想化的藝術思想，這些造型試圖表現出佛高貴、典雅的理想格調。同時，由於造像的過於完美而顯得缺乏生命活力，似乎脫離了現實的境界。

這是一種很奇特的藝術現象，在此之前由於希臘藝術的影響，印度藝術家對人物的刻畫基本上是以寫實爲基礎，雖然也有象徵性的內容出現，但基本上不會脫離對客體的直接模擬，注重人體自身結構特徵的表現。但到了笈多王朝，印度藝術家在對人體的思考中介入了佛教理念的因素，對客體的認識融入了新的內容。在對人物的刻畫中，藝術家思考的不僅是人體客觀特徵，而是注重將宗教教義注入其中，使觀者從神像造型中感到另一世界的生命力。（圖 6-4-4）因此，在造像中神性、人性、動物性、植物性等因素被融爲一體。5 世紀末，因入侵的噠人摧毀佛寺，其雕像藝術也隨之漸衰，但其餘流相傳因襲，對中國新疆及內地、朝鮮、日本等地佛教美術產生了巨大影響。

佛畫經由西域傳入中原後與中國傳統藝術交融，逐步趨於本土化，以曹仲達爲代表的漢化佛畫「曹衣出水」，即是流行於南北朝時的一種典型繪畫樣式。「曹衣出水」一詞是對以曹仲達爲代表的，受佛畫藝術影響並結合中國傳統繪畫觀念而創造出的「曹家樣」樣式的專指。郭若虛引訴張彥遠之語對「曹衣出水」的表現形態做了解釋：

吳之筆，其勢圓轉，而衣服飄舉；曹之筆，其體稠疊，而衣服緊窄。故

後輩稱之曰：「吳帶當風，曹衣出水」。〔註99〕

圖 6-4-4　釋迦牟尼立像，笈多王朝（5 世紀前葉）

現藏於新德里國立博物館，源自：印度藝術：52，

　　按張彥遠的說法，必須具備線條稠疊、衣服貼體、服飾輕薄的特點才是
「曹衣出水」。然而，「衣服緊窄」從字面上的理解是衣服較窄、較瘦。但使
人困惑的是，在現已發現的七世紀以前的中亞及中國的衣服實物卻都比較寬
大。可見，張彥遠所說的「衣服緊窄」並不是指現實衣服的窄小，結合「其
體稠疊」，「衣服緊窄」顯然是對「曹家樣」的造型手法的描寫。造型藝術中
視覺上的衣服「緊窄」並不代表實際生活中的衣服緊窄」〔註100〕。在現實中
如果衣服窄小，衣服與身體就會比較服帖，不會產生較多皺褶，以繪畫來直
觀表現，則不會有「稠疊」的線條形式。只有較寬大、輕薄的衣服才能在行
動中產生較多「稠疊」的皺褶。在中亞及新疆等佛教盛行地區流行著一種毛
織的上窄下寬長褲及百褶裙，隨腰至褲腳密佈豎褶，自然形成了稠密的折線。
這種百褶裙、褲與在巴克特里亞發現的貴霜迦膩色迦一世雕塑立像的衣服質

〔註99〕〔宋〕郭若虛，圖畫見聞錄，第一卷，論曹吳體法，湖南美術出版社，2000：37。
〔註100〕李青，古樓蘭鄯善藝術綜論，中華書局，2005：392，。

感極其相似，〔註101〕與笈多時代的馬圖拉佛造像的袈裟，在形式感上也有較多的相似性。顯然，「曹家樣」中的「其體稠疊」「衣服緊窄」是其典型的繪畫造型特點。

　　一種畫風的形成是需要相當長的時間，如果將魏晉南北朝時期的人物畫作以平行排列，基本形成兩大類風格，一種是傳統風格，如：傳楊子華的《北齊校書圖》、傳顧愷之的《洛神賦》〔註102〕、傳蕭繹的《職供圖》、元謐石棺線刻；寧懋石室線刻等。而另一種風格，明顯借鑒了犍陀羅的規律性排列用線形式和「出水式」造型特點，如：田邁造像的彌勒菩薩線刻（圖 6-4-5）和升仙石棺的男女升仙線刻等。

圖 6-4-5　田邁造像——彌勒菩薩

源自：中國畫像石全集，第 8 卷：17。

　　升仙石棺的男女升仙線刻，人物的身體凸凹有致，衣服貼合人體，類似於犍陀羅「出水式」的表現特徵，只是在人物面貌及服飾上採用了中式元素。

〔註101〕（法）哈爾馬塔主編，徐文堪譯，中亞文明史，第二卷，中國對外翻譯出版公司，2001：273〜277。

〔註102〕雖然傳顧愷之的《洛神賦》借鑒了凸凹畫法，但是其造型的形式還屬□中國傳統的造型風格。

在人物的服飾表現上明顯具有中亞風格及犍陀羅符號化、秩序化的表現傾向，只是加入了「衣服飄舉」的中國傳統表現形式。基本可以判定，這種帶有西亞造型風格的本土造型形式即是曹家樣的原型。（圖6-4-6）傳統的魏晉人物繪畫多是寬衣博帶樣式，講究整體概念化的「勢」態，不刻意追求人體結構的表現。而「曹家樣」中的人物造型注重人體結構及畫面秩序性的表現，注重人體結構及服飾規律性的形式表現。通過對比可以看出，「曹家樣」顯然是綜合了多種造型風格而成形的漢式佛畫。（表6-2）

圖6-4-6　升仙石棺——男子升仙

源自：中國畫像石全集，第8卷：44。

表6-2：曹家樣與其他樣式對比表

樣　　式	表現特徵一	表現特徵二	表現特徵三
曹家樣	衣服貼體	線條稠疊	服飾輕薄
希臘樣式	有	無	無
貴霜時期樣式	有	無	有
笈多馬圖拉樣式	無	有	有
東南亞形式	有	無	有
西域形式	有	無	有
漢式	無	無	無

　　「曹家樣」的成形一改秦漢以來的傳統造型的概念化形式特徵，改變了之前中國傳統造型中對身體結構的表現缺陷，顯示出這一時期的畫家已有了主動表現人體結構的強烈願望。可見，佛畫的進入是中國早期概念化傳統繪畫形式向結構性繪畫表現演進的一個重要的轉折點，為唐代的人物畫高峰的確立提供了堅實的基礎。

二、六法與六支

　　中國早期較為完備的繪畫理論，當屬南齊謝赫的六法論，印度傳統繪畫的金科玉律法則是「六支」。印度藝術中「六支」是梵文 sadanga 的意譯，原意指六個肢體，在印度傳統繪畫理論中指代為 6 個藝術要素。

　　印度繪畫「六支」是「六十四藝」中一節，在《欲經》第一章第三節第六段的注釋中以詩的形式來注解繪畫觀念。書中並未對「六支」作出解釋或引申，就如謝赫未對「六法」作以解釋一樣，後人解釋頗多，意思各不相同。金克木先生依據印度孟加拉畫派的主要畫家阿巴寧德羅那特・泰戈爾（1871～1951 年）1942 年在《國際大學季刊》（Visva-Bharati Quarterly）中的《阿・泰戈爾專號》（印度）中的解釋，對《欲經》中「六支」原文按照中國詩文節律翻譯為：

> 形別與諸量，情與美相應。
>
> 似與筆墨分，是謂藝六支。〔註103〕

　　佛經中形通「色」、形象。「形別」（rūpabhedāh），泛指自然物象諸形的區別，「量」（pramānāni），指比例、量度等。「形別與諸量」即為萬物形制各有其量度、大小、遠近的分別。其與謝赫「六法」中的「應物象形」似有相通之理。

　　「情」（bhāva），在此句中指為心情、情緒等並泛指由畫中所表現出的畫者心境，與六法中的「韻」幾近相似。古漢語中的「韻」，多有表情之意。「美」（lāvanya），梵文有文雅、優美之意，此處意指形式的優美，「情美相應」〔註104〕，即為內在意氣與外在形式相統一，以韻統形，以情感反應為畫面之韻致。與「氣韻生動」在表現觀念上應是一理。「筆墨分」（varnikābhanga），

〔註103〕金克木，印度文化論集，中國社會科學出版社，1983：202。

〔註104〕「相應」（yojana）為梵文同源詞「瑜伽」（yoga）的舊譯，是意譯，意為聯繫、結合。

意指用筆及設色的規矩。

　　將印度繪畫的「六支」理論與謝赫的「六法」理論相較，會發現兩者之間有著很多的相通之處。所以很多學者認爲「六法」之源即爲「六支」，英國學者勃朗（Percy Brown）在上世紀三十年代即有此說，〔註105〕其依據是，印度的《欲經》成書時間約爲公元三世紀左右，而謝赫的《古畫品錄》則完成於公元五世紀，因此勃朗斷定「六法」源自「六支」。這種推斷比較武斷，即便是以勃朗的時間推論法來而論，其中亦有相當大的差誤。

　　首先，《欲經》的成書年代在印度本土還未有定論，或許與「六法」的時間相當。其二，「六支」的出現，並不是在《欲經》的正文當中，而是後人在十三世紀爲《欲經》作注〔註106〕時才出現的。在此之前，成書於公元六世紀的《毗濕奴往世書》第三部分附錄《毗濕奴達摩優多羅》的《畫經》中才有「六支」的記載。如按時間論而斷，那麼，「六支」便有抄襲「六法」之嫌。但是，「六支」的成型文字，是總結古印度畫家進行繪畫創作的口訣而成，這個口訣形成於何時便無從考證了。

　　既然分屬於不同地域的「六支」與「六法」有著如此密切的聯繫，那麼，必然有其合理的關聯原因。印度與中國早在漢代之前便多有交往，魏晉伊始，佛教在中國興盛，大批天竺僧人及佛教畫家進入中國。姚最及張彥遠在《續畫品》和《歷代名畫記》中即列舉了數位天竺畫家在中國進行創作，中國傳統藝術受到了印度造型藝術觀念的強烈影響，同時這種影響是相互的，關於「六支」及「六法」理論的產生，筆者認爲，最爲合理的解釋應是在這種兩地藝術相互影響的同時，在各自民族藝術觀念的基礎上，同時形成的共通性繪畫藝術理念。在中國，佛教美學觀念和藝術創作手段與本土美學觀念相契合，形成了佛玄美學的基本造型理念。

三、量度、儀軌的影響

　　隨著佛教東傳，至魏晉南北朝，佛畫成爲中國繪畫的科目之一。張彥遠在《歷代名畫記》中記錄佛畫在漢明帝期間既已在各階層中流行，「後晉明帝、衛協皆善畫像，未盡其妙。洎戴氏父子皆善丹青，又崇釋氏，範金賦彩……其後北齊曹仲達、梁朝張僧繇、唐朝吳道玄、周昉各有損益，聖賢盼伺，有

〔註105〕參見：Percy Brown, "Indian Painting", 1932, p23。
〔註106〕勝利吉祥注（Jayamangalā）。

足動人，瓔珞天衣，創意各異。至今刻畫之家列其模範，曰曹、曰張、曰吳、曰周，斯萬古不易矣。」〔註107〕

徐建融先生在談到宗教藝術創作時說：「宗教美術的創作畢竟與原始美術不同，個人趣味的作用，甚至偶然的『好運氣的錯誤』的作用不容抹煞。似是只要我們把顧愷之與魏晉佛教聯繫起來，把吳道子與唐代佛教聯繫起來看，把達‧芬奇、米開朗琪羅、拉斐爾與文藝復興的宗教運動聯繫起來看，便不難發覺，在這裡個人的趣味不僅沒有脫出宗教精神的涵蓋，而且，恰恰是這種精神提供了個人趣味藉以進行藝術競賽的『名利場邏輯』的文化背景。〔註108〕」佛教藝術在魏晉南北朝時期已與中國傳統藝術密切融合，至盛唐時期，佛教藝術已成爲獨具中國特色的世俗化宗教藝術。

現已發現的中古時期的墓室平面作品基本都是世俗性題材，但是，不論是從造型觀念還是造型形式來看，都與佛畫的造型觀念有著極其強烈的共通性。釋道宣曾語：

> 造像梵相，宋齊間皆唇厚、鼻隆，目長、頤豐，挺然大丈夫之像。自唐來，筆工皆端嚴柔弱似妓女之流，故今人誇宮娃如菩薩也。
> 〔註109〕

段成式在《寺塔記》中謂韓幹在寶應寺所畫「釋梵天女」：

> 悉齊公妓小小等寫眞也。〔註110〕

史葦湘先生在論及唐代佛畫形象的世俗化因素時，以頭部圖像比較的方式〔註111〕使得我們可以看出這種程式化造型的多維應用。（圖 6-4-7）沙武田先生也認爲魏晉南北朝和唐時的畫家「或使用相同的畫稿繪畫不同的形象。」〔註112〕顯然，唐代的佛教繪畫中的人物造型與世俗人物造型形式應屬同一種程式類型。

西域高僧康僧會於公元 247 年至建業（當時東吳的都城）而立寺，供奉佛像弘揚佛法。受到孫權的信敬，並幫助康僧會建佛塔、造佛寺。曹不興隨之摹寫其像，而成就個人之畫風，以致天下仿之。而有關佛畫被我國畫家所

〔註107〕〔唐〕張彥遠，歷代名畫記，敍歷代能畫人名。

〔註108〕徐建融，美術人類學，黑龍江美術出版社，1994：204。

〔註109〕〔宋〕釋道成，釋氏要覽，卷中，三寶造像。

〔註110〕寺塔記，卷上，道政坊寶應寺韓幹。

〔註111〕史葦湘，再論產生敦煌佛教藝術審美的社會因素，敦煌歷史與莫高窟藝術研究，甘肅教育出版社，2003：516～518。

〔註112〕沙武田，敦煌畫稿研究，中央編譯出版社，2007：350。

接受的記載，即是寄此事件而展開。《圖畫見聞錄》卷一引蜀僧仁顯《廣畫新集》曰：「昔竺乾有康僧會者，初入吳，設像行道，時曹不興見西國佛畫儀範寫之，故天下盛傳曹也。」

圖6-4-7　佛教形象與世俗形象比較示意圖

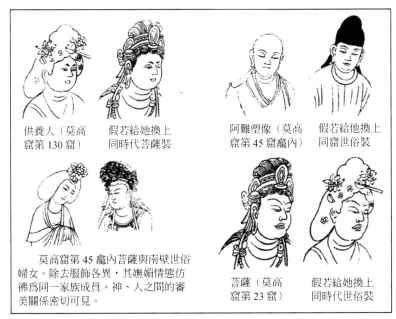

供養人（莫高窟第130窟）　假若給她換上同時代菩薩裝　　阿難塑像（莫高窟第45窟龕內）　假若給他換上同窟世俗裝

莫高窟第45龕內菩薩與南壁世俗婦女。除去服飾各異，其嫵媚情態仿佛爲同一家族成員。神、人之間的審美關係密切可見。

菩薩（莫高窟第23窟）　假若給她換上同時代世俗裝

源自：沙武田，敦煌畫稿研究，中央編譯出版社，2007：350。

　　通過文獻記載可知，曹不興的繪畫寫實能力極強，顯然是接受了西來的造型觀念的影響。《歷代名畫記》敍師資傳授南北時代中記錄：「衛協師於曹不興；顧愷之、張墨、荀勖師於衛協；史道碩、王微師於荀勖；衛協、戴逵師於范宣；逵子勃、勃弟顒師於父。陸探微師於顧愷之；探微子綏、弘肅並師於父……沈標師於謝赫；周曇妍師於曹仲達；毛惠遠師於顧……」。從張彥遠的記錄中可以看出，曹不興的繪畫顯然具有開創意義，也就是說，自曹不興伊始，一種有別於本土傳統畫法的新畫風成立並迅速推廣開來。《圖畫見聞錄》論收藏聖像載：「況自吳曹不興、晉顧愷之、戴逵、宋陸探微、梁張僧繇、北齊曹仲達、隋鄭法士、楊契丹、唐閻立德、立本、吳道子、周昉、盧楞伽之流，及近代……，無不以佛道爲功。」通過張彥遠和郭若虛的記載可以看出，曹不興其後的沿承人幾乎囊括了中古時期各時代的大多代表性畫家。

　　1925年在洛陽八里臺東漢墓發現的「上林苑訓獸圖」，人物臉部清晰可見

暈染畫法的跡象。（圖 6-4-8）至南北朝期間，這種西來的暈染技法已屬常規畫法，例如 1979 年至 1981 年在太原市南郊晉祠公社王郭村西南 1 公里，清理的北齊婁睿墓壁畫（圖 6-4-9）等則顯示出成熟的暈染技法。

圖 6-4-8　上林苑馴獸圖局部

源自：劉瑋、金濤，中國人物畫全集，京華出版社，2001：圖版漢代 009。

圖 6-4-9　婁睿墓門吏局部

源自：太原市文物考古研究所，北齊婁叡墓，文物出版社，2004：13。

在唐代墓室壁畫中，受佛畫影響的跡象更加明顯，人物造型的比例與佛

教人物的比例有著明顯的互通性。魏晉伊始，佛教大興，各地大力開窟建寺，杜牧在《江南春絕句》中的「南朝四百八十寺，多少樓臺煙雨中。」〔註113〕便是對魏晉佛寺林立盛況的寫照。在此期間，由印度經西域傳入中原的佛教藝術，經過中原藝術家的從新組合詮釋，形成了兼具儒家氣質的佛教造像規程。在這個「逐漸漢化，逐漸世俗化的過程中」，〔註114〕中國的本土藝術家既要嚴守佛教儀軌，又要在自己創作中體現出符合傳統普識性審美觀念的造型形式。漢式的佛教程式便在這種傳統藝術創作的規律與佛教嚴密儀軌的碰撞中產生了。

張彥遠在《歷代名畫記》中記錄了自戴逵而下至隋唐所依佛畫成名的畫家：漢明帝夢金人長大，頂有光明，以問群臣。（戴逵）或曰：西方有神，名曰佛，長丈六，黃金色。帝乃使蔡惜取天竺國優琪王畫釋迦倚像，命工人圖於南宮清涼臺及顯節陵上，以形制古樸，未足瞻敬。阿育王像至今亦有存者可見矣。後晉明帝、衛協皆善畫像，未盡其妙。泊戴氏父子皆善丹青，又崇釋氏，範金賦彩，動有楷模，至如安道潛思於帳內，仲若憑知其臂脾，何天機神巧也。其後北齊曹仲達、梁朝張僧繇、唐朝吳道玄、周防各有損益，聖賢盼伺，有足動人，瓔珞天衣，創意各異。至今刻畫之家列其模範，曰曹、曰張、曰吳、曰周，斯萬古不易矣。〔註115〕

顧愷之在《論畫》中評價衛協的畫：「亦衛手，巧密於精思名作，然未離南中。南中像興，即形布施之像，轉不可同年而語矣。」南中即江南，南北朝自蕭齊之後，江南諸地立「南中三教」。〔註116〕佛教在南方大興，帶動佛畫在江南逐步形成獨特風範，同時也促成中國本土繪畫技法的轉變和融合。張僧繇即是南中佛畫的代表性畫家，據《建康實錄》載：「一乘寺，梁邵陵王王綸造，寺門遍畫凸凹花，稱張僧繇手跡。其花乃天竺遺法，朱及青綠所造，遠望眼暈如凹凸，近視即平，世咸異之，乃名凹凸寺云。」〔註117〕這是因畫而定寺名的特例，由此可見張僧繇「凸凹畫法」在當時的影響之大。

〔註113〕全唐詩，第522卷，006首。
〔註114〕李翎，佛教造像量度與儀軌，宗教文化出版社，1998：4。
〔註115〕〔唐〕張彥遠，歷代名畫記——敍歷代能畫人名。
〔註116〕華嚴經玄談卷四載：南北朝自蕭齊之後，江南諸師所立之三教，用以判釋如來一代所說之法。三教乃指：頓教，即佛最初為諸菩薩所說之華嚴經；漸教，即佛說法從小至大以開導眾生，亦即由阿含經漸說至涅槃經以誘導之；不定教，指非為頓漸二教所攝，乃明示佛性常住之勝鬘經、金光明經等。
〔註117〕鄭午昌，中國畫學全史，上海書畫出版社，1985：3。

　　這種畫法又稱「西域法」或「沒骨法」，其技法深受西亞造型觀念所影響。傳統西亞畫法與中國重線畫法截然不同，重視光影和體積效果的表現，不需用線條勾具輪廓，純用色彩層層堆積而繪畫。即如湯垕在《畫鑒》中所云：「尉遲乙僧外國人，作佛像甚佳，用色沉著，堆起絹素，而不隱指。」而張僧繇的「凸凹法」則是將本土線性畫法與「西域畫法」相結合，創造出了一種新的技法體系。簡單說就是以中國傳統的線條爲「骨」，在輪廓線條的邊緣，沿著衣紋、手足、五官的起伏高低，由濃漸淡的逐漸層層暈染，以增加單純用線所不能表現的體積感和肌理轉折的質感和量感。這種增強立體感的畫法顯然會對漢代之前的概念性畫法帶來巨大的衝擊，從而帶動了整個本土繪畫觀念和表現技法的進步和發展。

　　在傳統佛畫造型技法的程式中，最爲代表的是印度傳入並由中國藝術家進行改良的《造像量度經》，該經的初作者是古印度摩揭陀國王舍成人，屬婆羅門種姓的舍利弗（梵文 Sariputra）。〔註 118〕

　　《造像量度經》的漢譯本作者工布查佈在此書前引言中說：無論佛像還是人像，在本原上是一致的，因爲佛像的標準樣式是以佛中年的樣子爲藍本的，只不過爲了表現其思維的偉大、功德的無量，才以超凡的三十二種大人相使之區別於一般的標準中年形象。〔註 119〕引言中還說：「經云：『量度不准之像，則正神不受寓。』此豈工人之所易任者乎。然則尺寸量度之爲要務也明矣。」

　　「三十二相」原是古印度相法，後移用於佛陀造像，成爲特定的儀軌。有勝德可崇，見佛相好，乃生歡喜恭敬心，方能聞法生信。「三十二相」被作爲佛之應化身所具足的三十二種殊勝容貌與微妙形相。佛以「三十二相」的「應身」以引導眾生。

　　所謂的「三十二種大人相」〔註 120〕是：

　　　　1、足下安平立相：佛立於地上時，腳底與地密合，沒有空隙。

　　　　2、足下二輪相：腳心各有一「輪寶」紋。

　　　　3、長指相。

　　　　4、足跟廣平相：腳後跟寬而豐滿。

〔註 118〕孫小晨，佛說造像量度經：作者及漢譯者，南方文物，2006，4：137。
〔註 119〕李翎，佛教造像量度與儀軌，宗教文化出版社，1998：15。
〔註 120〕李鼎霞，佛教造像手印，造像量度經，北京燕山出版社，1991；李翎，佛教造像量度與儀軌，宗教文化出版社，1998：6～8。

5、手足指縵網相：手、腳指間有皮相連。

6、手足柔軟相。

7、足趺高滿相：腳背高而且豐滿。

8、腨如鹿王相：大腿像鹿一樣有力而健美。

9、正立手摩膝相：雙手過膝。

10、馬陰藏相：陰藏而不露。

11、身廣長等相：身長與兩臂張開相等。

12、毛上向相：身上所有的毛均向上長，如盤旋亦是右旋而頭向上。

13、一孔一毛生相。

14、金色相：全身呈金色光輝，造像時以貼金塗金表示。

15、丈光相：身光照向四方一丈遠，造像上以後立背光表示。

16、細薄皮相。

17、七處隆滿相：兩手、兩肩、脖頸豐滿。

18、兩腋下隆滿相。

19、上身如獅子相。

20、大直身相。

21、肩圓好相。

22、四十齒相。

23、齒齊相。

24、牙白相。

25、獅子頰相：朵頤豐滿。

26、味中得上味相：口中常有津液與食物混合，其味無窮。

27、廣長舌相：舌長寬廣，伸出口來覆蓋面部直到髮際。

28、梵音深遠相。

29、眞青眼相：瞳仁如青蓮花色。

30、眼睫如牛王相：睫毛長而美，濃重而不亂。

31、眉闊白毫相：兩眉之間略上有一白毫右旋盤成蛇狀、放光，展開則可向前直射一丈五尺長，造像時於面部該處點一白點。

32、頂髻相：佛發自然成螺狀卷，頂上隆起一塊肉如髻形，造像作中國髻形，上亦有螺髮，作青翠色。

據文獻所記，中國傳統繪畫體系中也存在與佛畫相類似的量度儀軌，東

晉顧愷之在其《論畫》中談到繪畫要訣：「凡畫，人最難，次山水，次狗馬，臺榭一定器耳，難成而易好，不待遷想妙得也.此以巧歷，不能差其品也.凡將摹者，皆當先尋此要，而後次以即事。」

其中的「巧歷」即是說，完成一幅好的繪畫作品在構思之初既要精於籌劃計量，對畫面中所繪事物要精於組織安排。顯然，顧愷之在繪畫時非常重視人物的比例量度，因此才能在注重外形的基礎上，展現人物的精神狀態，畫出意象中完美的形象。《歷代名畫記》中評論顧之畫：「遍觀眾畫，唯顧生畫古賢得其妙理，對之令人終日不倦，凝神遐想，妙悟自然，物我兩忘，離形去智，身固可使如槁木，心固可使如死灰，不亦臻於妙理哉。所謂畫之道也。顧生首創維摩詰像，有清羸示病之容，隱几忘言之狀。陸與張皆傚之，終不及矣。張墨、陸探微、張僧繇並畫維摩詰居士，終不及顧之所創者也。」

顧愷之所創的維摩詰畫法為歷代所推崇，其後的畫家在繪製維摩詰像是大多均以顧之畫為楷模。（圖 6-4-10）江左畫家曹不興則將佛畫儀軌發揮的更加純熟，謝赫曾評論曹不興的繪畫：「運五千尺絹畫一像，心敏手疾，須臾立成。頭面手足，胸臆肩背，無遺失尺度。此其難也，唯不興能之。」〔註 121〕由此可見，顧愷之、曹不興等畫家在吸取佛畫因素後，畫面中增加了重視表現人物現實量度和造型的直觀意蘊。

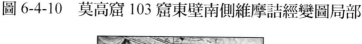 圖 6-4-10　莫高窟 103 窟東壁南側維摩詰經變圖局部

源自：中國美術全集編輯委員會、敦煌研究院，中國美術全集──敦煌壁畫（下），上海人民美術出版社，1993：64。

〔註 121〕太平廣記，卷二百一十，畫一，曹不興。

　　工布查布所譯的《造象度量經》是經過長期漢化而成，因此，工布查佈
在引言中說：「舍利弗創受造像量度，而優塡王鏤檀造世尊立像，是爲如來胎
偶之初。於是流佈五天竺之境矣……蓋自漢以來，凡欲造佛像者，皆取西來
像爲模。工行家祖述相傳，此所謂漢式者也。」

　　魏晉南北朝期間，佛教大舉東傳，佛教徒和商旅帶入大量佛教典籍，然
而，其時的漢譯梵文主要集中在翻譯佛理經書，對佛畫製造的技術類經典顯
有記載，有關佛畫的製作方式和繪製技法等，都是由西域畫師手口相傳，因
此佛畫技藝在中國的傳承「頻示形容，而工業仿傚。」

　　南北朝時期，佛教繪畫已基本本土化，佛畫的儀軌已融入世俗性繪畫。
徐顯秀墓墓室壁畫中的世俗人物造型，便借鑒了佛畫中的兩臂長可過膝和身
廣長等相的儀軌規程，壁畫中的人物普遍雙臂較長，已超出正常人體比例。（圖
6-4-11）

圖 6-4-11　北齊徐顯秀墓墓道儀衛圖像局部

源自：太原市文物考古研究所編，北齊徐顯秀墓，文物出版社：圖 3。

　　時進唐代，佛教藝術的造型審美標準已被大眾所接受，在唐代的世俗人
物造型中，滲透進了諸多佛教造型因素。自武周佛教被定爲國教後，各地佛
寺峰建，據史料明確所載，僅京兆府在唐五代期間就有佛寺 209 座。〔註 122〕

〔註 122〕李芳民，唐五代佛寺輯考，商務印書館，2006：1～45。

佛寺的興盛必然帶來佛教造像及佛畫的大興，唐代人物畫家的主要工作既是為佛寺繪製壁畫，〔註123〕僅吳道子一人就在長安及陪都洛陽為 300 餘寺廟繪製過壁畫，〔註124〕由此也可印證，作為佛造像經典規制的《造像量度經》，在唐代應用之廣泛。

　　唐代從學徒開始經過佛造像訓練的畫家，在進行世俗性繪畫創作時，自然會帶入非常濃厚的佛教造像色彩，佛造像儀軌中的基本元素也就在世俗性人物造型中不自覺地顯現了出來。例如，在成於 664 年的鄭仁泰墓石槨立柱上的男侍形象，（圖 6-4-12）便借鑒了「三十二種大人相」中「七處隆滿相」的雙肩、脖頸豐滿的處理方式，男侍的雙肩圓潤飽和，並以類似佛造像中表示脖頸豐滿的重疊皺褶「三級紋」方式來處理世俗男侍的頸項。再如永泰公主墓石槨內壁北向東間、內壁西向南間的侍女；李憲墓石槨內壁北向西間壁板、內壁南向西間壁板的線刻侍女；楊思勖墓石槨的線刻男侍；以及王賢妃墓石槨中的所有線刻人物的脖頸，都是採用這種重疊皺褶的處理方式。

圖 6-4-12　　鄭仁泰墓石槨立柱線刻男侍

李杰繪

〔註123〕在《歷代名畫記》及《圖畫見聞志》中所記唐代畫家作品基本都是佛寺壁畫。

〔註124〕景亞鵬、白雪麗，從「畫聖」吳道子的佛寺壁畫感悟其藝術魅力，陝西省歷史博物館館刊，第 11 輯：403。

　　在唐代墓室壁畫中偏胖女性脖頸的重疊處理或可說是由於肥胖造成的「現實」現象，但在唐代平面造型中不論男女都出現了這種「三級紋」的表現，就不能不說是由於佛教造型程式的影響所致了。

　　佛造像中除了「三十二相」之外，還必須具有「八十種隨形好」，這是在印度佛形象的基礎上結合中國傳統審美觀念而形成的微妙好相，其中包含了諸多中國藝術的表現特點。「三十二相」與「八十種好」合稱「相好」，在只有佛、菩薩才能兼具的「相好」中的「筋骨隱而不現」〔註125〕，就是中國傳統人體審美的體現。《玉房秘訣》中「好女」形象中即有：

多肌肉……肉多而骨不大者。〔註126〕

《大清經》也云：

細骨弱肌，肉淖漫澤，清白薄膚，指節細沒。〔註127〕

　　這種「筋骨隱而不現」的現象，幾乎表現在魏晉至初唐的每一幅女性人物繪畫中。在魏晉南北朝墓室壁畫中的女性造型，無論是著何種服裝，即使是身著緊身服裝，在有骨點突出之處也並無尖凸之感，都是以圓滑弧線概括處理，例如固原雷祖廟漆棺圖像中的人物形象，肩肘部都作平滑處理。（圖6-4-13）初唐李壽墓石槨立姿伎樂圖中身穿緊身內衣的侍女肘部及永泰公主墓石槨內壁北向東間線刻侍女的肘部，（圖6-4-14）在彎曲時理應是骨點尖凸，但畫家卻作了圓滑的處理。

　　佛造像「相好」中還有一條與常人不同的表現，就是各指間基本等齊，諸指間皆密充實，如，現藏於北京故宮博物院的唐代紙本《藥師佛》的等齊手形。（圖6-4-15）由於佛「相好」的深入人心，世俗繪畫中也借入表現身份高貴的人物形象，如1931年在朝鮮樂浪郡出土的漆畫「商山四皓」中的人物手型即是等齊，（圖6-4-16）再如薛儆墓石槨線刻侍女的手形也可看出這種儀軌的表現。薛儆墓石槨外壁西向北間侍女（圖6-4-17-A）、外壁西向中間侍女（圖6-4-17-B）、內壁北向西間侍女（圖6-4-17-C）線刻的右手及內壁東向南間（圖6-4-17-D）侍女的左手，手指長度基本相當，特別是這四個侍女胸前的手形，小拇指竟然表現的長於其他手指。可見，這種佛教中「相好」的手形儀軌，在中古世俗性繪畫中的盛行。

〔註125〕李翎，佛教造像量度與儀軌，宗教文化出版社，1998：8。
〔註126〕房內記，好女，第二十二。
〔註127〕房內記，好女，第二十二。

圖 6-4-13　固原雷祖廟漆棺人物圖像局部

源自：寧夏固原博物館，固原北魏墓漆棺畫，寧夏人民出版社，1988。

圖 6-4-14　永泰公主墓石槨內壁北向東間侍女肘部的圓滑處理

圖 6-4-15　　《藥師佛》

唐，紙本，現藏於北京故宮博物院

圖 6-4-16　　「商山四皓」中的「等齊」手型

源自：劉璠、金濤，中國人物畫全集（上），京華出版社，2001：漢代 010。

圖 6-4-17　薛儆墓石槨線刻侍女「等齊」手形

A、薛儆墓石槨外壁西向北間侍女；B、外壁西向中間侍女；C、內壁北向西間
侍女；D、內壁東向南間侍女。

　　在中國古代宿命觀念中，體相的完美也是其高貴身份的象徵，而佛的形象既是古人眼中高貴體相的代表。佛造像「相好」中的「大直身相」與「身體長大端直相」在世俗繪畫中，藉以區別人物身份的高貴與卑下。在佛教造型中佛的體量要大於其他諸神，（圖 6-4-18）這也是佛造像的固定儀軌。而在世俗性繪畫中，畫家會根據社會普適性的要求，身份高貴者的身材要遠大於身份低下者，這種現象幾乎在中古時期的墓室壁畫中無一例外的呈現。1971年在河北安平發掘的逯家莊壁畫墓中的墓主像與侍者像的體量對比反差巨大；（圖 6-4-19）1964 年在新疆吐魯番阿斯塔那東晉墓出土的已知最早的紙質繪畫上，墓主的體量亦遠大於侍女的體量；（圖 6-4-20）山東臨朐發掘的北齊崔芬墓墓室壁畫中的墓主夫婦出行圖中，著華服貴族男女的體量要大於侍從的體量；（圖 6-4-21）在傳閻立本的《步輦圖》中，端坐於步輦上的玄宗形象要比其四周侍女的身材大出許多，同樣在傳為閻立本的《歷代帝王圖》（圖6-4-22）中，皇帝的體量也遠大於身旁的侍從，並與佛造像中「一佛二菩薩」（圖 6-4-23）的傳統配置比例形式非常接近。再如，永泰公主、李憲等墓的墓室壁畫中，穿裙裝的高級別侍女的身材明顯高大於著袍服的低級侍女。此外，在唐代世俗繪畫中，身份高貴者具是挺身端立的形象，而在傳統觀念中所藐視的宦官，則基本都是曲背弓腰的卑恭形象。例如薛儆墓出土的石墓門上持笏相對的躬身門吏形象（圖 6-4-24）等。

圖 6-4-18　《盧舍那佛》

北周，敦煌莫高窟第 428 窟南壁

圖 6-4-19　河北安平逯家莊墓墓主與侍者體量對比

源自：河北省文物研究所，河北古代墓葬壁畫，文物出版社，2000：19。

圖 6-4-20　阿斯塔那東晉墓紙質繪畫中墓主與侍女體量對比

源自：劉璘、金濤，中國人物畫全集，京華出版社，2001：晉代 015。

圖 6-4-21　北齊崔芬墓墓主夫婦與侍從體量對比

源自：臨朐縣博物館.北齊崔芬壁畫墓，文物出版社，2002：彩圖 9。

圖 6-4-22　《歷代帝王圖卷》（局部）

傳唐閻立本，絹本設色，源自：劉樺、金濤，中國人物畫全集，京華出版社，
2001：37。

圖 6-4-23　佛教造像「一佛二菩薩」配置

圖 6-4-24　薛儆墓石墓門線刻

源自：唐代薛儆墓發掘報告：25。

在佛畫造型的影響下，魏晉之後的人物比例量度均向佛畫的儀軌靠近，特別是女性量度比例，幾乎與佛的量度相統一。1975 年在常州南郊茶山公社浦前大隊戚家村南朝壁畫墓發現的磚畫侍女〔註128〕、（圖 6-4-25-A）初李壽墓石槨線刻侍女的身姿比例，（圖 6-4-25-B）與「佛」（圖 6-4-25-C）具有同一性表現，基本上都是六頭左右的身長比例，這種量度標準，亦是魏晉至初唐世俗人物造型頭長身短的比例特徵。

圖 6-4-25　李壽墓侍女與佛立像比例對比圖

A、常州戚家村南朝壁畫墓中的侍女，源自：鄭岩，魏晉南北朝壁畫墓研究，文物出版社，2002，（鄭岩繪）B、李壽墓石槨內壁侍女線刻局部；C、佛立像之比例量度。

關於佛造像「三十二相」中的「身廣長等相」，有學者從字面上片面理解為，其與達‧芬奇所說的人平伸兩臂的寬度等於身高相同。然而如將《造像量度經》中的「佛立像之比例量度圖」與達‧芬奇的「人體比例圖」相對比，就可看出兩者是完全不同的比例模式。「佛立像之比例量度圖」中佛的身長是六個頭長，而達‧芬奇的人體比例則是七個半頭。另外，提出兩者比例相同的學者還忽略了「三十二相」中另一條關乎比例的「正立手摩膝相」，其意為佛在站立時，手垂過膝，可見，「身廣長等相」與達‧芬奇的「平伸臂長等於

〔註128〕駱振華、陳晶，常州南郊戚家村畫像磚墓，文物，1979，3：32～41。

身高」完全不同。

　　魏晉南北朝至初唐時期，本土畫家只是在形式上臨摹佛畫的儀軌，隨著畫家對西式造型觀念的逐步深入理解，到中唐之後人物造型的比例量度已不再是死板模擬，而是根據現實人物比例、體量來設定儀軌。

　　盛唐時期，佛教藝術中的「立體性」表現因素，對中國傳統概念化平面人物造型產生巨大影響。傳統畫家從在繪畫中關注哲學觀念的表現，逐步趨向關注現實。此時的畫家，受到佛畫中「體積」畫法的啓發，在傳統概念化造型中加入了突出表現體量的結構線形，使得畫面中所呈現的人物更加貼近現實。隨著藝術家對結構的把握逐步成熟，對於人體比例的表現已不再盲目的摹古和刻板依賴佛造像的量度標準，而是多以現實人物爲標本。這一時期的人物比例變革，幾乎可以和歐洲文藝復興的人體分割比例相提並論。

　　通過對比可以看出，盛唐時期人物的量度已與達・芬奇的人體比例相近似。將成於 720 年的薛儆墓石槨線刻人物、（圖 6-4-26-B）佛立像的量度（圖 6-4-26-A）與達芬奇的人體比例（圖 6-4-26-C）進行對比，明顯可以看出薛儆墓石槨線刻侍女的身長量度，已與之前的傳統佛的量度儀軌不同，已接近於達・芬奇的七個半頭的正常人體比例。這種變化顯然是中國傳統畫家，在充分理解西式造型觀念的基礎上所呈現的更加注重人物個性表達的寫眞審美風尚。

圖 6-4-26　佛造像、盛唐量度與西方比例對比圖

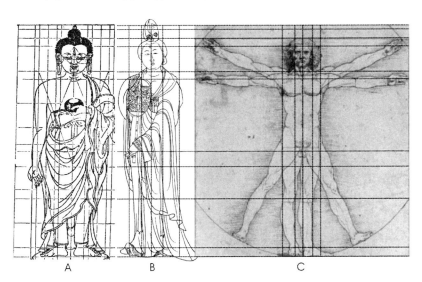

　　A、佛立像的量度圖；B、薛儆墓石槨外壁西向北間壁板線刻；C、達芬奇的人體比例圖。

第五節　士女畫的圖式構建

在唐代高等級墓葬平面圖像中，女性是表現最多的常規性人物類型，顯然屬女士女畫範疇。那麼這種類型的繪畫是唐代所獨有還是秦漢「列女圖」的延續，這是判斷這一繪畫種類價值的需要釐清的重要因素。

「列女圖」原型出自西漢劉向所作的有關訓諫女性行止、德行的著錄，呈漢成帝時並製圖解性繪畫《列女傳頌圖》。自此，「列女圖」成爲標準圖本，餘本見東晉「列女圖」、「列女仁智圖」（宋摹本，藏於北京故宮博物院）、南宋余氏勤有堂「列女傳」等，均是典型繪本。士女〔註129〕畫一詞爲晚唐朱景玄在《唐朝名畫錄》中提出，〔註130〕唐代遺存多爲壁畫圖例，另有文獻記錄和絹質摹本等。

就圖像形式和繪製原則而言，漢魏「列女圖」與唐代「士女畫」在形態基本相同，而在功能上則差別較大。「列女圖」是把人物形象作爲一種觀念的顯現，以形象化爲概念符號，來傳達對理念的認知。而「士女畫」則是通過意蘊來觸動人情感的審美性圖畫。

從文獻記載來看，「列女圖」的形式出現較爲明確，而「士女畫」何時形成則較爲模糊。士女畫的形態爲何，歷觀漢唐繪畫的郭若虛爲此下了定論：

歷觀古名士畫金童玉女及神仙星官中，有婦人形相者，貌雖端嚴，神必清古，自有威重儼然之色，使人見之恭肅，有歸仰之心。今之畫者，但貴其姱麗之容，是取悅於眾目，不達畫之理趣也，觀者察之。〔註131〕

就郭若虛的「古名士畫」與「今之畫者」而言，「士女畫」的形成期限爲唐代，並指明了「士女畫」與魏晉「列女圖」的關鍵性區別。雖然，郭若虛對「今之畫者」的貶義之語稍顯偏頗，但亦說明兩者在藝術本體表現上的差異：「古之畫」以說明爲主，「今之畫」以「悅目」爲上。由此可知，以審美爲主要目的的女性題材繪畫即爲「士女畫」。

〔註129〕單國強先生認爲「士女」一詞在唐代以前即以出現，但並非專指士女畫，見：單國強，古代仕女畫概論，古代書畫史論集，紫禁城出版社，2002：378～379，《洛陽伽藍記·法雲寺》：「四月初八日，京師士女多至河間寺」，此處「士女」意指年輕男女，白適銘先生認爲，「子女」畫意指將婦女、兒童同繪於一圖的繪畫形式。見：白適銘，盛世文化表象——盛唐時期「子女畫」之出現及其美術史意義之解讀，藝術史研究（第九輯），中山大學出版社，2007：7。

〔註130〕〔唐〕朱景玄，唐朝名畫錄，神品一人，（周昉）又畫仕女，爲古今冠絕。

〔註131〕〔宋〕郭若虛，圖畫見聞志，四部叢刊編輯影印本，人民美術出版社，1964：18～19。

一、成立背景

先秦繪畫主要以宗教題材爲主，漢魏亦多延續，並漸漸以敘事形式取代升仙圖式，籍以鞏固皇權「見善足以戒惡，見惡足以思賢」的政治意圖。《畫贊》序言曰：

> 順烈梁皇后諱妠，〔註132〕大將軍商之女，恭懷皇后弟之孫也。後生，有光景之祥。」

> 「少善女工，好史書，九歲能誦論語，治韓詩，大義略舉。常以列女圖畫置於左右，以自監戒。〔註133〕

張彥遠亦認爲「古之繪畫」的目的以戒惡、思賢爲標準：

> 觀畫者見三皇五帝，莫不仰戴；見三季暴主，莫不悲惋；見篡臣賊嗣，莫不切齒；見高節妙士，莫不忘食；見忠節死難，莫不抗首；見放臣斥子，莫不歎息；見淫夫妒婦，莫不側目；見令妃順后，莫不嘉貴。是知存乎鑒者圖畫也。〔註134〕

「圖畫以鑒戒」是漢魏藝術之主要功用。自唐以降，中國傳統人物繪畫幾近成熟，唐人已不僅僅注重人物畫的倫理、教化功用，更需要繪畫給人帶來感觀上的享受。〔註135〕以審美爲目的的繪畫遂成爲藝術表現主題，繪畫的形式與題材愈加豐富。

一個畫科的出現，不僅僅是繪畫自身所決定的，亦取決於其時的社會、政治、經濟等外在條件的推廣及限定。士女畫在唐代發展之快顯於各世，而這種現象的社會背景爲何？從中又傳達出何種特殊的意義？是唐代畫史研究中必須面對的問題。

入唐以來，李氏政權較爲穩定，武周伊始，社會開放，女性地位提高，甚至前朝明令禁止的女著男裝也盛行開來。社會的開放賦予了女性社會地位的提高，甚至可與男子共同參與政治活動。在這種社會氛圍下，漢魏時期以警戒爲目的的「列女圖」，明顯限制了女性個性發展，而現已發現的唐代女性

〔註132〕妠，娶也，音納。

〔註133〕〔漢〕劉向撰，列女傳八篇，圖畫其像。

〔註134〕〔唐〕張彥遠，俞建華注，歷代名畫記，江蘇美術出版社2007；另見：御覽，七百五十一，引歷代名畫記，魏曹植言，案：此條亦「畫贊序」也，張溥題爲「畫說」。

〔註135〕范文南，論「比德」到「暢神」的審美嬗變與唐代典型畫風的演化，南京藝術學院學報（美術與設計版，2006，3：25。

圖像，一改前朝謙卑、內斂的形式，多以挺胸抬頭的挺拔身姿及自信表情呈現。表現出唐之前幾乎不可能出現的女性正面直視和挺胸舒展的形象。不但顯示出社會對女性的寬容，亦體現出女性主動表達自身審美的傾向，這種寬容的社會背景，顯然是「士女畫」成立的重要原因之一。

　　唐代的女性審美觀由漢晉道德精神之美，發展為追求感官之美。〔註136〕南朝後期，社會的主流審美形式已由教誡的社會功能轉向追求感官愉悅。至唐代，隨著社會穩定及經濟復蘇，這種審美趨勢的表現更見強烈。漢晉詩詞中的女性形象描寫多是體現社會道德的標準：

　　　　不惜紅羅裂，何論輕賤軀。

　　　　男兒愛後婦，女子重前夫。

　　　　人生有新故，貴賤不相逾。

　　　　多謝金吾子，私愛徒區區。〔註137〕

　　而在唐代文學描寫中，基本拋棄了表現女性德性美的描述，取而代之的是極力描述女子浪漫之美。甚或在諸多描寫女性的唐詩中，突出描摹了女性身體、形態、姿色、風情、溫軟之美。溫庭筠《菩薩蠻》：

　　　　小山重疊金明滅，鬢雲欲度香腮雪。

　　　　懶起畫蛾眉，弄妝梳洗遲。

　　　　照花前後鏡，花面交相映。

　　　　新貼繡羅襦，雙雙金鷓鴣。〔註138〕

白居易《長恨歌》：

　　　　歸來池苑皆依舊，太液芙蓉未央柳。

　　　　芙蓉如面柳如眉，對此如何不淚垂……

　　　　雲鬢半偏新睡覺，花冠不整下堂來。

　　　　風吹仙袂飄颻舉，猶似霓裳羽衣舞。

　　　　玉容寂寞淚闌干，梨花一枝春帶雨。

　　　　含情凝睇謝君王，一別音容兩渺茫。〔註139〕

　　在不同於前代的唐詩中可以看出，中國傳統女性審美觀念在此時發生了

〔註136〕Biljana Ciric，唐代繪仕女畫及審美風氣的演變，華東師範大學學位論文，2004：14。

〔註137〕郭茂倩編，樂府詩集，第六十三卷，雜曲歌辭三。

〔註138〕全唐詩，第891卷，菩薩蠻。

〔註139〕全唐詩，第435卷，長恨歌。

轉變，女性自身之美已在傳統社會的道德規範之中獨立而出。

　　皇家及貴族的喜好直接影響著整個社會的藝術取向，士女畫在唐代興盛，必然得到了統治階層的推崇。雖然關於此類明確記載幾乎沒有，但從一些史料中亦可發現些許蛛絲馬蹟，或可說明士女畫在當時受到重視。

　　唐代皇帝的攝朝之殿內多設大型屏風，以隔帝臣之間，《舊唐書》載玄宗見安祿山時爲其座前設屛障：

　　　　上御勤政樓，於御坐東爲設一大金雞障〔註 140〕，前置一榻坐

　　之。〔註 141〕

《安祿山事蹟》亦載：

　　　　九載，祿山獻俘入京，方命入此新宅。玄宗賜銀平脫破方八角

　　花鳥藥屏帳一具，方圓一丈七尺；金銅鉸具、銀鑿鏤、銀鎖二具……

　　並全兩內帳設，續賜青羅金鸞、緋花鳥、子女、立馬、雞、袴袍等，

　　屏風六合……〔註 142〕

　　玄宗所賜安祿山之物屬皇家御用品級，〔註 143〕其中的六扇屏風中即有「子女」一屏，可見士女畫是皇家標準畫式之一。既然皇家有此制式，那麼士女畫在整個社會中流行是必然趨勢，以致影響到周邊鄰國也爲之效行。現存於日本奈良東大寺正倉院的「東大寺獻物帳」，記錄了日本勝寶八年（756 年）聖武天皇（701～756 年）駕崩後，皇家將其生前所愛之物獻於東大寺的記載，獻物帳中即有兩處記錄了「子女屏風六扇」的字樣。（圖 6-5-1）

　　從社會學角度而言，士女畫的優雅氣質及安祥景致亦可代表唐代社會的祥和狀態。不論從賜安祿山的屏風或日本聖武天皇遺物之屏風而言，玄宗以「子女屏風」作爲獎勵功臣和饋贈外族的重要禮品，在圖像意義擴充的角度上，說明士女畫同時兼具了玄宗彰顯個人喜好、傳達繁華盛世的印象，甚或是企圖營造大唐國家威權意象的複雜功能。〔註 144〕

〔註 140〕金雞障即爲以金絲織成的金雞圖案屏風或障子。

〔註 141〕舊唐書，卷二百上，中華書局點校本，1975：5368。

〔註 142〕〔唐〕姚汝能，安祿山事蹟（卷上），歷代筆記小說集成——唐代筆記小說（上冊），河北教育出版社 1994：154。

〔註 143〕白適銘，唐代出土西方系文物中所呈現的「胡風文化」——有關「把杯」及其母體文化屬性之思考，中國社會科學院歷史研究所，中國史探究，2007（四六增刊）：57。

〔註 144〕白適銘，盛世文化表象——盛唐時期「子女畫」之出現及其美術史意義之解讀，藝術史研究（第九輯），中山大學出版社，2007：42。

圖 6-5-1　日本奈良東大寺正倉院「東大寺獻物帳」

源自：白適銘，盛世文化表象——盛唐時期「子女畫」之出現及其美術史意義
之解讀，藝術史研究，第九輯，廣東：中山大學出版社，2007：，28。

二、創　立

　　劉芳如在《秀色——摭談中國藝術所塑造的女性》一文中，談到了魏晉
「列女」逐漸向「綺羅、婦人、嬪嬙」等現實性女性形象的轉變現象。〔註
145〕中國古代是男性集權的社會，藝術品的優劣也是由男性的視度來評判。
魏晉南北朝之前的畫家作畫時，往往將自己設定為畫中的男性，並通過畫面
中男性目光來看待所畫的女性形象。而這種目光不單是畫家的審美目光，往
往還帶著畫面中特定身份男性所必須具有的社會性眼光。唐代伊始，教條式
的規誡在前所未有的開放性社會下逐步淡化，繪畫中女性形象所負擔的社會
責任也就無從談起，畫家作畫的動機愈加單純了。表現女性的繪畫隨之發生
了功能的轉變，從功能性、敘事性轉化為單純的審美性質。而一旦女性形象
完全被審美化之後，敘事性繪畫中帶有強烈社會性的男性目光也就顯得多餘

〔註145〕劉芳如，秀色——摭談中國藝術所塑造的女性，故宮文物月刊，2003：241。

了。〔註146〕畫家和觀者可以直接以自己的審美眼光來看待畫面中的女性形象，至此，帶有明顯單純性審美傾向的「士女畫」也就成立了。

由於歷史圖像資料的缺乏，「列女圖」與「士女畫」的劃分，只能從相關文獻的記述來推理士女畫成立時限。文獻中出現最早的以審美爲目地的女性題材繪畫爲東晉葛洪在《西京雜記》卷二中的一段描述：

> 元帝後宮既多。不得常見。乃使畫工圖形。案圖召幸之。〔註147〕

文中所記之後宮美人圖，性質與士女畫基本趨同，但由於儒家觀念的禁錮，並未形成社會風尚。南朝齊梁時期，以麗人、神女等爲題材，以審美爲主旨的人物畫在宮廷中漸盛，但僅限於皇家範圍之內。

唐之前的畫史，關於女性題材繪畫的描寫，並無界定「士女畫」與其他人物畫的分界，或成爲獨立畫科的語言及暗視。沙門彥悰《後畫錄》載：

> 師模顧（愷之）、陸（探微），骨氣有餘。……婦人亦有鳳態。
> 〔註148〕

謝赫《古畫品錄》曰：

> 用意綿密，畫體簡細，而筆跡困弱，形制單省。其於所長，婦人爲最。但纖細過渡，翻更失眞。然觀察詳審，甚得姿態。〔註149〕

裴孝源《貞觀公私畫史》載：

> 上都定水寺、總持寺、西禪寺均有其畫。又有美人圖、屋宇、鬼神傳於代。〔註150〕

其中的「婦人」、「綺羅」、「美人」等描寫畫中女性詞語，並無與畫科相關的隱意。唐代畫論中雖然也未明確以「佛道畫」、「士女畫」等來區別畫科，但從題材及畫家所擅之圖式來看，唐代人物畫的分科已相當細化，〔註151〕畫史中有關女性的詞匯，亦多直指「士女畫」獨立分科的跡象。

〔註146〕〔美〕巫鴻，文丹譯，黃小峰校，重屏——中國繪畫中的媒材與再現，世紀出版集團、上海人民出版社：2009：91。
〔註147〕西京雜記，卷二。
〔註148〕〔唐〕沙門彥悰，後畫錄，隋孫尚孜。
〔註149〕〔南朝〕謝赫，古畫品錄，人民美術出版社，1962：19。
〔註150〕〔唐〕裴孝源，貞觀公私畫史，孫尚子。
〔註151〕〔宋〕郭若虛，俞建華注，圖畫見聞志，江蘇美術出版社，2007：104～105，郭若虛所記五十三人物畫家分別以工畫佛道（道像、人物尊者、鬼神）、士女、鞍馬（藩漢人馬、藩馬）、人物來分列，另有部分畫家以「兼工」、「兼精」「兼長」等詞來列舉，亦可說明人物畫中分科的明確及細化。

《歷代名畫記》卷九載：

> （李湊）尤工綺羅人物，爲時警絕。本師閻令，但筆跡疏散，言其媚態，則盡美矣！（張萱）好畫婦女、嬰兒。有《妓女圖》、《乳母將嬰兒圖》、《按羯鼓圖》……《虢國夫人出遊圖》傳於代。〔註152〕

《歷代名畫記》卷十載：

> （韓嶷）工婦女雜畫，善布色。（戴重席）工子女，極精細。（王朏）師（周）昉畫子女。〔註153〕

《唐朝名畫錄》妙品中載：

> （張萱）嘗畫貴公子、鞍馬屏障、宮苑士女，名冠於時善起草，點簇景物，位置亭臺，樹木花鳥，皆窮其妙。又畫長門怨詞，擄思曲檻亭臺，金井梧桐之景也。又畫《貴公子夜遊圖》、《宮中七夕乞巧圖》、《望月圖》，皆多幽思，愈前古也。畫士女乃周昉之倫。
>
> （陳閎）善寫眞及畫人物士女，本道薦之於上國。明皇開元中召入供奉……又有士女，亦能機織成功德佛像，皆妙絕無比。惟寫眞入神，人物士女，可居妙品。（周昉）又畫士女，爲古今冠絕……其畫佛像，眞仙、人物、士女，皆神品也；惟鞍馬、鳥獸、草木、林石，不窮其狀。〔註154〕

《唐朝名畫錄》能品下載：

> （王朏）士女之特善也。（蕭溱）士女之特善也。（張涉）士女之特善也。（張容）士女之特善也。〔註155〕

上述描寫中，唐代人物畫中已有了明顯的細分，朱景玄描述周昉的擅長時，將「人物」與「士女」並列，足見「士女畫」已經獨立成科。此外，單從畫史中所記之畫名而言，已無類似「列女圖」的教誡之感，取而代之爲描寫世俗生活的題名。

「士女畫」的新視覺表現形式初建，是與以往傳統功能性人物畫對立而生。注重人物形象的個性表現及獨立審美因素，這種純粹的審美表現，使觀者能夠更加直觀的體會女性形象的美感。初唐的「士女畫」多是單體人物，開元以降，隨著對形象塑造能力的提高，畫家已不滿足於簡單的畫面表現形

〔註152〕歷代名畫記，唐朝上。
〔註153〕歷代名畫記，卷十下。
〔註154〕唐朝名畫錄，唐妙品中。
〔註155〕唐朝名畫錄，能品下。

式，逐步加入花卉、風景背景及人物疊加，使畫面增加了情趣感，並在其中加入了一些情節性表現因素。如永泰公主墓石槨人物線刻的花卉、人物疊加圖像等。（圖 6-5-2）特別是出土於西安南郊南里王村韋氏家族墓地的《六扇士女屏風》、（圖 6-5-3）阿斯塔納第三區四號唐墓〔註156〕出土的《樹下婦人及女侍》殘片（編號：Ast.iii.4.010 a.）和《花下游樂屏風》殘片（編號：Ast.iii.4.010 b-j.），〔註157〕顯然已脫離了早期士女畫的簡單表現方式，人物與環境更具交融效果。

圖 6-5-2　永泰公主墓石槨外壁北向東間

李杰摹

〔註156〕1、斯坦因爵士根據該墓出土文書中的相關紀年，推斷此墓應建於神龍至開元年間，斯坦因爵士將「花下游樂屏風」命名爲「春之樂祭」（A musical festival in honour of spring），見：劉凌滄，唐代人物畫，中國古典藝術出版社，1958：68～69。；2、從圖中婦女服飾來看，屬 8 世紀 20 年代流行裝扮，見：白適銘，盛世文化表象——盛唐時期「子女畫」之出現及其美術史意義之解讀，藝術史研究（第九輯），中山大學出版社，2007：15～16。
〔註157〕〔日〕岡崎敬，アスタアナ古墳の研究——スタンイン探檢隊の調査を中心として——，東西交涉の考古學，平凡社，1973：112～119。

圖 6-5-3　西安南里王村韋氏家族墓地出土「六扇士女屏風」

源自：神韻與輝煌──陝西歷史博物館國寶鑒賞‧唐墓壁畫卷：227～229。

三、形式結構

　　魏晉南北朝時期，由於大型佛教建築的介入，「中國的建築結構開始由土木混合結構向全木架結構演進，夯土牆體由主要的承重部件向構成建築的外圍護體方向轉化，屋面的荷載及梁架的支撐體系多由木架構的柱子來承受，」〔註158〕從而增大了房屋的內部空間結構。建築空間的增高加大，就需要在內部分割區域空間，而屏障的應用解決了室內空間分割的便利。

　　《唐朝名畫錄》載，以畫士女畫聞名的盛唐畫家張萱常畫「屏障」，「屏障」亦爲屏風。是唐代貴族居室中的重要陳設品，更是展示紙絹繪畫的主要載體，玄宗賜於安祿山的「子女」畫與聖武天皇所遺的「子女」畫其載體均爲屏風。屏風的單列平分式構圖形式直接借用了魏晉長卷繪畫的分段式構圖結構，這種屏風式構圖在魏晉南北朝時期的就有所表現，例如，河南洛陽出土北魏寧懋石室的壁板線刻（圖 6-5-4）既是以線刻的建築樑柱來區分開三幅獨立畫面；北齊天保二年（551 年），崔芬墓墓室北壁左下角壁畫中亦繪有一組屏風式人物。〔註159〕

　　現已發現最早的唐代實物屏風是出土於新疆阿斯塔納 230 號唐代張禮臣（665～702 年）夫婦合葬墓中的六扇《樂舞屏風》。（圖 6-5-5）由於此屏風殘

〔註158〕呂小燕，淺析北朝屏風及屏風式壁畫的藝術設計，蘇州大學學位論文，2008：13。
〔註159〕洪再新，中國美術史圖像手冊──繪畫卷，中國美術學院出版社，2005：84。

片資料尚未全部公佈，金維諾先生認為被大古光瑞帶至日本的《胡服美人圖》亦是六扇《樂舞屏風》之一。〔註 160〕白適銘先生根據人物的動態，分析此屏風繪「舞伎一人及樂伎三人，其餘二人不詳」。〔註 161〕

圖 6-5-4　北魏寧懋石室後壁板線刻

源自：〔美〕巫鴻，鄭岩等譯，禮儀中的美術，生活・讀書・新知三聯出版社，2005：686。

圖 6-5-5　新疆阿斯塔納 230 號唐代張禮臣（665～702 年）夫婦合葬墓出土六扇「樂舞屏風」

白適銘復原，源自：白適銘，盛世文化表象——盛唐時期「子女畫」之出現及其美術史意義之解讀，藝術史研究，第九輯，中山大學出版社，2007：9。

〔註 160〕金維諾、衛邊，唐代西州墓中的絹畫，文物，1975，10：26。
〔註 161〕白適銘，盛世文化表象——盛唐時期「子女畫」之出現及其美術史意義之解讀，藝術史研究（第九輯），中山大學出版社，2007：9。

目前所發現的唐墓中，繪有屏風圖像的墓葬共有三十二座，其中關中地區十七座，其他地區十五座。（表 6-3）唐墓中出現的大量屏風樣式，目的是營造墓主生前現實的家居場景，〔註162〕反映出屏風在唐代貴族社會生活中應用之廣泛。就其構圖形式而言，屏風的構架與唐代墓室壁畫中的人物平行分列形式如出一轍。

表6-3：繪有屏風的唐代壁畫墓統計表

關 中 地 區			其 他 地 區		
墓主	年代	位置、數量	墓主	年代	位　置
執失奉節	顯慶三年658年	墓室北壁繪有舞女圖像的聯扇屏風現僅存留下一扇。	寧夏固原梁元珍	聖曆二年699年	墓室西、北壁各繪五扇屏風。
王善貴	總章元年668年	墓墓室東、北、西三壁分別繪有五扇屏風。	太原金勝村4號唐墓	高宗～武周	墓室西、東、北壁繪八扇屏風。
李勣	咸亨元年670年	墓室北壁西面與西壁北面繪六扇屏風。	太原金勝村5號唐墓	高宗～武周	墓室繞棺繪八扇屏風。
燕妃	咸亨二年671年	後室北壁西側西壁和南壁西側繪有十二扇屏風。	太原金勝村6號唐墓	武周	墓室繞棺繪六扇屏風。
元師獎	垂拱二年686年	墓室四壁繪二十二扇屏風。	山西太原金勝村焦化廠7號唐墓	高宗～武周	墓室東壁中間至北壁東部繪四扇屏風，西壁中間至北壁西部繪四扇屏風。
韋浩	景龍二年708年	後室西壁繪連扇屏風，現存五扇。	山西太原新董茹村趙澄墓	萬歲登封元年696年	墓室繞棺繪八扇屏風。
節愍太子	景雲元年710年	墓室西壁、北壁西側及南壁西側繪十二扇屏風。	太原金勝村337號唐墓	高宗～武周	墓室東、北、西壁繞棺繪四扇屏風。
韋慎	開元十五年727年	墓室西壁繪六扇屏風。	山西運城薛儆	開元九年721年	墓室西壁現存一扇、北壁現存二扇。

〔註162〕李星明，唐代墓室壁畫研究，陝西人民出版社，2005：167。

蘇思勖	天寶四年745年	墓室西壁繪六扇屛風。	山西太原晉源鎮溫神智	開元十八年730年	墓室繞棺繪六扇屛風。
高力士	寶應元年762年	墓室東壁及西壁各繪六扇屛風。	河南安陽趙逸公	太和三年829年	墓室西壁繪三扇聯屛。
韓氏	永泰元年765年	墓室西壁繪六扇屛風。	北京海淀王公淑夫婦	開成三年846年	墓室北壁僅存一扇。
唐安公主	興元元年784年	墓室西壁繪獨扇屛風。	湖北鄖縣李徽	聖嗣元年684年	墓室西、北壁各繪三扇屛風。
梁元翰	會昌四年844年	墓室西壁繪連扇屛風，現僅存兩扇。	新疆阿斯塔那38號唐墓		墓室繪六扇屛風。
高克從	大中元年847年	墓室西壁繪連扇屛風。	新疆阿斯塔那 216 號唐墓		墓室繪六扇屛風。
楊玄略	咸通五年864年	墓室西壁繪連扇屛風。	新疆阿斯塔那 217 號唐墓		墓室繪六扇屛風。
富平呂村鄉朱家道村唐墓		墓室北壁西側、東側繪獨扇屛；西壁繪六扇屛；南壁西側繪獨扇屛風。			
西安南里王村韋氏家族墓		墓室西壁繪六扇屛風。			

　　屛風式的平行分列式組合形式，在唐墓甬道兩壁的壁畫和石槨（圖 6-5-6）中多有應用。如唐節愍太子墓前甬道西壁及第二過洞東壁的侍女壁畫，其平行分列形式極其明顯；新城長公主墓第五過洞西壁（圖 6-5-7）和一九七八年發掘於山西太原市金勝村焦化廠的七號唐墓的墓室西壁壁畫，利用殿宇立柱來分割各組人物，形成多聯屛風式樣。通過考古資料和史料所載，基本可以確認，平行分列式組合形式是唐代士女畫的主要構圖形式。

　　「列女圖」從漢魏的戒鑒功能圖式發展到唐代注重獨立審美性質的「士女畫」圖式，展現出中國傳統藝術從表現哲學觀念向藝術的審美屬性轉化的過程。從早期「以形寫神」的形神論發展至「韻外之致」、「味外之旨」的審美意境論觀念，標誌著中國傳統繪畫藝術獨立審美價值的明確。

圖6-5-6　新城長公主墓第五過洞西壁壁畫

源自：陝西考古研究院，壁上丹青：陝西出土壁畫集，下，科學出版社，
2009：224。

圖6-5-7　韋項墓石槨人物線刻分佈形式

李杰摹

第六節　密體與疏體

一、密體向疏體轉化的精神依據

　　魏晉人物畫的突出特點主要表現為一種圓形波狀線的行筆方式，這種「循環超乎」的弧形線，對塑造畫面中人物的飄動感起到了至關重要的作用，並且，線條之間的往復運行，使得線形之間具有了一定的空間感。但是，這種圓形的往復曲線線形，從視覺上又具有強烈的封閉性及向內收縮的傾向，這與當時魏晉動盪、狹隘的社會狀態有著極其切合的關聯性。進入唐代，隨著皇權的鼎盛，社會結構發生的極大的變化，開放的社會風氣使得唐人心胸廣闊、豁達，這也反映在唐代繪畫作品之中。從唐代人物畫中，可以看出所繪人物的形象及線形都有一種向外擴展的「具有傾向性的張力」。〔註163〕在這兩種視覺現象中反映出兩種極具差異的繪畫風格，也就是我們常說的「密體」與「疏體」區別。

　　在歷代畫論中對於「密體」和「疏體」都是單獨議論，並未對兩者的關係進行關聯，以至於我們今天只是知道兩者具有時間上的先後，而兩者之間是否具有沿承的關係，則相對比較模糊。上世紀 70 年代，黃苗子先生在對唐代壁畫遺存進行研究後指出，「如果沒有之前畫家在繼承密體，並向疏體發展所取得的成就，「吳家樣」也就無從談起。」〔註164〕從而，明確了魏晉流行的密體畫法與唐代所尚的疏體畫法具有密切的沿承關係。其實，如果將在歷代畫論的主導思想進行穿連，「密體」向「疏體」轉化的觀念則會更加明晰。

　　歷史為後世提供的研究素材永遠都是片面的。當我們用視覺的方式研究某一歷史時期的繪畫風格時，不可避免的套上現代人的眼光，我們可將這種方式姑且稱為「想像的方式」（稱想像的方式比稱視覺的方式更為可取）。〔註165〕當我們用想像的觀看方式來看某段歷史時期的繪畫形式，（我們所瞭解的藝術形式是由古代至當代的藝術集合體）我們應避免用現代人的思維方式來看待這個時期的作品。而應當用推展的眼光去認識那個時代，有什麼樣的藝術精神和繪畫形式可供其時的創作者來選擇，只有將其放到歷史

〔註163〕〔美〕魯道夫，阿恩海姆，滕守堯、朱疆源譯，藝術與視知覺，四川人民出版社，2006：568。
〔註164〕黃苗子，唐壁畫瑣談，文物，1978：73。
〔註165〕〔瑞士〕H‧沃爾夫林，潘耀昌譯，藝術風格學，遼寧人民出版社，1987：11。

的長河中的特定時期來看待。因此在對美術史的考察中，只有進入其歷史的特定氛圍當中，才能對其意義和風格進行相對客觀的闡釋。

當我們將魏晉南北朝與唐代的繪畫和古藝術理論連貫起來，放在一起，以時代為連線組成一組連貫畫卷時，我們就能發現這個特定時期的一個以密體向疏體演進的時代脈線。那麼，為什麼會在這個時期出現由密體向疏體演進？又是什麼樣的動力促使其轉化？基於此點，我們不妨將這一時代的思想理論進行一下梳理，將其放在一個流變的程式裏，並與現存的圖像資料相對應，或許可以尋找出密體向疏體轉化的內在驅動力。

張彥遠在《歷代名畫記》中謂顧愷之在建康瓦棺寺所繪《維摩詰像》的形態是：

> 清羸示病之容，隱几忘言之狀。〔註166〕

而唐代維摩詰被描繪成：「鬚眉奮張，目光如炬，智慧過人的老人形象。」〔註167〕將分屬魏晉和唐代的兩幅同一題材的維摩詰畫像進行對比，從中也反映出兩個時代的社會態度。除了社會形態對繪畫的影響之外，最為關鍵的是，隨著中國古代的哲學觀念及繪畫理論的逐步演進提升，使得繪畫勢必會隨之而尋求新的法度。

張彥遠在《歷代名畫記》中，從畫面的直觀感受上，指出了密體與疏體的區別：

> 顧、陸之神，不可見其盼際，所謂筆跡周密也。張、吳之妙，
> 筆才一二，象已應焉。

並加以解釋：

> 顧愷之之跡，緊勁連綿。
>
> 其後陸探微亦作一筆劃，連綿不斷。
>
> 張僧繇點曳斫拂，依衛夫人筆陣圖，一點一畫，別是一巧。
>
> 吳宜為畫聖，神假在造，英靈不窮。眾皆密於盼際，我則離披
> 其點畫；眾皆僅於象似，我則脫落其凡俗。

1、魏晉的繪畫理論基礎——六法

藝術作品一經產生便不可避免的要面對觀者。觀者的身份大致有兩種，

〔註166〕〔唐〕張彥遠，俞建華注，歷代名畫記，江蘇美術出版社，2007：119。
〔註167〕王伯敏，中國繪畫史，上海人民美術出版社，1982：180。

－362－

一種是鑒賞家，他們對於視象的時代性情境更感興趣。另一類是藝術家，他們往往試圖用某種方式擺脫前人視象的風格影響，得以產生自己的面貌，續寫風格的歷史。第一類觀者以文字相傳，第二類的觀者則見諸於其本人的藝術作品。

　　繪畫作爲圖像表達的一種方式。作爲一種精神的載體，其「圖像」與作者本人、藝術史家的評價產生了密切的關係，這種關係影響著作品本身價值的體現。作者群體的繪畫理念及流變狀態決定了作品本身的表達方式，由此，我們首先從繪畫的直觀現象剝離開來。將古代的繪畫和鑒賞理論作爲一個獨立的系統，並以時間爲總線將其進行串聯、梳理並找出其發展規律及精神追求的軌跡。

　　中國最早將品評與畫理進行整合的是南齊（479～520 年）的謝赫，他的《畫品》是中國古代第一部對繪畫作品、作者進行品評的理論文章。文中首先提出繪畫的社會功能：

　　　　明勸誡，著升沉，千載寂寥，按圖可鑒。〔註168〕

　　這一點，顯然是發展了曹植「存乎鑒者，圖畫也」〔註169〕的思想理念，明確指出繪畫創作與政治的密切相關性，這也決定了畫家創作的題材範圍、關注角度，也限定了繪畫形式的發展軌跡。而他對中國藝術史的最大貢獻是總結出了繪畫創作的「六法」論。從創作主體而言，六法的提出，是結合前人繪畫思想而總結出的完整繪畫理論及技法的專業要求，在繪畫發展史上具有里程碑的重要意義。六法即：

　　　　「一氣韻生動；二骨法用筆；三應物象形；四隨類賦彩；五經
　　　營位置；六傳移摹寫」。

　　「氣韻生動」是把人物的精神狀態和性格特徵，藝術的表達出來，也是當時對繪畫最高境界的表述；「骨法用筆」有多種解釋，指人體的「骨相」、指畫的骨架、指線條的運用等等，相對較典型的說法是指通過對人物外表的描繪而反應人物特徵的用筆法則；「應物象形」、「隨類賦彩」、「經營位置」是指造形、色彩、構圖的繪畫標準；「傳移摹寫」則是指繪畫學習當中的臨摹與複寫。

　　我們將六法進行一下標點變化，便可更直觀的理解它：

〔註168〕（南齊）謝赫，畫品。
〔註169〕《御覽》七百五十一引《歷代名畫記》魏曹植言。案：此條亦《畫贊序》也，
　　　　張溥題爲《畫說》。

> 氣韻，生動是也；
>
> 骨法，用筆是也；
>
> 應物，象形是也；
>
> 隨類，賦彩是也；
>
> 經營，位置是也；
>
> 傳移，模寫是也。〔註170〕

按照謝赫品評標準的秩序，六法爲：「一氣韻生動；二骨法用筆；三應物象形；四隨類賦彩；五經營位置；六傳移摹寫」。這是觀者看待繪畫高下的標準。當我們將其轉換一下視角，將其對應在作爲創作主體的畫家身上時，它的排序規律應是：

> 一傳移摹寫、二經營位置；三隨類賦彩；四應物象形；五骨法
> 用筆；六氣韻生動。

於是，「六法」也就變成了一個畫家由逐步掌握技法繼而達到「氣韻生動」境界的繪畫經歷寫照。畫家依據自己所要達到的「氣韻生動」的目標，運用自己所習慣的感知思維，從自然事物中攝取容易在自己的頭腦中引起共鳴的信息，並對這些採擷而來的信息結合自己運用自如的技法，使技法表現與心性對位結合得以以再度創作，達到自己所想像的繪畫情境。因此就創作者本體的角度而言，六法對創作的意義更加明確。

「傳移模寫」——傳移，模寫是也。

其指的是臨習自然和臨摹作品。傳，移也；或解爲傳授、流佈、遞送。模，法也；通摹、摹仿。寫亦解作摹。《史記》始皇本紀說：「秦每破諸侯，寫仿其宮室」。繪畫上的傳移流佈，靠的是模寫。謝赫亦稱之爲「傳寫」：「善於傳寫，不閒其思」。其實早在《漢書》師丹傳中就有了「傳寫」二字：「令吏民傳寫，流傳四方。」把模寫作繪畫美學名詞肯定下來，並作爲「六法」之一，表明謝赫對這一技巧的重視。

「經營位置」——經營，位置是也。

構圖也，經營原意是營造、建築，應劭（約153～196年）在《詩・大雅・靈臺》云：「經始靈臺，經之營之」。〔註171〕經是度量、籌劃，營是謀畫。謝

〔註170〕參見：錢鍾書，管錐編，第四冊論，生活、讀書、新知三聯書店，2000。
〔註171〕〔東漢〕應劭，風俗通義全譯，卷一，詩・大雅・靈臺文，貴州人民出版社，1998。

赫藉此來比喻畫家作畫之初的布置構圖。「位置」作名詞講，指人或物所處的地位；作動詞，指安排或布置。謝赫語毛惠遠「位置經略，尤難比儔」，唐代張彥遠把「經營位置」連起來讀，「位置」就漸被理解爲動賓結構中的名詞，並把安排構圖看作繪畫的提綱統領：「至於經營位置，則畫之總要」。這一解釋實際上代表了傳統繪畫理論的基本認識觀。位置須經之、營之，或者說構圖須費思安排，實際把構圖和運思、構思看作一體，這是深刻的見解。

　　「隨類賦彩」——隨類，賦彩是也。

　　敷色也。賦通敷、授、布。賦彩即施色。隨類，可解作隨物。劉勰在《文心雕龍》物色曰：「寫氣圖貌，既隨物以宛轉」。〔註172〕這裡的「類」作「品類」即「物類」。漢王延壽《魯靈光殿賦》曰：「隨色象類，曲得其情」。〔註173〕隨色象類，可以解作色彩與所畫的物象相似。隨類即隨色象類之意，同於賦彩。

　　「應物象形」——應物，象形是也。

　　是指畫家的描繪要與所反映的對象形似。「應物」二字，早在戰國時代就以出現，《莊子》知北遊云：「其用心不勞，其應物無方」。〔註174〕《史記》太史公自序：「與時遷移，應物變化」，〔註175〕「應物」在這裡包涵著人對相應的客觀事物所採取的應答、應和、應付和適應的態度。東晉僧肇曰：「法身無象，應物以形」，〔註176〕是說佛無具體形象，但可以化作任何形象，化作任何相應的身軀。對於畫家而言，應物就是刻畫出對象的形態外觀。這一點，早於謝赫的畫家宗炳就以「以形寫形，以色貌色」來加以說明。〔註177〕在六法中，象形問題擺在第三位，表明在南北朝時代，繪畫美學對待形似、描繪對象的眞實性很重視。但又把它置於氣韻與骨法之後，這表明當時的藝術家已經基本把握了藝術與現實、外在表現與內在表現的關係。將其放在魏晉時期

〔註172〕〔南朝〕劉勰，文心雕龍，物色篇，上海中原書局，1926。

〔註173〕〔漢〕王延壽，魯靈光殿賦。

〔註174〕莊子，外篇十五，知北遊。

〔註175〕〔西漢〕司馬遷，史記，卷一百三十，太史公自序，中華書局，2006。

〔註176〕僧肇（384～414），中國東晉著名的佛教高僧、學者、理論家。俗姓張，爲京兆（今陝西西安）人。原崇信老、莊，讀《維摩經》，欣賞不已，遂於鳩摩羅什門下出家，爲羅什的得意門生，被稱爲「法中龍象」。他擅長般若學，講習鳩摩羅什所譯三論，被稱爲羅什門下「四聖」或「十哲」之一，人亦稱爲「解空第一」。

〔註177〕〔宋〕宗炳，畫山水序——敘畫，人民美術出版社，1985。

的歷史觀念裏，「應物象形」在六法中所處的位置應是恰當的。

「骨法用筆」——骨法，用筆是也。

「骨法」最早是相學的概念，後來成為人們觀察人物身份和特徵的法則，流行於漢、魏。魏晉的人物品藻，除了「風韻」一類詞外，常用的就是「骨」「風骨」一類的評語。如「王右軍目陳玄伯『壘塊有正骨』」、「羲之風骨清舉也」。〔註178〕「骨」字是一個比喻性的概念，「骨」「骨力」乃借助比喻來說明人的內在性格和外在表現的對應關係。劉勰《文心雕龍》曰「風骨」：「結言端直，則文骨成焉」〔註179〕。書論上用「骨」字，如「善筆力者多骨，不善筆力者多肉」〔註180〕等，指的是力量、筆力。繪畫評論中「骨」的出現始於顧愷之《論畫》評《漢本紀》：「有天骨而少細美」；評《周本紀》：「重疊彌綸有骨法」等。〔註181〕此中的「天骨」、「骨法」與中國古代的相學有著密切聯繫，均指人物的自然骨相所體現出的精神、氣質。而謝赫所說的「骨法」則主要顯示為以線的準確性、力量感和變化來體現所繪對象的形象、結構、情感。同時他還以「骨法」來說明用筆的藝術性，和用筆的結構、力度等表現力。可以在其「用筆骨梗」、「動筆新奇」、「筆跡困弱」、「筆跡超越」諸論述中看出。〔註182〕謝赫後，骨法之說成了歷代品評的重要準則之一。

「氣韻生動」——氣韻，生動是也。

何為氣，孟子在論述人與自然的關係上總結為：「其為氣也，至大至剛，以直養而無害，則塞乎天地之間。其為氣也，配義與道，無是，餒也」。〔註183〕謝赫在其理論中，借用老子的「氣」，創立了中國藝術的最高標準「氣韻」學說，並對27位歷代名人畫家進行了品評。

〔註178〕〔南朝宋〕劉慶義，世說新語，齊魯書社，2007。
〔註179〕〔南朝〕劉勰，文心雕龍，物色篇，上海中原書局，1926。
〔註180〕〔晉〕衛鑠，筆陣圖，衛鑠（272年～349年）女，字茂漪，世稱衛夫人，河東安邑（今夏縣尉郭鄉蘇莊）人。卒於永和五年，享年七十八歲，她是汝陰太守李矩之妻，出生一個書香世家，我國書法家衛覬之曾孫女、衛瓘孫女、叔父衛恆，都是大書法家，工隸書和正書（楷書），尤善規矩，關於她的師承關係，據《法書要錄·傳授筆法人名》說，蔡邕傳之崔瑗以及蔡女文姬，蔡文姬傳之鍾繇的，相傳正書始於漢代，到了鍾繇手中，書寫法度已日趨完善，為正書之祖，而衛鑠妙傳其法。唐人韋續在《墨藪》中更是對她推崇備至，稱讚說：「衛夫人書，如插花舞女，低昂芙蓉，又如美女登臺，仙娥弄影，又若紅蓮映水，碧沼浮霞。」
〔註181〕參見：陳傳席，六朝畫論研究，天津人民美術出版社，2006。
〔註182〕參見：陳傳席，六朝畫論研究，天津人民美術出版社，2006。
〔註183〕北京大學哲學系中國哲學史教研室，中國哲學史教學資料選輯，上：92。

所用「氣」六處：

> 衛協：雖不該備形妙，頗得壯氣。
>
> 張墨，荀勗：風範氣候，極妙參神，但取精靈，遺其骨法。
>
> 顧駿之：神韻氣力，不逮前賢，精微謹細，有過往哲。
>
> 夏瞻：氣力不足，而精神有餘。
>
> 晉明帝：雖略於形色，頗得神氣。
>
> 丁光：雖善各蟬雀，而筆跡輕羸，非不精謹，乏於生氣。

用「韻」四處：

> 陸綏：體韻遵舉拂，動筆皆奇。風采飄然一點一拂，動筆皆奇。
>
> 毛惠遠：力遵雅韻，超邁絕倫。
>
> 戴逵：情韻連綿，風趣巧拔。

「氣韻」與「生動」既有其獨立的內涵，又兼具連貫的互動性和互補性，它即與人的本質最爲接近，又是一個模糊多變的概念。歷代對於「氣韻」之說一直存在多義的解釋。

較爲典型的說法，「氣韻」是人們的藝術實踐達到一定的境界時，在人的思維裏產生的一種反應，這種反應與個體的經歷、經驗、學識、修養、年齡、環境、情緒等有著必然聯繫。這種聯繫，由作爲繪畫作品的客體所承載，但卻被觀者所感知。由於「氣韻」是由繪畫創作者的心性使然，它對於觀者的品評具有不確定的差異性，這種感知雖然由作品所撥發，但卻被觀者所確認。兩者所產生的印象大多不同，甚至迥異。而由此產生的創作與觀看的差異是永遠無法消弭的。

謝赫的氣韻論是在傳神論的基礎上提出來的，六法是前人經驗的總結。東晉顧愷之〔註184〕的《畫論》、《摹拓妙法》、《畫雲台山記》爲六法的提出作了理論上的前期預備。氣韻與傳神在說明人物形象的精神特質這一根本點上是一致的，但「傳神」一詞在顧愷之乃至後人得認識中，多指人物的面部尤

〔註184〕顧愷之（348年～409年）字長康，小字虎頭，晉陵無錫（今江蘇無錫）人，義熙初官散騎常侍，博學多藝，工詩賦、書法，尤善繪畫，凡人物、佛像、禽獸、山水皆能。時有「才絕、畫絕、癡絕」之稱。畫師法衛賢，行筆細勁連綿，如春蠶吐絲，行雲流水，出之自然。畫人物尤善點睛，自云：「四體妍蚩，本無關於妙處；傳神寫照，正在阿堵（六朝人口語「這個」，即指眼珠）之中。」唐張彥遠評其畫：「意存筆先，畫盡意在」，精通畫論，著有《論畫》、《魏晉勝流畫贊》、《畫雲台山記》等書行世。他提出的「遷想妙得」、「以形寫神」等著名論點，對中國繪畫的發展有深遠影響。

其是眼睛所傳達的內在情性，而氣韻則更多是指人物的整體所傳達的內在情性，或可說氣韻既是人的內在情性的外在化。

在謝赫時代，氣韻作為品評標準和創作標準，主要是看作品對客體的風度韻致描繪再現得如何，而後漸漸涵容進更多主體表現的因素，氣韻則漸漸顯示為主客體融一的形象形式的總和內在特質。我們將顧愷之理論中的關鍵詞，與六法進行對比便能看出其相關的延承關係：

顧愷之畫論		謝赫六法
傳神	——————	氣韻生動
以形寫神	——————	應物象形
骨法、用筆	——————	骨法用筆
用色	——————	隨類賦彩
置陳佈勢	——————	經營位置
模寫要法	——————	傳移摹寫

南北朝時期，中國的文化環境正處在「親自然、斥儒術、尚清談、崇老莊」的文化狀態。〔註185〕魏晉之交，以清談為代表的老莊思想漸漸佔據人們的思想高地，在排斥儒家階級觀念的同時，更趨向感性的玄妙世界。南北朝時期，由於長期的戰亂及政治的禁錮，使人們更加嚮往山林自然，追求自由、玄空境界，由此更增加了對藝術創作的強烈欲望。老莊思想和玄學的介入，賦予了繪畫更為豐富的精神內涵，在此過程中，中國繪畫從對現實物象的臨摹表現逐步進入對再現事物生命本質的關注及傳達。並由此奠定了中國繪畫的基本藝術主旨──對生命本質的抒發，由此也樹立了中國古代繪畫理論體系的精神要旨。

2、繪畫理論的精神體現──三品

魏晉時期繪畫理論空前繁榮，這時期不僅出現了如《畫品》這樣的系統性的繪畫理論著作，還形成了一系列人物繪畫美學範疇，範疇的形成，表明了人物繪畫學科門類的成熟，表明繪畫美學在這個時期已形成基本理論形態。晉末時期，人的主觀因素已明顯增強，從對人的氣質、精神的探求，為繪畫本質上的認識注入了更多的主觀意識。

謝赫之後的唐代繪畫理論家張懷瓘在其《畫斷》中將六法進行了更加具

〔註185〕彭修銀，中國繪畫藝術論，山西教育出版社，2001：64。

體的延伸和提升。張懷瓘在其《畫斷》中將繪畫分爲神、妙、能三品，可惜《畫斷》久已亡佚，其遺文見於唐朱景玄《唐朝名畫錄序》中所引用的三品說。

《書斷》共上、中、下三卷。上卷卷首一篇自序，序後列總目，總目後逐一敘述書之十體源流，各繫以評贊，終爲總論。中卷和下卷羅列古今書家，從黃帝時蒼頡起，迄至唐代盧藏用止，3200多年間共 86 人，分神、妙、能三品，各列小傳，傳中附錄 38 人。卷末有通評一篇。

今於三品中各錄一人爲例，以瞭解他如何確定書品等第：

> 神品。張芝，字伯英，敦煌人。火煥，爲太常，徙居弘農華陰。伯英名臣子，幼而高操，勤學好古，經明行修。朝廷以有道徵，不就。故時稱張有道，實避世潔白之士也。好書，凡家之衣帛皆書，而後練。尤善章草，書出諸杜度。崔瑗云：「龍驤豹變，青出於藍。」又創爲今草，天縱龍異，率意超曠，無惜是非。若清澗長源，流而無限，縈回崖谷，任於造化。至於蛟龍駭獸，奔騰拏攫之勢，心手隨變，窈冥而不知其所知，是謂達節也已。精熟神妙，冠絕古今，則百世不易之法式。不可以智識，不可以勤求，若達士遊乎沉默之鄉，鸞鳳翔乎大荒之野。韋仲將謂之草聖，豈徒言哉！遺跡絕少，故褚遂良云：「鍾繇、張芝之跡，不盈片素。」韋誕云：「崔氏之肉，張氏之骨。其章草《金人銘》，可謂變化至極。」羊欣云：「張芝、皇象、鍾繇、索靖，時並號書聖。然張勁骨豐肌，德冠諸賢之首。」其斯爲當矣。其行書則二王（王羲之、王獻之）之亞也。又善隸書。以獻帝初平中卒。伯英章草、行入神，隸書入妙。

> 妙品。衛夫人，名鑠，字茂猗。廷尉展之女，弟恒之從女，汝陰太守李矩之妻也。隸書猶善規矩。鍾公云：「碎玉壺之冰，爛瑤臺之月，宛然芳樹，穆若凌風。」右軍（王羲之）少常師之。永和五年卒，年七十八。子充爲中書郎，亦工書。先，有扶風馬夫人，大司農皇甫規之妻也。有才學，工隸書。夫人寡，董卓聘以爲妻，夫人不屈，卓殺之。

> 能品。盧藏用，字子潛，京兆長安人。官至黃門侍郎。書則幼尚孫（過庭）草，晚師逸少（王羲之）。雖關於工，稍閒體範。八分制，頗傷疏野。若況之前列，則有奔馳之勞。如傳之後昆，亦有規

矩之法。子潛隸、行、草入能。〔註186〕

關於神、妙、能三品，各依什麼尺度進行品評，讀了上列三例，似乎讓我們更加難以捉摸。結合他在三品後的總評，我們即可清晰的看出三品與六法的對應關係：

> 一、推其大率，可以言詮。
>
> 二、齊聖齊深，妙各有最。
>
> 三、藝成而下，德成而上。〔註187〕

「深識書者，惟觀神采，不見字形。若精意玄鑒，則物無遺照，何有不通。」既是說對書法有深邃認識的人，不是只注重字形，更重要的是如何審視書之內在精神。將此理論平移至繪畫系統中，以「三品」與六法相對應，不難看出它們之間的相通之處：「神品」對應「氣韻生動」之境界；「妙品」對應「骨法用筆」之精妙；「能品」對應已具備可能達到「氣韻生動」的一系列基礎技法要求。

3、有意與無意的轉化

（1）「有意」階段

在魏晉的哲學觀念中，以魏晉玄學理論家的「意象」學說最爲代表。

> 夫象者，出意者也。言者，明象者也。言者，明象者也。盡意莫若象，盡象莫若言。言出於象，故可尋言以觀象；象生於意，故可尋象以觀意。意以言盡，象以言著。故言者所以明象，得象而忘言；象者所以存意，得意而忘象。……是故，存言者，非得象者也；存象也，非得意者也。象生於意而存象焉，則所存乃非眞象也，言生於象而存言焉，則所存乃非眞言也。然則，忘象者，乃得意者也，忘言者，乃得象者也。得意在忘象，得意在忘言。故立象以盡意，而象可忘也；重畫以盡情，而畫可忘也。〔註188〕

〔註186〕參見：〔唐〕張懷瓘，書斷，臺灣商務印書館影印文淵閣本，2008。

〔註187〕參見：〔唐〕張懷瓘，書斷，臺灣商務印書館影印文淵閣本，2008。

〔註188〕〔晉〕王弼，周易略例‧明象，王弼（226～249 年），魏晉玄學理論的奠基人，字輔嗣，山陽高平（今山東鄒城、金鄉一帶）人。王弼人生短暫，但學術成就卓著，他著有《周易注》、《周易略例》、《老子注》、《老子指略》、《論語釋疑》等數種，王弼站在玄學家的立場上，把《易》學玄學化，玄學家的根本思想是「以無爲本」，王弼就是用道家的本體論來釋《易》的，如《象辭》曰：「大哉乾元，萬象資始，乃統天」，王弼注云：「天也者，形之名也；健也

這是王弼關於「象」與「意」的理論探討，他以「意以象盡」、「象以言著」；「四象不形，則大象無以暢；五音不聲，則大音無以至。」〔註189〕排列出了「意」與「象」之間的從屬關係，作爲理性形式存在的「象」與「言」，是爲了表達以感性形式存在的「意」，由能夠感知的「四象」、「五音」，來體現意象中的「大象」、「大音」。

這種魏晉末期（東晉）人本思想的崛起，直接導致了「意在筆先」、「發人義氣」〔註190〕的意象觀念。東晉書法家衛鑠在其《筆陣圖》中首先提出了「意在筆先」的創作理論，這裡的「意」是指在動筆之前的通靈意會過程。這與顧愷之的「得意忘形」理論基本相同，無論是「意在筆先」的「意」還是「得意忘形」的「意」，都是在客觀「形」的前提下，對「形」進行思辨的過程。他們均強調應在下筆之前的超然構思，而並不是指審美心意對用筆等技法的超越性。

由此，「意」在這時以經成爲進行藝術創作前的理性思維過程。顧愷之曰：「心意者將軍也，本領者副將也，結構者謀略也。」〔註191〕他在立意、功力、構圖區分處之，將「意」提升爲主導地位。

在其後，王羲之和蕭子顯又發展了一種筆外之意：

> 轉深點畫之間皆有意。〔註192〕

> 文章者，蓋情性之風標，神明之律呂也。〔註193〕

他們從各自的角度（書法與文學），都發現了在創作過程當中的無意性。但這種無意性是在下筆之前的理性思辨的有意性之後，才能體現出的「無意」。從當時審美精神的理論走向來看，魏晉南北朝還處在「有意」階段，特別是魏晉後期，對於意與筆之關係的認知己發生了根本的變化，即在理性思維（有法）包裹下的「無意」（無法）階段。在當時的繪畫作品中（例如傳爲顧愷之的《洛神賦》），可以看到的是以現實中的人物爲基礎，以特定筆法「遊

者，用形者也，夫形也者，物之累也。有天之形，而能永保無虧，爲物之首，統之者豈非至健哉！」他認爲，「乾」之義是「健」，有形之「天」無非是「健」的表象。萬物始於天，歸根到底，「統之」於「至健」，「健」是無形的，是形而上的，「無」是其哲學思想的基本範疇，是其哲學思想體系的基石。

〔註189〕王弼，老子指略。
〔註190〕〔晉〕王羲之，題衛夫人「筆陣圖」，後。
〔註191〕〔唐〕張彥遠輯，書法要錄，卷一，晉衛夫人筆陣圖，。
〔註192〕〔唐〕張彥遠輯，書法要錄，卷一，晉王羲之論書。
〔註193〕（南朝梁）蕭子顯，南齊書，卷五十二，列傳第三十三。

絲描」進行基本客觀的描述。對於形式的體現還處在即客觀又有意突破的階段，從而出現了壯美與優美相交織的特殊混合形態。

（2）「無意」之意

進入唐代，經濟的繁榮及政治的強大，反映為社會生活的富足和多樣化，人們對繪畫所承載的審美精神的要求愈加凸顯。

唐代張彥遠在對顧愷之、陸探微、張僧繇、吳道子等的筆法分析中，從理論上總結了四位畫家在其物質特質與精神內涵的關係：

> 或問余：「以顧、陸、張、吳用筆如何？」對曰：「顧愷之之跡，緊勁聯綿，循環超忽，調格逸易，風趨電疾，意存筆先，畫盡意在，所以全神氣也」。……或問余曰：「吳生何不用界筆直尺，而能彎弧挺刃，植柱構梁？」對曰：「守其神，專其一，合造化之功，假吳生之筆，向所謂意存筆先，畫盡意在也。凡事之臻妙者，皆如是乎，豈止畫乎！……意旨亂矣，外物役焉，豈能左手畫圓，右手畫方乎？夫用界筆直尺，界筆，是死畫也；守其神，專其一，是真畫也。死畫滿壁，曷如污墁？其畫一劃，見其生氣。夫運思揮毫，自以為畫，則愈失於畫矣。運思揮毫，意不在畫，故得於畫矣。不滯於手，不凝於心，不知然而然，雖彎弧挺刃，植柱構梁，則界筆直尺豈得入其間矣」。又問余曰：「夫運思精深者，筆跡周密，其有筆不周者，謂之如何？」余對曰：「顧、陸之神不可見其盼際，所謂筆跡周密也。張、吳之妙，筆才一二，象已應焉。離披點畫，時見缺落，此雖筆不周而意周也。若知畫有疏密二體，方可議乎畫」。〔註194〕

我們將這段語錄連貫來看，就會發現繪畫的物質形式只有減少到最低限度，才能充分體現創作者的主觀意象，也就是說，畫家用儘量簡練的線形充分的表現自身的主觀精神，至此，密體向疏體的轉變在此已逐漸顯現出來。

繪畫理論在發展到張彥遠階段，張懷瓘的「三品」說，在唐代的繪畫體驗中便顯現出了有些不足。其後的朱景玄〔註195〕在對「六法」、「三品」的總

〔註194〕〔唐〕張彥遠，俞劍華注，歷代名畫記，論顧陸張吳用筆，上海人民美術出版社，1964。

〔註195〕〔唐〕朱景玄，唐武宗會昌（841～846）時人，吳郡（今江蘇蘇州）人，元和初應進士舉，曾任諮議，歷翰林學士，官至太子諭德，詩一卷，今存十五首。編撰有《唐朝名畫錄》，《唐朝名畫錄》是一部以分品列傳體編寫的斷代畫史，開創歷代畫史編寫的先河，對後代產生了深遠影響，編者以「神、妙、

結中發現，某些充分表達創作者主觀體驗的作品，無法用「氣韻」與「神品」對應。於是他便在「三品」的基礎之上派生出了「四格」說：

　　　　以張懷瓘《畫斷》神妙能三品，定其等格，上中下又分爲三（九品）。其格外有不拘常法，又有逸品，以表優劣也。〔註196〕

「逸品」的提出，顯然是受到前人「逸氣」說的觀念影響。「逸氣」之詞多有突出、超然之意，如魏故持節都督秦州諸軍事平西將軍秦州刺史孝王墓誌銘：

　　　　加以雄姿壯偉，逸氣瑰殊，茲乃撥亂之巨才，濟世之洪器。
　　　　〔註197〕

《顏氏家訓》文章：

　　　　凡爲文章，猶人乘騏驥，雖有逸氣，當以銜勒制之，勿使流亂軌蜀，放意塡坑岸也。〔註198〕

魏故假節征虜將軍岐州刺史富平伯於君墓誌銘：

　　　　君承積慶之休烈，資逸氣之淑靈，性識明敏，神情爽發，韶日振穎，綺歲騰徽。〔註199〕

閭儀同墓誌銘：

　　　　神衿獨遠，逸氣孤沖，豈徒邦彥，抑亦人雄。〔註200〕

《魏書》常景傳：

　　　　其贊王子淵曰：「王子挺秀質，逸氣干青雲，明珠既絕俗，白鶴信驚群。才世苟不合，遇否途自分。空枉碧雞命，徒獻金馬文。
　　　　〔註201〕

《晉書》曹毗傳：

　　　能、逸」四品品評諸家，其中「神、妙、能」又分上、中、下三等，「畫格不拘常法」的畫家則入逸品。其本文則各爲略敘事實，據其所親見立論，神品諸人較詳，妙品諸人次之，能品諸人更略，逸品三人又較詳。

〔註196〕 參見：俞建華，中國古代畫論類編，上，〔唐〕朱景玄，唐朝名畫錄序，人民美術出版社，2000。

〔註197〕 參見：趙超，漢魏南北朝墓誌彙編，天津古籍出版社，1992。

〔註198〕 參見：〔齊〕顏之推撰，王利器集解，顏氏家訓集解，（增補本），新編諸子集成本，中華書局，1993。

〔註199〕 參見：趙超，漢魏南北朝墓誌彙編，天津古籍出版社，1992。

〔註200〕 參見：趙超，漢魏南北朝墓誌彙編，天津古籍出版社，1992。

〔註201〕 參見：〔北齊〕魏收撰，魏書（全八冊），中華書局，1974。

曾無玄韻淡泊，逸氣虛洞，養采幽聆，晦明蒙籠。〔註202〕

據前人的「逸氣」精神，朱景玄將「逸品」的表述基本定格為「不拘常法」。〔註203〕那麼「不拘常法」又是什麼樣的形態哪？這一點，在唐末宋出黃休復〔註204〕的《益州名畫錄》中，作出了較為詳盡的引申：

畫之逸格，最難其儔，拙規矩於方圓，鄙精研於彩繪，筆減形

具，得之自然，莫可楷模，出於意表，故目之曰逸格爾。

黃休復用「拙規矩於方圓，鄙精研於彩繪，」對應於朱景玄的「不拘常法」。並將其放置在辯證的邏輯當中，將常法與非常法形成衝突關係，這一理論與魏晉時期的「有意」形成了鮮明的對比。

「筆減形具」概括了脫離形式、追求主觀造化的手段。按徐觀復的理解，所謂逸格包含有簡、變、活、奇幾方面因素。他說：「逸者必『簡』，而簡也必是某種程度的逸。」〔註205〕「筆減」與「形具」相互對應，又相互衝突。而對於「筆減」，不能單從形式上的用筆之簡化和用線的減少來理解，我們將「筆減」與「形具」連貫起來，就會發現這兩方面是一個互動的整體，以「形具」來限定「筆減」。「形具」是必然結果，而要達到此結果的手段是「筆減」，這樣，就給「筆減」帶來很大的理解難度，既要簡化又要充分表現對象的狀態。作為唐代繪畫的代表人物吳道子對此參悟頗深，必須增加簡形及線形的內涵才能達到「形具」的效果：「張、吳之妙，筆才一二，象已應焉。離披點畫，時見缺落，此雖筆不周而意周也」。〔註206〕

逸格的最先推重者是張彥遠，張彥遠在《歷代名畫記》所說的「失於自然而後神，失於神而後妙，失於妙而後精」的「自然」與逸格相似。黃休復認為「得之自然」便是「逸」，逸即是自然，自然即是逸。

〔註202〕參見：〔唐〕房玄齡撰，晉書（全十冊），中華書局，1974。

〔註203〕關於此時的「逸品」，說法不一，持否定態度者以韋賓在其《唐朝畫論考釋》中的釋意為代表：「景玄所謂『格外有不拘常法』者，實謂其畫法不合於常有之規式，即不合專業之要求也，此亦「逸品」於繪畫之早期含義，竊謂張延遠不取「逸品」而取「自然」者，即有此意。「逸品」於此義略帶貶意，而彥遠以「自然」為上，二者雖同實而異名，其所遇之褒貶不一，則知當時「逸品」或止為書論之一成熟概念，而並非畫論中之成熟概念也。

〔註204〕黃休復，江夏人，字歸本，一作端本，約活動於北宋咸平之前，曾校《左傳》、《公羊傳》、《穀梁傳》，潛心畫藝，收集唐乾元至宋乾德間與蜀地有關畫史資料，著《益州名畫記》清代收錄於四庫全書。

〔註205〕參見，徐觀復，中國藝術精神，華東師範大學出版社，2001。

〔註206〕〔唐〕張彥遠，論顧陸張吳用筆，唐五代畫論，湖南美術出版社，2006：174。

將以上理論以出現時間的先後爲順序，將它們對應排列出來：

一、六法：氣韻生動、骨法用筆、三應物象形、四隨類賦彩、五經營位
　　置、六傳移摹寫

二、三品：神品、妙品、能品

三、四格：逸格、神格、妙格、能格

可以看出各時期理論的精神內核由於觀念的提升而逐步昇華，由謝赫的
「氣韻生動」上升爲張懷瓘的「神品」，由張懷瓘的「神品」昇華爲朱景玄的
「逸格」。〔註207〕

相對於神來說，神是忘規矩，逸是超出於規矩之外，逸者意從興發，手
自心運，創作時不以對象爲準則，而以抒寫胸中的即興意氣爲目的，筆墨則
不受固有技法的制約。〔註208〕古法之「逸」源於技法之「逸」，而技法之「逸」
又往往源於藝術家人格之「逸」、藝術創作精神之「逸」。

就創作觀念而言，繪畫創作方法的程式與「逸」的表達方式的結合，對
於中國繪畫來說具有本體論的現實意義。

俄國形式主義批評家什克洛夫斯基在談創作時說：

　　　　賦予某物以詩意的藝術性，乃是我們感受方式所產生的結果；
而我們所指的有藝術性的作品，就其狹義而言，乃是指那些用特殊
手法創造出來的作品，而這些手法的目的就是要使作品盡可能被感
受爲藝術作品。

　　　　那種被稱爲藝術的東西的存在，正是爲了喚回人對生活的感
受，使人感覺到事物，使石頭更成其爲石頭。……

　　　　經過數次感受過的事物，人們便開始用認知來接受，事物擺在
我們面前，我們知道它，但對它視而不見。因此關於它，我們說不
出什麼來。使事物擺脫知覺的機械性，在藝術中是通過各種方法實
現的。……

　　　　……我個人認爲，凡是有形象的地方，幾乎都存在反常化手
法……形象的目的不是使其意義接近於我們的理解，而是造成一種對
客體的特殊感受，創造對客體的視象，而不是對它的認知。〔註209〕

〔註207〕程徵，天性、知性、天性，西安美術學院博士課程講稿，2008，9。

〔註208〕何楚熊，中國畫論研究，中國社會科學出版社，1996：105。

〔註209〕〔俄〕什克洛夫斯基，作爲手法的藝術，俄國形式主義文論選，三聯書店，

什克洛夫斯基認為，藝術作品的創造，需要不斷地訴諸於「陌生化效果」（即「反常化」）的作用，只有這樣才能將藝術從僵化了的、已經不能引起藝術感的、不再是藝術的「藝術」中拯救出來。

「逸格」的「不拘常法」、「拙規矩於方圓」，實際就是一種「反常化」、「陌生化」，是採用創新的手法，以突破前人成法的拘束而自成一格，來獲得藝術的新鮮感，從而「喚回人對生活的感受」，實現使繪畫擺脫知覺的機械性，重新創造對事物鮮活的感受性，達到一種真正的藝術境界。也就是說，利用創作技法上不斷追求創新，追求一種能夠造成「一種對客體的特殊感受」新手法，以創新手法超越於以往的即成公式化的藝術成就。從這點上講，「逸」的創作概念，決不是單純的風格概念，而是在將繪畫作者的主觀意化作為藝術的本體論概念。

然而，就繪畫本體而言，按黃修復的主旨，逸品就是用筆簡練、不同於他人常規的反常化作品即為逸品。然而當我們將魏晉已將的文獻進行梳理後，會發現繪畫的「逸」是由人生之狀態的「逸」生發而出。以魏晉玄學為主追求自然的人生藝術化，強化了繪畫藝術的自覺性探索，而人物繪畫上的傳神、氣韻生動，既是來自人物品藻中所把握到的「神」和「氣」，於是神中之逸、氣韻中之逸，當然也可以成為繪畫中之逸。〔註210〕

因此對於中國繪畫在創作本體上對「逸」的追求，不能簡單的以繪畫史的規律來看，應該從整個人類的發展規律來看待。就進化論的觀點而言，人從猿進化而來，舊石器時期由粗打製石器到細打製石器從而進化到磨製石器；藝術的發生也是由無序狀態（無法）發展至有序階段（有法）再到無序狀態（無法）。藝術家的創作歷程也是如此：早期學習技法到中期掌握技法再到後期打破常規創造風格。這種常規是一種不可逆的規律，它只有在一種規律基本完成時才可將其定位。由此來看，在中國繪畫的長河中，唐代繪畫觀念是處在「有意」（有法）向「無意」（無法）轉變的交接階段，唐代的繪畫形態處於由原始藝術至魏晉的有筆、有勢的有法階段，向文人畫的有韻、有勢轉變的轉折位置。但是由於繪畫材料和技法的限制，對繪畫創作本身藝術性的發揮空間產生了一定的局限性。但對於藝術理論觀念而言，已經超越時代的技法限制，對「逸」的追求已經超過了繪畫作品本身。

1992：3～8。
〔註210〕徐復觀，中國藝術精神，廣西師範大學出版社，2007：242。

　　從創作理論及晉唐人們的精神趨向中，我們不難理解爲什麼繪畫風格會在此時，由魏晉南北朝的「緊勁聯綿，循環超忽」的密體畫法向「筆才一二，象已應焉」疏體畫意的轉化，對「逸」（或謂「自然」）的精神追求既是這種轉變的內在驅動力和精神基礎。

二、線形張力的轉化

　　魏晉南北朝的繪畫風尚大體上有兩種。一種是以謝赫、毛惠遠以及其弟惠秀、子毛棱等人爲代表的宮廷畫家，大多筆法細緻，點畫精研。其巧密之風，爲當世所推崇。另一種則以謝惠遠、謝約、宗測、姚曇度及其子沙門惠覺等畫家爲代表，他們看重繪畫當中的自我表現，其作品可能較爲簡略。經過齊梁時代畫家們在繪畫個性創作上的深化，到張僧繇的時代，一種有別於晉宋時期的「疏」體畫風已逐漸顯現於世。

　　在繪畫實踐當中，疏體與密體只是相對而言，兩者具有相互包容、相互轉化的作用。「就如衛協的「精」出於畫工之「粗」，張僧繇之「疏」孕於顧愷之的「密」。如果說魏晉之際的畫家們更多在「精」、「密」方面繼承發揚了顧愷之的風格，齊梁之際的畫家們正是從「疏」的角度去發現並深化顧愷之的另一方面。歷代流傳的摹本雖不足信，」但在總體上的用筆還能顯示出這兩方面特徵。楊泓從墓室壁畫轉變的角度驗證了從「筆跡周密」的密體到「離披點畫，時見缺落」疏體的轉變：

> 　　西善橋墓磚畫的線條勁密，衣紋繁細；金家村墓的雖大體相近似，但線條已趨減化；吳家村墓的則變化較明顯，線條簡練，衣紋舒朗。這種變化的痕跡，從右袖飄拂的袖角可以看得很清楚。由此可以說這三組磚畫，正好按順序地顯示著當時畫風從早期到晚期的不同變化，也就反映著由代表東晉作風的顧愷之的緊勁聯綿、筆跡周密，向南朝齊以後張僧繇的點曳斫拂、筆不周而意周的演變，正是六朝畫風由密體向疏體的演變。〔註211〕

　　從直觀視覺的角度來看，以顧愷爲代表的「緊勁聯綿，循環超忽」密體畫風，線條多表現爲圓弧狀的有轉無波，形成一種圓環形的「循環超忽」翻滾不盡的感覺，可說是以「周」的觀念在塑造形體，弧度一致的圓弧線通過「組織」來表示，轉折愈複雜，圓弧線就會愈多。如肘關節的轉折處的衣紋，

〔註211〕楊泓，美術考古半世紀——中國美術考古發現史，文物出版社，1997：204。

形象本身幾乎成了「圓弧」的組合。

　　而在以張僧繇爲基礎的唐代疏體畫風中，則直接用有曲線變化的線描來交待這個結構，線依結構變化而迴旋波折。如此，一根一波幾折的線即可以代替幾根弧度一致的線，線條組合方式也比以前簡潔得多，因而用筆少，就顯得「疏」了。

　　將魏晉人物繪畫與唐代人物畫中的用線形式進行對比，看似極其相似，但細究起來，會發現這兩種線形的用線軌跡有著極大的區別，特別是兩者對於曲線的用線形式有著本質性的區別。

　　具體對比魏晉繪畫與唐代繪畫中的曲線用線程式就會發現，兩者的曲線的張力不同，這種張力的不同是由於曲線的內在形態所決定。曲線的基本形態大體區分有兩種，其一，爲一個圓形的其中一部分，即在一個圓圈上截取一段，形成一條曲線。其二，爲一段弧線，或可說是一段拋物線。〔註212〕

　　我們將這兩條曲線進行對比，利用視覺經驗，會發現在圓形中截取的線形相對比較規範、硬度比較強，這就說明，這段曲線的向外的張力點比較集中、比較劍突。（圖6-6-1-A）而從拋物線上截取的弧線比較柔和，硬度較弱，其原因是張力點比較分散所致。（圖6-6-1-B）在圓形的曲線當中，有著一種不變的彎曲規律，這是由於圓形只有一個結構條件所決定的。這種條件是，無論在圓形的任何一個外凸頂點，它與圓形中心的距離都是相同的，所以無論在圓形截取的某一段曲線，其形狀和外凸的反相張力也是相同的，它的所有條件的決定點是圓心。

　　然而，拋物線的決定條件比圓形的決定條件要複雜的多。拋物線的形成是由兩個結構條件所決定的，所以也就打破了圓形所特有的單一條件下所生成的單一軌跡，它的弧形曲率就有了變化的可能性。拋物線的曲率軌跡是兩個條件作用下形成生，它既要有與圓形相同的圓心的等距條件，還要符合在一條直線上的等距節點分佈，這就是說，拋物線是在兩種不同物理條件的相互作用下的產物。這樣就使拋物線比圓形線強烈外凸的張力有所分散，從而減弱了張力的強度，使得拋物形弧線產生了圓形線所不具備的柔和性。〔註213〕

〔註212〕參見：1、〔瑞士〕海因里希・沃爾富林，潘耀昌譯，藝術史原理，中國人民大學出版社，2004，2、海因里希・沃爾富林，沈瑩譯，文藝復興與巴洛克，上海人民出版社，2007。

〔註213〕〔美〕魯道夫・阿恩海姆，滕守堯、朱疆源譯，藝術與視知覺，四川出版集團、四川人民出版社，2006：612。

圖 6-6-1　曲線張力示意圖

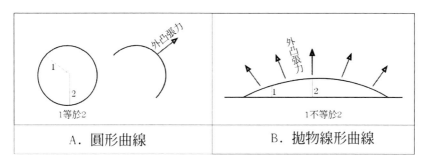

A. 圓形曲線　　　B. 拋物線形曲線

　　通過以上實驗，我們基本瞭解了兩種曲線的屬性。在現有的圖像資料中，我們很容易看出，在漢魏的平面人物造型中採用更多的是類圓形用線方式，例如：現藏於洛陽古墓博物館的西漢墓室壁畫《鴻門宴圖》中人物衣袖部位的圓形用線；（圖 6-6-2）在朝鮮民主主義共和國黃海北道安岳的十六國冬壽婦墓出土壁畫中《冬壽夫人像》的衣袖及腿部的用線形式；（圖 6-6-3）1966 年出土於山西大同石家寨北魏司馬金龍墓《屏風漆畫列女古賢圖》中人物袖口及肩臂部的曲線；（圖 6-6-4）甘肅嘉峪關出土的魏晉磚畫中的人物整體呈圓形包裹狀；（圖 6-6-5）1972 年出土於甘肅嘉峪關新城第五號墓的魏晉壁畫《出行圖》中人物的肩、袖及畫中的馬臀部位均呈類圓形狀。（圖 6-6-6）

圖 6-6-2　「鴻門宴圖」局部

洛陽古墓博物館藏。

圖 6-6-3 「冬壽夫人像」

十六國，朝鮮民主主義共和國黃海北道安岳冬壽婦墓出土。

圖 6-6-4 「屏風漆畫列女古賢圖」

北魏，木質漆繪，現藏於山西省大同市博物館。

圖 6-6-5　「進食圖」磚畫

源自：袁融主編，甘肅高臺魏晉墓彩繪磚，重慶出版社，1999：1。

圖 6-6-6　「出行圖」局部

甘肅嘉峪關新城第五號墓出土。

　　在傳爲東晉顧愷之的《列女仁智圖卷》中，這種類圓形表現的尤爲突出。（圖 6-6-7）在這些圖例中，有一個特點，所有類圓形曲線的用線規律，都是按照一個完整圓形的軌跡運行。即使相互重疊遮擋了相互圓形中的某一部分，但是依據心理視覺的再現原理，還是可以看出其類圓形的用線趨勢。即便是兩條張力相反的曲線，在視覺上也是趨於圓形，例如，北魏洛陽石棺線刻中墓主夫人像的腹前衣袖和盤坐腿部用線軌跡的趨勢。（圖 6-6-8）及至隋代，這種類圓形的用線軌跡依然存在，如現藏於藥王山碑林隋開皇二年《彌

姐顯明造像碑》中供養人衣袖的用線形式。（圖 6-6-9）此外，在甘肅高臺魏晉墓出土的彩繪磚中，可以看出以連續圓形行筆方式的跡象更爲明顯，可見這種畫圓形的概念化造型觀念，在魏晉時期非常流行。

圖 6-6-7　傳（東晉）顧愷之「列女仁智圖卷」局部

源自：故宮博物院藏畫集編輯委員會，中國歷代繪畫──故宮博物院藏畫集，人民美術出版社：魏晉。

圖 6-6-8　洛陽石棺床墓主夫人像局部

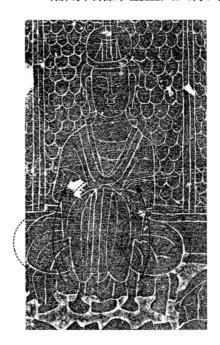

圖 6-6-9　隋開皇二年「彌姐顯明造像碑」供養人局部

李杰攝

　　由於圓形具有統一的中心點的原因，使得這些曲線都有一種向心的內收傾向，〔註214〕魏晉時期畫家對衣褶紋的處理方式，不是以曲線來接近現實的描繪衣褶的起伏變化，而是用大小相同、首尾相接、略呈圓形的線條，並排或互相套接而組成密集的線群。這種線群高度有序，組合方式也十分理智，層層相包相繞，形成有一定趨向的整體。具有內縮性質的圖形相互疊加在感覺上形成了人物的服飾幾乎都具有一種厚重的包裹感，使得人的體型結構被包容在內而無從顯現，這種用線方法代表了魏晉密體畫風的線形特點，並且，這種內收的傾向也與秀骨清像的造型在心裏感受上趨於同步。

　　進入唐代特別是盛唐之後，由於對人體結構的認識增強，平面造型中的人物一改魏晉以來秀骨清像式的造型，藝術家也在力圖以不同的形式特徵來表現人物的象徵性性格。促使唐代的平面造型中的人物體型特徵表現力明顯提升。

　　魏晉時期流行的秀骨清像式的人物美感，在唐代逐步被以健壯、外放的人體美所取代，審美觀念的轉變也帶動了藝術造型手段的改變。由於魏晉時

〔註214〕點的張力始終是向心的，即使它呈運動離心狀態下也仍是如此。〔俄〕康定斯基，羅世平等譯，康定斯基論點線面，中國人民大學出版社，2008：16。

期的圓形線形在平面表現上會限制服飾內的人體結構的體現，所以，唐代的畫家尋找出了一種更加貼切人體結構的拋物線形曲線來取代圓形曲線線形。由於這種拋物線形的曲線與人體結構的帖服性要強於圓形曲線，並且這種曲線具有圓形曲線所沒有的柔和性，使得唐代繪畫中的人物衣服產生了更加貼體、輕薄的視覺效果。

　　魏晉繪畫中的圓形曲線，在視覺感受上具有向內收縮的向心張力的表現，（圖6-6-10-A）衣紋的處理幾乎成了「圓形」的組合。轉折愈複雜，圓形就會愈多。這一點，也體現出魏晉時代人們追尋自然、尋求自我完善的心理特點。而唐代平面造型中的拋物線形曲線，則具有一種向外擴展的外凸式發散張力。（圖6-6-10-B）畫家直接用有曲線變化的線來表現這個結構，線條依著結構的變化而波折迴旋。如此，一根一波幾折的線即可以代替幾根弧度一致的圓形，這種外凸式發散拋物線形的用線形式在唐代平面造型中幾乎無處不在。這種外放的線形表現特點，也是唐代的開放、博大的社會形態貼切適合的形式體現，並且也符合唐人的審美訴求。

圖6-6-10　魏晉圓形曲線與唐代拋物線形曲線張力對比圖

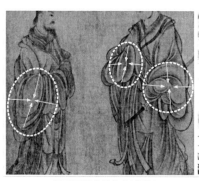

A. 魏晉圓形曲線的內縮張力　　　　　　B. 唐代拋物線形形曲線的外凸張力

　　圓形（或橢圓形）的線形，「在量一定時，產生於內在的力要大於外在的力。」〔註215〕（圖6-6-11-A）就如魏晉時期的圓形線形組合，其向心的內聚力使得人物呈現拘謹內縮。而唐代人物畫中與拋物線同性的波折線，不均勻地交替使用的作用力與反作用力，線形本身具有明顯的向四周擴散的張力（圖6-6-11-B），使得所畫人物呈現整體向外延展的趨勢。

〔註215〕〔俄〕康定斯基，羅世平、魏大海、辛麗譯，康定斯基論點線面，中國人民
　　　　大學出版社，2008：53。

圖 6-6-11　曲線施力示意圖

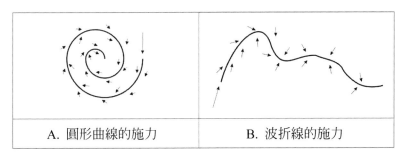

| A. 圓形曲線的施力 | B. 波折線的施力 |

　　薛儆墓石槨內壁北向西間壁板線刻侍女的右臂外側弧線、左肩及披巾的外凸弧線的擴張感；（圖 6-6-12）薛儆墓石槨內壁西向北間壁板的線刻著男裝侍女的襆頭及後部臀腿部的飽和弧線的向外發散性；（圖 6-6-13）李憲墓石門西門扉線刻門吏的右肩、臀腿部的外凸張力；（圖 6-6-14）李憲墓石槨西向中間壁板線刻侍女雙肩的結構性飽滿線形的外擴張力。（圖 6-6-15）在以上圖例的人物外邊緣用線及內部線形，均採用了向外輻射的外邊緣拋物曲線線形。幾乎每條線都不會在視覺聯想上產生魏晉繪畫中同心圓形的心理感受。

圖 6-6-12　薛儆墓石槨內 10 壁　　　圖 6-6-13　薛儆墓石槨內 12 壁
　　　　　　板線刻　　　　　　　　　　　　　　板線刻

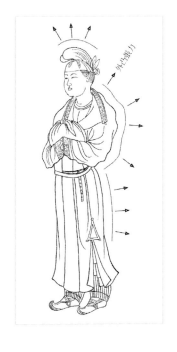

圖 6-6-14　李憲墓石槨石門西　　圖 6-6-15　李憲墓石槨西向中
　　　　　門扉線刻　　　　　　　　　　間壁板線刻

第七節　白畫的形態

一、溯　源

　　明清以降，「白畫」研究持續至今，已為約定成俗之概念。然細究研之，彷彿又不甚了了，概賅之廓過於泛泛而無聚點。就此結果，多為「白畫」之源典較為模糊，且未示意，亦由於「白畫」與「白描」在形態現量上難以釐清，導致當代美術研究領域對兩者在概念上混淆不清，而概舉論之。

　　清代藝術理論家方薰（1736～1799 年）著《山靜居畫論》言：「白畫亦稱白描，世以水墨畫為白描，古謂之白畫。」〔註216〕至此既定「白描即白畫，

〔註216〕〔清〕方薰，山靜居畫論，中國歷代書學畫論叢書，西泠印社出版社，2009。

指用墨線勾勒物象，不施色彩的繪畫。」〔註217〕至今無人對此提法有所疑礙，皆允迪此論而推導施用於關聯研究。

其中，饒宗頤、米澤嘉圃〔日〕、松本榮一〔日〕及楊泓等先生均將「白畫」與「白描」等同而論。〔註218〕當代敦煌壁畫研究者姜伯勤、沙武田和邰惠莉等先生亦將「白畫」混於粉本、稿本、白描等非設色描繪形式。〔註219〕就「白畫」與「白描」兩種線描之直觀形態而言，上述學者的論斷有其肌劈理解之處，然若從兩者各自所特指之意義與畫面存在狀態而毛舉縷析，將二者等同待之，則多有商榷之處。

推本溯源，較早提到與「白畫」相關之詞語為《漢晉春秋》：

> 曉而有蒼石立水中，長一丈六尺，高八尺，白石畫之，為十三
> 馬，一牛，一鳥，八卦玉玦之象，皆隆起。〔註220〕

《全晉文》云：

> 鐸又見於晉陵，冥數玄感，若合符契焉。又初《玄石圖》有牛
> 繼馬後，故宣帝深忌牛氏，遂為二。〔註221〕

又，《晉書·武帝紀》言：

> 氐池縣大柳谷口有玄石一所，白畫成丈，實大晉之休祥，圖之
> 以獻。召以制幣告於太廟，藏之天府。〔註222〕

之於所提「白畫」，饒宗頤、石守謙先生均解為「在白石上畫之」。〔註223〕然兩位學者似均忽略了文中同時提及之「玄石」與「蒼石」，以致形訛。《說文》云，「玄」者，黑也；「蒼」者，青色（深藍或暗綠色），此均指石之顏色。「白石畫之」應指以白色顏料或以白色石筆於黑色石上作畫。無論在白石之上或於「蒼石」上作畫，此處所言「白畫」單指於特定材質上以單色線描所作之畫，循名責實，其實際含義與唐代及後人所曰之「白畫」各有不同。

〔註217〕沈柔堅主編，中國美術大辭典，上海辭書出版社，1987。
〔註218〕參見：1、饒宗頤，敦煌白畫，法國遠東學院學刊，1978；2、楊泓，意匠慘淡經營中——介紹敦煌卷子中的白描畫稿，美術，1981，10：46～49。
〔註219〕1、姜伯勤，論敦煌的士人畫家作品及畫體與畫樣，學術研究，1996，5；2、沙武田，敦煌畫稿研究，中央編譯出版社，2007；3、沙武田、邰惠麗，20世紀敦煌白畫研究概述，敦煌研究，2001，1：164～167。
〔註220〕〔晉〕陳壽撰，〔宋〕裴松之注，三國志，卷三，魏書三，明帝紀第三。
〔註221〕〔清〕嚴可均輯，全晉文，卷六十四。
〔註222〕〔唐〕房玄齡，晉書，卷三，帝紀第三，武帝。
〔註223〕石守謙，風格與世變，北京大學出版社，2008。

　　畫論及畫史中所提到的「白畫」一詞，均出在有唐其後。〔註224〕方薰與當代學者將白畫與粉本之所以等同，主證依據爲唐段成式於《酉陽雜俎》中對范長壽圖壁畫一段言詞：

　　　　常樂坊趙景公寺……三階院西廊下，范長壽畫西方變及十六對事，寶池尤妙絕，諦視之，覺水入浮壁。院門上白畫樹石，頗似閻立德。予攜立德行天祠粉本驗之，無異。〔註225〕

　　就直觀字面而言，「白畫樹石」與「行天祠粉本」無異，然如將《酉陽雜俎》中的其他言詞接連論之，就可理解段氏所說「白畫」與「粉本」並非同義，其僅只言說兩者在題材內容與形式表現上一般無二而已。再舉例，其評論吳道子作品時云：

　　　　修淡十堵內，吳生縱狂跡。風雲將迫人，鬼神如脫壁。其中龍最怪，張甲方汗栗。黑夜窣窣時，安知不霹靂。此際忽仙子，獵獵衣烏奕。妙瞬乍疑生，參差奪人魄。〔註226〕

　　辭中對吳道子於趙景公寺東壁圖畫的描述中，以「脫壁」之詞來形容吳道玄之畫「如眞現實」。此處「脫壁」二字一則可以與前句之「迫人」相對仗，理解爲對所畫人物脫落而出之生動感的稱道，也可理解爲一種對繪畫空間表達效果之描述。然其之所以會產生「脫壁」的繪畫效果，就不止單以線描所能達到，必然是在線描所畫的主體形象之上施以暈染，才能使之具備一定的立體效果。可見，前文中段成式所言之「白畫」，顯是對應賦彩後的完整繪畫而言。

　　此外，就段氏在描錄平康坊菩提寺壁畫的文字中，亦能體會出白畫與完整繪畫之關係：

　　　　佛殿東西障日及諸柱上圖畫，是東廊舊跡，鄭法士畫。開元中，

〔註224〕胡譯文先生曾在白畫相關論文中言：關於白畫，現存畫史畫論中較早的記載爲《歷代名畫記・論裝背褾軸》：「紙上白畫可以……石妥帖之，宜造一太平案，漆板朱界，制其曲直。」（胡譯文，對「白畫」、「白描」概念的檢討——兼論藝術史書寫中「中心人物」的典型化，藝術設計研究，2013，2：19～24。）顯然，胡先生誤解原文所論之意義，結合「紙上白畫」之前文「素絹色彩，不可搨理」（張彥遠，俞劍華注，歷代名畫記，江蘇美術出版社，2007年：70。）。此處之「白畫」意爲紙本繪畫之意，而並非論及畫種或畫科。

〔註225〕〔唐〕段成式，酉陽雜俎，續集卷五，寺塔記上・趙景公寺。

〔註226〕〔唐〕段成式，酉陽雜俎，續集卷五，寺塔記上・趙景公寺。

因屋壞，移入大佛殿内槽北壁。食堂前東壁風上，吳道玄畫「智度論」色偈變，偈是吳自題，筆跡遒勁，如磔鬼神毛。次堵畫禮骨仙人，天衣飛揚，滿壁風動。佛殿内槽後壁面，吳道玄畫《消災經》事，樹石古險。元和中，上欲令移之，慮其摧壞，乃下詔擇畫手寫進。佛殿内槽東壁維摩變，舍利弗角而轉睞。元和末，俗講僧文淑裝之，筆跡盡矣。〔註227〕

「文淑裝之」即文淑使畫工重新著色之意，卻未料使吳之筆跡風貌盡失。考察唐代畫跡，其時著色之顏料以不透明的礦物材料居多，布色畫工由於技術不好或稍不小心將色彩覆蓋於上色界限的線條之上，先前所繪的勾描線形即會受到損害、變形。是以，鄭公尚才有「但慮彩色污，無虞臂胛肥」之感慨。〔註228〕

段成式之後，張彥遠在其成書於唐大中元年的《歷代名畫記》中亦有相同記載：「其東壁有菩薩轉目視人，法師文淑亡何令工人布色損矣。」〔註229〕《唐朝名畫錄》又載：

吳道子……又數處圖壁，只以墨蹤爲之，近代莫能加其彩繪。

〔註230〕

上述讚述道子畫技諸語中的關鍵詞是爲「墨蹤」，即道子所繪之「白畫」，然更值得關注的是，既然吳道子「只以墨蹤爲之」的「白畫」，已足以成爲獨立而完美的藝術形態，爲何還要使人「布色」、「加彩」。對比同時期考古資料所顯示之平面繪畫，只有唯一合理解釋，在其時人們心目中認爲，只有「加其彩繪」才可成爲一幅完整的繪畫作品。另一佐證的是，在敦煌壁畫中有多幅壁畫屬此現象，如「成於642年的第220窟北壁西側的一部分就有白粉掩蓋筆跡的現象，」〔註231〕（圖6-7-1）山西五臺山佛光寺東大殿北側栱眼之唐代諸菩薩眾像，亦存在相同跡象。（圖6-7-2）

〔註227〕　〔唐〕段成式，酉陽雜俎，續集卷五，寺塔記上·吳道子繪寺壁。
〔註228〕　〔唐〕段成式，酉陽雜俎，續集卷五，寺塔記上·趙景公寺。
〔註229〕　〔唐〕張彥遠，歷代名畫記，卷三，菩提寺佛殿。
〔註230〕　〔唐〕朱景玄，唐朝名畫錄，神品上一人，吳道玄。
〔註231〕　石守謙，風格與世變，北京大學出版社，2008：23。

圖 6-7-1 敦煌 220 窟北壁西側七佛藥師變局部

源自：中國美術全集編輯委員會、敦煌研究院編，中國美術全集——繪畫編，16輯，敦煌壁畫，下，上海人民美術出版社：圖版十七。

圖 6-7-2　山西佛光寺東大殿北側栱眼的唐代諸菩薩眾像局部

源自：柴澤俊、賀大龍編，山西佛寺壁畫，文物出版社，2006：100。

二、描與成

　　以現量審視，「白畫」、「白描」等並無區別，將其等同化一似乎並無不可，然，短短數年間，文獻著錄之線描卻分爲「白畫」與「白描」，今之研究者不可不審慎對待。

　　通過畫論中的對應比較，以及對中古時期遺存繪畫之比量，可以確認，唐人認爲的成品繪畫是由白畫、暈染敷彩相加而成的繪畫作品。「白畫」只是作畫過程中的重要步驟，它是放樣之後以墨線勾描而成的半成品，正因如此，白畫存世極少，多存在於名詞當中。

　　白畫與成品繪畫之關係，在張彥遠的《歷代名畫記》中有著更加明確的表述。張氏於西京寺觀等壁畫的記錄中，既定了「白畫」（描）與「成色」

（成）之間的步驟關係：

大殿內東西面壁畫（劉行臣描）。維摩詰盧舍那（並劉行臣描，趙龕成。自餘並聖曆以後劉茂德、皇甫節恭成）。法華太子變（劉茂德成帥行臣子）。西壁西方佛會（趙武端描）。十六觀及閻羅王變（劉阿祖描）。西禪院北壁，華嚴變（張法受描）。北壁門西，一間佛會及山水（何長壽描）人物等（張法受描，趙龕成）。東西兩壁西方彌勒變，並禪院門外道西行道僧（並神龍後王韶應描，董忠成）。禪院內西廊壁畫（開元十年吳道子描）。日藏月藏經變及報業差別變（吳道子描，翟琰成。罪福報應是維手成，所以色損也）。東禪院殿內十輪變（武淨藏描）。東壁西方變（蘇思忠描，陳慶予成）。殿間菩薩及內廊下壁（武淨藏描，陳慶子成）。〔註232〕

其後又云：

畫絹幡十三口（金銅腳長一丈二尺，張李八寫，並成。又四口，亦長一丈二尺，雜手成。），大院紗廊壁，行僧。中門內已西（並趙武端描。惟唐三藏，是劉行臣描，亦成）。中門內已東，五僧（師奴描）。第六僧已東至東行南頭第二門已南（並劉行臣描。已北並趙武端描。或云劉行臣描）。中門西邊，紗廊外面（並聖曆已後劉茂德描，陳庶子成）。〔註233〕

再云：

吳生每畫，落筆便去，多使琰與張藏布色，濃淡無不得其所。〔註234〕

盛唐之際，人物畫中的線描已成為關乎繪畫成敗的關鍵作用。繪畫的創作者在「九朽一罷」（打草稿）之後，關乎作品成敗的重要環節有兩步：一為勾描（白畫）；其二為布色（成畫）。

這兩者之間互為關聯，然白畫的重要作用在於塑形，「骨法用筆」是作品成功與否的關鍵步驟，而賦彩布色的主要功能是以「隨類賦彩」增加畫面氣氛和感染力。因此，白畫的勾描者均為畫壇巨擘。且其時彩繪的用色均有固定模式與程式，〔註235〕對敷色之技藝要求相對較低，故吳道子等大家之流多

〔註232〕〔唐〕段成式，酉陽雜俎，卷三，記兩京外州寺觀畫壁·西京寺觀等畫壁。

〔註233〕〔唐〕段成式，酉陽雜俎，卷三，記兩京外州寺觀畫壁·西京寺觀等畫壁。

〔註234〕1、〔唐〕段成式，酉陽雜俎，卷三，記兩京外州寺觀畫壁·西京寺觀等畫壁：
2、陳高華，隋唐畫家史料，文物出版社，1987：189。

〔註235〕〔宋〕李誡，營造法式，卷十四，彩畫作制度，商務印書館，1933。

不屑於「成」色，由此也形成了繪畫工種的高低等級之分。是以，前面所提到負責「描」的畫家在《歷代名畫記》中幾乎都有詳細記載，而「成」的畫家在其著錄中，均未有單獨條目記載其人之狀態和畫風。此外，在畫史及畫論中描述畫家技法時多記錄其用筆方法及造型形式，而關於著色則鮮有涉及，便可佐證。

因此而見，「描」與「成」在其時人們的心目中，存在著主與次的關係，「描」（白畫）是繪畫的主體部分，「成」（敷色）是從屬於勾勒線描主體的部分。「成」既有上色的意思，亦指繪畫成品的完成形態。

盛唐以降，線描表現能力迅速發展，〔註236〕為其後成為獨立成畫的「白描」提供了必要的預備條件。《酉陽雜俎》之《寺塔記》載：

> 長樂坊安國寺。紅樓，睿宗在藩時舞榭。東禪院，亦曰木塔院，
> 院門北西廊五壁，吳道玄弟子釋思道畫釋梵八部，不施彩色，尚有
> 典刑。〔註237〕

段氏在記述吳道子僧人弟子釋思道的繪畫時，只提其「不施彩色」，而未使用「白畫」或「描」，顯見釋思道「不施彩色」之作品應與吳道子的「白畫」並不相同。關於「尚有典刑」（「刑」亦通「型」），有兩種釋義，其一，由於釋思道為吳道子弟子，是以，此處所言之「典型」即典型範式，可能既是「吳家樣」之形範，嚴格而言，「尚有典刑」即為依循了吳道子的白畫樣式。其二，釋思道之後多有模仿者。無論遵循何種解釋，釋思道之「不施彩色」的繪畫，是以吳道子白畫為基礎之新繪畫形式觀念，它與白畫形態相似，卻不完全相同，是「白畫」向「白描」演進的中間環節：

白畫 ⟹ 不施彩色 ⟹ 白描

「白描」是一種以線描獨立完成的繪畫樣式，宋代以後才成為獨立畫科的白描，指的是排除線描之外的其他繪畫程式（如暈染、施彩等），單純以線勾描而完成的繪畫作品。有宋以來，白描的簡淡之風恰迎合士大夫文人的審美情趣，使不施色彩的線描繪畫漸被大眾所接受，盛行開來。〔註238〕

〔註236〕李杰，勒石與勾描——唐代石槨人物線刻的繪畫風格學研究，人民美術出版社，2012：253～261。

〔註237〕〔唐〕段成式，酉陽雜俎，續集卷五，寺塔記上・安國寺。

〔註238〕周密著《雲煙過眼錄》李公麟條：「又伯時白描于闐國貢獅子圖」、「李伯時白描維摩經相」、「白描陽關圖」等。參見：（元）周密，雲煙過眼錄，安瀾，畫

「白畫」之所以不等同於「白描」，主要由於唐人對於繪畫的「成品」觀念有很具體的限定，認爲「白畫」只是繪畫步的驟之一，是尚未完成的繪畫形態，不能看作是已經完成的、獨立的繪畫成品。因此，就白畫與白描的存在狀態而言，兩者存在質的區別。

在白描成立之前，有著白畫向白描轉化的明顯趨向，其不止是一個時間的概念，亦是「白畫」在成品繪畫諸步驟要素量度上逐步加強的過程，這一點除了史籍證據之外，還可以在饒宗頤先生所關注之「白畫與彩繪的間插」〔註239〕現象中得以佐證。

三、定　義

鑒於唐代繪畫之「成品」形態及「描」與「成」的關係，「白畫」的成立，是繪畫發展至盛唐時期，畫家注重發揮筆描特性，對繪畫中線形的審美特質有了更爲深刻的理解，並對繪畫本體中線描的表現性有了認識上的飛躍提升。雖然其時的白畫還不能獨立成爲繪畫成品，但它已成爲繪畫創作中最爲重要，且不可或缺的環節。

就此，可以歸納白畫的基本特徵如下：

    1. 是唐代繪畫的重要步驟；

    2. 是正在進行時狀態（所以存世的白畫幾乎爲零）；

    3. 此時畫家對線型的認識更加明確；

    4. 線描在繪畫中的表現地位得到空前提升；

    5. 在其時的繪畫觀念中尚不能成爲繪畫成品；

    6. 白畫與白描、樣本的形態基本相同；

    7. 是白描獨立存在的前身。

唐代畫家對筆描在繪畫中的表現能力、創造性以及獨立的審美性，得到了前所未有的認識高度，即便如此，在唐人的心目中，「白畫」只是唐代繪畫的正在進行時狀態，而不是完整意義的繪畫。臺灣新藝術史學開創者石守謙先生，以盛唐「施彩淡薄」的成品繪畫來釋義「白畫」，〔註240〕恰恰是忽視了白畫的「正在進行時狀態」，這就如同我們不能拋開各自的成品要求，而來談

品叢書，上海人民出版社，1982：339、345、357。

〔註239〕Jao Tsong-yi, Peintures Monochromes de Dunhuang, Paris：Ecole Francaise d' Extreme-Orient, 1978.

〔註240〕石守謙，風格與世變，北京大學出版社，2008。

白描與施彩工筆劃之間的關係（白描在繪畫之前已預設到只用線條來達到最後效果，而施彩的工筆劃在繪畫之前預設到的是線條與色彩的組合效果）。同樣，沙武田先生將粉本絹畫和敦煌畫工的線描練習畫稿等也統稱之爲白畫，也是混淆了粉本、畫稿與白畫在各自存在狀態上的區別。

　　在卷帙浩繁的中古藝術史中，一個概念，往往隨著時代的推移，在歷史傳統中逐漸豐滿，從而被建構起來，最終被抽離爲一個概念化的定義，「白畫」之概念既是如此。與其他明確概念不同的是，由於「白畫」與「白描」在直觀形態上的相似性，從而導致，數百年來的藝術史學者，在集體無意識檢討的情況下，簡單的爲其做了過於寬泛的定義，致使「白畫」之含義泛泛不清。顯然，由於白畫在唐代繪畫中的重要地位，釐清「白畫」的外延及內涵，之於中古藝術史研究具有明確的價值意義。

第八節　空間營造

　　《道德經》曰：「埏埴以爲器，當其無，有器之用。鑿戶牖以爲室，當其無，有室之用。」老子強調了建築的空間（space）使用價值，壁畫則是建築空間的附屬品，是爲豐富環境空間氣氛而創造。壁畫不是簡單地將繪畫展現在牆上，而是直接參與建築的表現功能，使空間的表達寓意更加突出與明確。

　　中國古代的墓室壁畫不但是墓室空間的附屬，同時還是當時人們審美觀念和集體社會意識的典型體現。墓室壁畫的價值不但取決於藝術風格的顯現和墓室空間的擴張，同時它還關聯於當時的社會秩序、哲學觀念、生存寓意等豐富含義的表現。因此，墓室壁畫不但是空間形式的延展，同時也是在時間上的流動和延續，在一定意義上給空間增加了一個新的維度。

一、圖與底

　　繪畫中所顯示出的空間關係，並不是單純現實物象的直接反射，它與人的視覺感知經驗、主觀形象的表達方式和畫面形式的表現技巧密切相關。在二維空間中，線條本身除了具有明確的方向性外，是不具有前後縱深關係的，中國古代的平面線形造型，主要追求的也是一種線的平面秩序感。然而，要用單純的線來表現立體的現實人物，以古代人的認識程度，其難度是可想而知的。對於畫面之中的空間關係，古代藝術家所面臨的最大困難是，如何在

保持平面線形形式秩序的同時，從視覺感知上又能夠顯現出所希望表達的深度效果。

　　自從平面繪畫的產生就已經不自覺的解決了背景與線型主體的空間問題。當在一張空白的白紙之上，畫一條直線，從純視覺的角度來看，這條線「就不像是位於紙面以內，而像是懸浮在這個紙面上方的空間中。」〔註241〕而紙面本身就成了這條線的背景。在空白紙面上塗出一片黑色色塊時（反差越大效果越明顯），（圖 6-8-1）這種懸浮的效果就會更加明顯，而色塊的寬度縮小即成了線。這種懸浮的現象顯然不是其本身的物理實質，而是由於觀看者大腦注意機制的心理誤差所造成的視覺主觀選擇性現象。這種現象與考夫卡在《格式塔心理學原理》所說的「圖形－背景」現象相吻合，考夫卡認為，在特定的畫面條件下，面積小的面總是被看作「圖」，而面積較大的面被看作「背景」。〔註242〕

圖 6-8-1　商代饕餮紋樣

　　這個「背景」也就是通常所說的「基底」（plinth），「基底」一詞來源於西方，它所表示的往往是畫面主體之後的有形背景，而在中國繪畫當中，卻將這個「基底」顯示於無形當中，也就是中國傳統人物畫中的「空白」。空白是中國傳統繪畫所特有的表現手法，它所涵蓋的精神內容要遠遠大於有形的背景，郭熙在論三遠時曰：

　　　　山有三遠：自山下而仰山巔，謂之高遠。

　　　　自山前而窺山後，謂之深遠。

　　　　自近山而望遠山，謂之平遠。

　　　　高遠之色清明，深遠之色重晦，平遠之色有明有晦。

〔註241〕〔美〕魯道夫，阿恩海姆，滕守堯、朱疆源譯，藝術與視知覺，四川人民出版社，2006：292～293。

〔註242〕詳見：〔德〕庫爾特，考夫卡，黎煒譯，格式塔心理學原理，第五章，環境場──圖形和背景格局，浙江教育出版社，1997。

　　　　高遠之勢突兀，深遠之意重疊，平遠之意沖融而縹縹緲緲。

　　　　其人物之在三遠也，高遠者明瞭，深遠者細碎，平遠者沖淡。

　〔註243〕

　　可見平遠之色最爲飄渺，也是畫面中廣闊視點所著之處，傳統繪畫中的空白背景就如這種虛渺之態的體現。這種空白比之遠山更能表達出傳統哲學中的虛境觀念與魏晉玄學的藝術精神相合。

　　中國古代傳統哲學觀念中多以遠來體現無垠世界，來表現世俗的超越。莊子《逍遙遊》中的「乘雲氣，御飛龍，遊乎四海之外，」〔註244〕既是超越現實的理想。魏晉玄學中的「體遠」也是這種不拘於世俗、遊心於虛曠的放達之「玄」的形象表達。「玄」即「遠」也，〔註245〕這也是魏晉時期士大夫們所一力追求的精神意境。《世說新語》中既有多處以「遠」言志之言：

　　晉文王（司馬昭）稱阮嗣宗至愼，每與之言，言皆玄遠。〔註246〕（卷上之上《德行第一》）

　　　　王戎云：「太保（王祥）居在正始中，不在能言之流。及與之言理中清遠。」〔註247〕

　　　　注：《文字志》曰：「謝安字安石……弘粹通遠。」〔註248〕

　　　　會稽賀生（循），體識清遠。〔註249〕

　　　　注：《陶氏敘》曰：「侃字士衡……少有遠概。」〔註250〕

　　　　注：《王中郎傳》曰：「坦之……祖東海守丞，清淡平遠。」〔註251〕

　　　　傅嘏善言虛勝，荀粲談尚玄遠。〔註252〕

　　　　注：《中興書》曰：「萬（謝）善屬文……敘四隱四顯爲八賢之論……其旨以處者爲優，出者爲劣。孫綽難之，以謂體玄識遠者，

〔註243〕〔宋〕郭熙，林泉高致，山水訓。
〔註244〕莊子，逍遙遊。
〔註245〕徐復觀，中國藝術精神，廣西師範大學出版社，2008：261。
〔註246〕世說新語，卷上之上，德行第一。
〔註247〕世說新語，卷上之上，德行第一。
〔註248〕世說新語，卷上之上，德行第一。
〔註249〕世說新語，卷上之上，言語第二。
〔註250〕世說新語，卷上之上，言語第二。
〔註251〕世說新語，卷上之上，言語第二。
〔註252〕世說新語，卷上之下，文學第四。

出處同歸。」〔註253〕

桓公伏甲設饌……一謝之寬容，愈表於貌……桓憚其曠遠。〔註254〕

注：《傅子》曰：……蝦友人荀粲，有清識遠志。」〔註255〕

裴令公……見山巨矩，如登山臨下，幽然深遠。〔註256〕

林下諸賢，各有俊才子……康子紹，清遠雅正…咸子瞻，虛夷有遠志。〔註257〕

注：苟綽《冀州記》曰：「喬（揚）字國彥，爽朗有遠意。」〔註258〕

注：鄧粲《晉紀》曰：「……鯤（謝）有勝情遠概。」（同上）

支道林問孫興公曰：「君何如許掾？」孫曰：「高情遠致，弟子早已服膺。」〔註259〕

注：《晉陽秋》曰：「濤雅素恢達，度量弘遠，心存事外。」〔註260〕

　　郭熙將這種哲學觀念在繪畫理論中表述爲：用「遠」的觀念代替靈的觀念，〔註261〕這就給繪畫中的「遠」賦予了更加明確的人文思想。在郭熙的理論觀念中，玄學之中的超然狀態還可用有形的遠山或飄雲來顯現，以這種空白來對比遠山，則空白之中更能體會出傳統哲學中的虛無超脫的境界。

　　二元論（dynamic duality）是中國早期最爲樸素的辯證法。每個事物都具有兩面性，失去一面另一面也就不復存在，形象與背景也是相互依賴共生。中國畫裏常常以空白的背景來表示一些含意深邃的意境，並與形象主體形成共存一體的空間圖像。中國傳統平面造型中所表現的空間關係，是中國傳統哲學思想的綜合表達方式，它所負載的人文觀念要遠遠超過形式本身，它完

〔註253〕世說新語，卷上之下，文學第四。
〔註254〕世說新語，卷中之上，雅量第六。
〔註255〕世說新語，卷中之上，識鑒第七。
〔註256〕世說新語，卷中之上，肯譽第八，上。
〔註257〕世說新語，卷中之下，賞譽第八，下。
〔註258〕世說新語，卷中之下，品藻第九。
〔註259〕世說新語，卷中之下，品藻第九。
〔註260〕參見：1、余嘉錫箋注，世說新語箋疏，卷下之上，賢媛第十九，中華書局，1983；2、徐復觀，中國藝術精神，廣西師範大學出版社，2008：261～262。
〔註261〕徐復觀，中國藝術精神，廣西師範大學出版社，2008：263，。

全不同於西方的直觀理性的塑造方式，它的表達方式與西方的處理方式分屬於兩種截然不同的表現體系，是不能以諸如透視、比例等西式觀念來對其進行解釋，只有將其放在中國傳統社會的哲學背景之下，才能充分來理解傳統線性繪畫的藝術精神。

　　中國傳統繪畫是將材質的本身作為背景，以獲得視覺模擬的深度感。當我們注意這種由輪廓所組成的繪畫時，看上去就如同單純的線條或色塊一樣，都似乎是懸浮在材質底層之上的空間當中。在李壽墓石槨線刻中可以看出繪畫主體與背景形成兩個層面，人物平列排布，保持為一個平面，背景即為石材表面。（圖6-8-2）或如契苾明墓侍女線刻等，單體人物即為前景，背景為石材表面。（圖6-8-3）繪畫主體與背景之間的關係，能看出一種前後的關係。這種兩層效果的構成幾乎出現在每一幅早期中國人物畫當中。

圖 6-8-2　李壽墓石槨立部伎線
　　　　　刻兩層深度示意圖　　圖 6-8-3　契苾明墓侍女線刻兩
　　　　　　　　　　　　　　　　　　　　層深度示意圖

 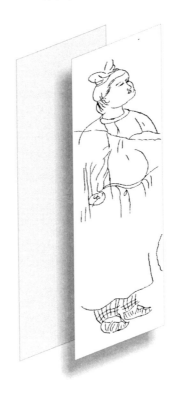

李杰繪

　　隨著對空間表現要求的增強，藝術家在畫面中加入了第三個層面。永泰公主墓石槨內壁北面東間的線刻（圖 6-8-4）和武令璋墓石槨立柱上的花卉侍女線刻，（圖 R-9）（圖 R-10）（圖 R-12）（圖 R-13）畫家在底面背景與主體人物之間又加入了花、鳥的第三層空間關係，使得畫面的深度更加增強。由於除背景外的兩層畫面內容相互錯開，使得畫面較兩層式結構更加豐富。

圖 6-8-4　永泰公主墓石槨內壁北面東間線刻三層深度示意圖

李杰繪

　　此外在一部分唐代墓室壁畫中，畫面的三層深度之外，還加入了第四層，即在前景人物的前面又加入另一人物，形成四層深度關係。而第四層人物是以陪襯主體人物而設，主體人物（身份較高者）佔據畫面中心位置，第四層人物（身份較低者）處於側邊甚或只有半身、背影。如永泰公主墓石槨內壁南向西間的線刻（圖 6-8-5）等。

圖 6-8-5　永泰公主墓石槨內壁南面西間線刻四層深度示意圖

李杰繪

　　通過以上分析，我們可以看出中國古代畫家在處理空間關係上的智慧。他們將現實中不同環境下的不同事物，從新平列、相錯組合在同一幅畫面中，得以形成前後的空間關係。這種空間是由不斷的層疊所造成的視覺錯覺，作為基底的材質面永遠保持本身的「整一性」〔註262〕，每附加一層的同時，下面的一層圖像就會自然成為上面圖形的「基底面」。而並不像西方繪畫，在畫面中極力將不同事物放在同一環境之內的「全景裝置」〔註263〕。中國古代傳統畫家往往用錯維和填充的方式將從不同角度、不同空間觀察的景象描繪在一幅畫中，即使是多層圖形的大小也不受透視所限制，甚至有些情節毫不相干。這樣的一種處理觀念，為畫面的平面秩序性及感性的形式處理提供了更大的空間。畫家可以主觀的在畫面當中任意添加所要表現的圖像，並且能保持畫面的整體秩序性，而不會產生視覺上的不適和突兀感。

　　唐代人物畫是依靠平面輪廓的先後次序來製造空間關係，藝術家有意將

〔註262〕〔美〕魯道夫，阿恩海姆，滕守堯、朱疆源譯，藝術與視知覺，四川人民出版社，2006：294。
〔註263〕〔德〕阿道夫·希爾德勃蘭特，潘耀昌譯，造型藝術中的形式問題，中國人民大學出版社，2004：27。

人物的平面圖形逐次平行於背景（材質）平面，而不是借助現實物象中的體積、光線及時差來決定畫面的空間概念。〔註264〕畫家以重疊的遞進性來解決深度問題，如上圖所顯示的永泰公主墓石槨內壁南向西間線刻的四層空間關係，線刻的樣本畫家通過平列的四層相互重疊的景物（包括背景），組成由背景內向外連續性推進的系列層次，這個層次，就例如人們上臺階一樣，逐步深入，在視覺上形成跳躍性的由內向外或由外向內逐層遞進的效果。這種利用重疊建立起的空間關係，在中國古代繪畫中無處不在，特別是在中國傳統的山水畫中，顯得極其明顯而又富於變化。在山水畫中，山與峰之間、峰與雲之間及山與樹之間，基本上是通過這種交錯重疊的遞進方式建立起各自相對的空間位置。就如方聞先生所說的中國山水畫之三個階段的第一段（約700～1050年）：

> 構圖的程式從前至後分成三個點列的層面。個別的山和樹形的輪廓與造形都自成體。一個部分接著一個部分，一個母題連著個母題，正面地依次遞增。即使是並列的要素，互相之間實際上也豪無聯繫。重疊的三角形山的母題提示著斜向後退，每叢群山都限於三至四層：然後山脈斷裂了，躍向畫面更高一段，再重新開始。其空間處理也由此劃分爲佔據畫面的前景、中景與遠景一個分離的層面，各自都有其後退的角度。這些層面存在於三個平行的面上，每層都以其本身提示的地面向觀眾呈現不同的斜度。〔註265〕（圖6-8-6）

這種中國式的圖底關係相當微妙，畫面中的每一個單體都是一種平面化元素，它們同時處於整體畫面所再現的三度空間之中。各單元之間既是一種平面排列，同時又呈現出一種向深度延展的效果。由於這兩種看似相互對立的視覺構成模式的作用，共存於同一幅畫面當中，使得中國式的畫面「產生了更爲複雜的形式和更爲深刻的含義。」〔註266〕

〔註264〕 參見：〔瑞士〕H·沃爾夫林，潘耀昌譯，藝術風格學，遼寧人民出版社，1987：87～88。
〔註265〕 〔美〕方聞，李維琨譯，心印──中國書畫風格與結構分析研究，陝西人民美術出版社，2006：21。
〔註266〕 〔美〕魯道夫，阿恩海姆，滕守堯、朱疆源譯，藝術與視知覺，四川人民出版社，2006：154，。

圖 6-8-6　「隼鴨圖」分層示意圖

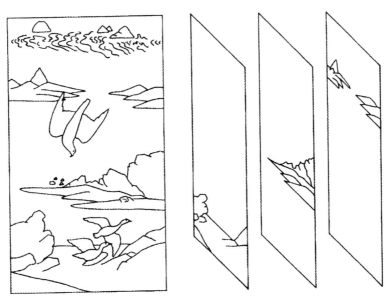

源自：〔美〕方聞，李維琨譯，心印──中國書畫風格與結構分析研究，
陝西人民美術出版社，2006：22。

二、圖形張力

　　上述現象中所設定的分層關係，是將一幅整體畫面進行人為的解剖，在同一幅畫面中，形式本身也具有其自身的相容與相斥的張力。例如，兩個不同形狀的圖形，它們在密切重合、相交、偏離和脫離狀態下，對觀者來說會出現非常不同的視覺反映。兩個不同形狀的圖形相互脫離、互不相交時，這兩個圖形從視覺表形上看，會在同一平面上。（圖 6-8-7-A）當兩個圖形的中心基本重合時，這兩個圖形便具有了基本相同傾向的張力，圖形之間會基本保持各自自身內的相對穩定。（圖 6-8-7-B）當兩個圖形的中心出現偏離時，就會出現相互交錯的各自向反方向脫離的傾向張力，並把兩個圖形的各自整體分裂開來，從而打破了各自圖形的整體感，〔註 267〕這兩個相錯圖形的反方向張力，本身就具有相互脫離的傾向，從而在人的心理反應上形成了相對脫離的空間感覺。（圖 6-8-7-C）

〔註267〕參見：〔美〕魯道夫，阿恩海姆，滕守堯、朱疆源譯，藝術與視知覺，四川人
　　　　民出版社，2006：293～298。

圖 6-8-7　張力示意圖

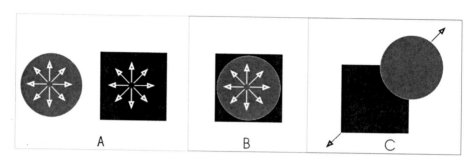

基於以上分析，永泰公主墓石槨內壁東向中間的兩個相對侍女，由於互不相交，因此這兩個人形基本處在同一平面上。（圖 6-8-8）

圖 6-8-8　永泰公主墓石槨內壁東面中間線刻平行圖像示意圖

李杰繪

　　在永泰公主墓石槨外壁南向東間線刻所描繪的兩個相錯的侍女，相交人形本身具有反相脫離的張力，重合的部分越少其反相的張力就越強，從而加大了兩者之間的距離感。（圖 6-8-9）雖然在這兩個人形單元之間顯現著的相互分離的強烈張力，即便這兩個侍女人形重疊在一起，觀看者還是能夠感受到這兩個人形各自的連續性整體。

圖 6-8-9　永泰公主墓石槨外壁南面東間線刻反相張力示意圖

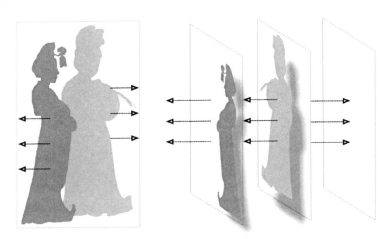

李杰繪

Zai 傳統平面造型中，地位相同的人物，她們的體量基本相同，甚至於姿勢也相雷同。如：永泰公主墓外壁東面中間及石槨內壁東面中間線刻的兩組服飾、髮式相同的侍女；（圖 6-8-10）李憲墓石槨外壁東向中間線刻；（圖 6-8-11）薛儆墓石墓門左右門扉線刻；唐節愍太子墓第二過洞東壁《華妝侍女》壁畫；唐惠陵甬道東壁壁畫，南起第 6、7 侍女（圖 6-8-12）等。

圖 6-8-10　永泰公主墓石槨內壁東向中間線刻

李杰摹

圖 6-8-11　李憲墓石槨外壁東向中間線刻

源自：唐李憲墓發掘報告：198。

圖 6-8-12　唐惠陵甬道東壁南起第 6、7 侍女壁畫

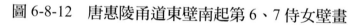

源自：壁上丹青：陝西出土壁畫集，下：352。

　　此外，在中國傳統哲學的觀念中，人本身是有等級、尊卑的區分，例如，君臣、父子、官民、上下級等，這種觀念在造型藝術中被充分表現出來。在這些作品中，主體人物是畫面中身份最高者，處在在畫面中心；同時主體人物的體量明顯大於其他人物。在現已發現的考古資料及傳世作品中，這一現象極其明確的表現出來，例如傳爲唐閻立本的《歷代帝王圖卷》、《步輦圖》等，畫面中帝王的體量幾乎大於身旁侍從體量的一倍。再如北魏田邁造像碑禮佛圖中的主僕形象（圖 6-8-13）和吳晏子造像碑中吳晏子像與僕從，（圖6-8-14）主人的體量明顯大於僕從。在唐新城長公主墓第四過洞西壁北間的《高髻仕女與捧燈侍女》壁畫中，身份較高的高髻仕女的體量明顯大於捧燈侍女；（圖 6-8-15）第五過洞西壁中開間《梳半翻髻侍女與男裝侍女》壁畫中的梳半翻髻侍女體量顯然大於著男裝侍女的體量。（圖 6-8-16）西安南里王村韋氏家族墓地出土的《六扇士女屏風》（7 世紀下半葉初期）〔註268〕中亦可見主僕體量的明顯差異。在永泰公主墓外壁南向西間線刻（圖 E-14）、外壁南向東間線刻（圖 E-15）和外壁北向東間線刻（圖 E-12）中，身份差異同樣顯示於體量的差異。

圖 6-8-13　田邁造像碑，禮佛圖局部

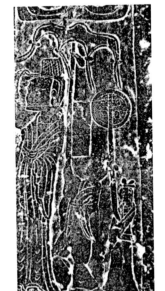

〔註268〕趙立光、王九剛，長安縣南里王村唐墓壁畫，文博，1989，4：9～19。

圖 6-8-14　吳晏子造像碑，吳晏子像局部

圖 6-8-15　新城長公主墓第四過洞西壁北間壁畫

源自：壁上丹青：陝西出土壁畫集，下：219。

圖 6-8-16　新城長公主墓第五過洞西壁中開間壁畫

源自：壁上丹青：陝西出土壁畫集，下：226.

　　很明顯，傳統畫家在創作時，並不是在同一環境、同一視角來處理畫面中的單元人物。而是以人物的身份地位的不同來決定畫面中的主次、大小、體量的關係。這種造型理念並非只憑眼睛或單一視點來描繪自然。往往會把表現對象想像為某種變動不居的「由各種感覺同時理會的東西。」〔註269〕其造型意識更加偏重於所要表現的人文價值。就如，出土於河南洛陽的北魏北魏元謐石棺的兩側石刻，（圖 6-8-17）作者將不同時間、不同地域、不同狀態的人物統一在同一個時間框架之中，「畫面中的人物既不屬於過去，也不屬於現在，他們所代表的是從歷史和人類行為中抽象出來的、沒有時限的儒家理想人格典範。」〔註270〕

〔註269〕〔德〕阿道夫‧希爾德勃蘭特，潘耀昌譯，造型藝術中的形式問題，中國人民大學出版社，2004：22。
〔註270〕〔美〕巫鴻，李清泉、鄭岩等譯，中國古代藝術與建築中的「紀念碑性」，世紀出版集團、上海人民美術出版社，2009：353。

圖 6-8-17　元謐石棺左右側幫

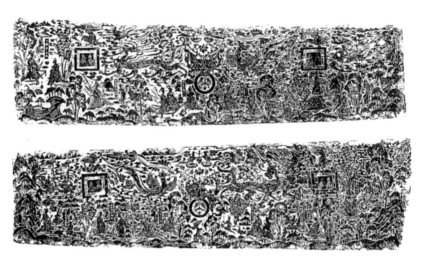

源自：鄭岩，魏晉南北朝壁畫墓研究，文物出版社，2002：105。

三、觀的視點

以西方觀點來看，中國傳統的平面重疊空間處理方式，有著一個無法解決的弊端，就是各層景物之間缺乏現實視覺的相互作用關係。在中古時期的墓室壁畫中，有一個值得注意的現象，由於分層空間處理的原因，所有畫面中人物與景物總是相互脫離開來的。從大量的實例分析可以看出，中國傳統的分層空間處理方式，是將各層的平面化的事物單列縱深推進，而各層之間並沒有相互的物理作用關係。中國傳統畫家正是利用這種「脫離」的視覺效果使畫面中的人物產生飄於景物或背景之上的感覺，例如，傳東晉顧愷之所繪《女史箴圖》與《斫琴圖》中的人物；北魏洛陽石棺床《眉間赤孝行圖》線刻中的站立人物；北魏元謐石棺中的閔子騫、韓伯餘、郭巨（圖 6-8-18）等。

這種單列縱深現象，顯然是源於南北朝（386 年～589 年）的「二元」透視模式。〔註 271〕「二元」模式既是假定一個形體應當同時從正背兩面來觀看，當這個形體以「二元」形式出現時，就會引導觀眾的視線前後縱向平行移動，而不是像焦點透視那樣在畫面中有一個焦點。

〔註 271〕〔美〕巫鴻，李清泉、鄭岩等譯，中國古代藝術與建築中的「紀念碑性」，世紀出版集團、上海人民美術出版社，2009：344。

圖 6-8-18　元謐石棺

韓伯餘、郭巨局部

　　顯然畫家有意識的這樣處理人與景的關係，在現實中的一些人與景之間
的透視、投影鄧作用關係，被畫家主動捨棄。畫家利用傳統哲學的認識觀，
解決了畫面效果與視覺差異之間的反差，使人物就如畫面中的雲一樣脫離於
其他景物的奇異現象得以合理化。這也應驗了波普爾的「投射」理論，「不帶
有在先的觀念和背景知識的觀察是不可能的」，〔註272〕其引申的實踐方法恰恰
也印證了波普爾「照到哪裏哪裏亮」的「探照燈」理論。〔註273〕中國傳統畫
家在以現實景物設定畫面構成的時候，傳統的圖畫構成程式，總是制約著畫
家的觀察方式及其將要呈現的表現形式，「他們不是簡單地從看開始，而是從
想開始。」〔註274〕會根據慣有的體系在現實世界中尋找所要表現的東西，並

〔註272〕〔英〕波普爾，客觀知識，上海譯文出版社，2001：357。
〔註273〕（新）胡明娥，從圖式論看中國古典繪畫的空間表現，南京大學學報——哲
　　　　學社會科學版，2008，5：57。
〔註274〕宗白華，美學散步，上海人民出版社，1981：81。

將它們組合成符合規範的圖式，而這種先驗性的取捨觀念同時也證實了中國傳統藝術的觀察方式。

在中國傳統畫面的空間關係，並沒有停留在畫幅之內，而是無限延展。沒有視覺焦點的空白背景所體現的空間狀態本身就會使人產生無限深遠的假設空間，如果用理性的焦點透視來處理畫面中的景物，這種無限的空間效果是無法實現的，而用中國傳統的遊觀透視方法（觀察方法）這個問題就不存在了。（圖 6-8-19）

圖 6-8-19　永泰公主墓石槨外壁南面東間壁板線刻遊觀透視示意圖

李杰繪

在傳統中國畫面中，「這個無限的空間是在一個有限空間的某一個精確的位置上自我矛盾地呈現出來的。」〔註275〕在中古時期的傳統繪畫中，不同景物的焦點並不是畫面的統一焦點，而是各個景物都有其單獨的視角，並根據畫面整體形式的要求而分佈。由於各個單體人物或景物的造型形態是由接近平面化的線形組成，單元景物本身的焦點就不鮮明，以至於使人在視覺上產生了錯覺，並使這種組合關係不會顯得突兀，同時由於單元的形式感相同，

〔註275〕〔美〕魯道夫，阿恩海姆，滕守堯、朱疆源譯，藝術與視知覺，四川人民出版社，2006：399。

畫面保持了整體、統一的效果。

　　爲了解釋清楚這種流動遊觀的方法，我們借用中國傳統繪畫形式中的長卷來加以明晰。傳顧愷之的《洛神賦圖卷》，畫家在繪製這幅長卷時是無法用同一個焦點來進行構圖的。畫家是在平行遊走的方式下，隨著景物出現的先後次序，用段落式的視角來組成畫面，（圖 6-8-20）就如當我們觀看這幅作品時也是由前至後，採用遊走的、斷點的方式來觀看畫面。這種遊觀的方法，與採用同一焦點的畫面不同之處在於，它可以無限的擴大人的視覺局限，更能發揮藝術家的主觀創造力。

　　中國傳統長卷式構圖形式在整體空間當中還表現出與西方瞬間性透視的明確不同，在傳顧閎中《韓熙載夜宴圖》（圖 6-8-21）中，作爲主角的韓熙載分別在五個不同場景中同時出現，這種表現方法在整體空間中形成了時間上突破，使觀者在同一畫面中不自覺的感受到韓熙載在不同情境下的不同表現，體會出情節在不同空間、不同時間的發生和流動。畫面中空間的突破引代出時間的繼續，而時間的延續又突破了整體空間統一。畫家將時間與空間在畫面中互爲辯證關係，這種空間結構的處理辦法，解決了西方焦點透視二維平面中時間與空間的矛盾，使傳統中國人物畫的表現內容更趨豐富。〔註 276〕

　　更加能說明問題的是中國所特有的手卷式繪畫，與長卷遊走觀看方式不同的是，手卷在觀看時，觀者的視線相對固定，通過手卷的逐段移動而進行觀賞。手卷的特點是橫向構圖，寬度窄，長度極長，觀看者在看畫時，就如畫家作畫一樣，由右至左逐段觀看，畫卷向後漸漸展開的同時，前面已看過的部分則徐徐捲起，觀看者的視線範圍只局限於兩手之間展開的一段局部畫面，（圖 6-8-22）就如同觀者主觀的將整幅畫切割成若干個獨立畫面。

圖 6-8-20　傳統長卷遊觀方式示意圖

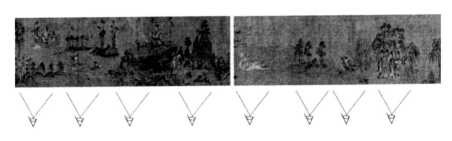

〔註 276〕陳斌，傳統中西繪畫空間意識比較，河南大學美術學碩士論文，2007：9。

圖 6-8-21　傳顧閎中,「韓熙載夜宴圖」

圖 6-8-22　手卷觀看示意圖

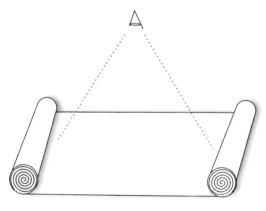

李杰繪

第九節　善畫存形

　　中國傳統發展至盛唐，無論是在人物造型、形式和品格都顯現出線形人物畫的典型性程式化表現時期。從藝術發展的規律來看，中國以線塑形的表現形式發展至唐代，並不是必然的結果，因爲，早期人類以輪廓塑形的概括性繪畫實踐，一旦發展到可以利用各種技術手段自如表現對象的時候，這種以線塑形的觀念自然就會解體。〔註277〕然而，中國人物畫不但沒有對這種人類早期的「稚嫩性」表現方式有所動搖，反而還通過在技法及理論上的深化，更加鞏固了這種「以線造型」的繪畫表現觀念。

　　從人的視覺感知上來看，所有客觀物體的現實存在必然受到各種條件所限制，光影的自然反應無時不籠罩著人的視覺，現實物體存在於物理、空間、光學的自然現象之下。繪畫中對自然的表現，從人的視覺上的直觀反映也應該遵循這些理性條件的特性，就如同極力追求模擬現實的西方理性造型觀念。然而，當我們觀看中國傳統繪畫時，從視覺感知上會產生一種強烈的落差感，畫中的物體形象好像並沒有受到客觀理性限制，我們既能理解畫面中所表現的內容，卻又無法將其與客觀物象直接對應。與其說中國傳統繪畫是描寫現實，還不如說中國古代藝術家是利用繪畫來塑造人的主觀哲學觀念。

　　那麼，中國傳統畫家是利用什麼手段來擺脫客觀存在的現實光線對畫中人、物表現的禁錮？在中國傳統造型技法中的一句口訣揭示了其中奧秘——「畫陽不畫陰」。〔註278〕由此也就跳出了客觀物象對繪畫造型的理性制約，爲畫家提供了恣意傳達主觀思想的無限空間，這也就是傳統中國繪畫「以形寫神」觀念的實踐基礎。

　　原始社會的平面抽象表現已具有了一定意義上的符號性質，也就是說已具備了一種普識性的表意共識。這也說明了作爲人的一種意識性飛躍〔註279〕，用一種自身創造的意識形態來代替現實實體。在之後的秦漢人物繪畫中，這種中國特有的比象觀念顯而易見。中國早期畫家以集體意識下哲學觀念中的人物特徵，附加於繪畫造型之中，既如以陰陽五行和骨相來劃分人物面部的具體部位等。這種現象並不是一種簡單的說明式對照，它更是一種哲學思維的

〔註277〕張強，中國人物畫學，河南美術出版社，2005：87。
〔註278〕張強，中國人物畫學，河南美術出版社，2005：8。
〔註279〕張幼萍，從符號學角度淺談史前藝術的意義和作用，陝西歷史博物館館刊，
　　　　第9輯：257。

轉換形式。用普識性社會認識的定型形態創造了傳統人物造型的類型化的性格區分法則及審美定式。在這種以哲學觀念引導下的造型形式，給主觀性極強的中國線形造型方法加入了思維方式上的控制，使得各種主觀形態中的各種偶然現象統一成一種必然規律，再通過長期的固化、整合，形成了傳統造型的穩定模式，形成了中國傳統繪畫中所特有的技法規範——程式。

程式是以哲學觀念與造型手段綜合歸納出來的原則，這種原則也是社會普識性審美標準的具體體現。這種「程式」並不是一成不變的，它是一種動態的模式，隨時間的推移、觀念的轉變而變化。

從現有歷史圖像資料來看，在基本同一時段的平面作品中，存在諸多明顯同一的形式特徵因素，這些因素必然符合這一時期的大眾審美要求，這也是能在其時流行的必然條件。縱觀中國古代平面人物造型程式，可以劃分為三大部分，其一，魏晉以前的以線形秩序為特性的「概念化」造型程式；其二，唐之後的以線形體現人體結構的「真實化」造型程式；其三，主觀意識提升所形成的意象表現程式。這三種程式相互交錯，並沒有明顯的界限劃分，你中有我、我中有你。

魏晉伊始，由於大量的異質文化滲入，在不同文化的比照下，直接促使藝術家對慣常藝術手法及觀念的重新認識。由西域傳入的印度色暈式造型技法在與中國傳統概念性線形造型形式比較之下，從直觀視覺的角度來看，概念化線形繪畫明顯處於略勢。佛畫接近現實的表現能力促使本土畫家必須接受這種外來造型形式，而在不能真正理解其造型觀念的前提下，畫家只能直接以技法模擬的方式接受，以至於形成了如敦煌魏晉壁畫中的不倫不類的色帶式表現技法。唐代已降，國力強盛，唐人的主體意識及包容性極大增強。畫家在主動接受外來文化的同時，對傳統的造型觀念得以全面的檢討，隨著畫家對色暈觀念的理解深入，也促使傳統線形表現意識增強，得以形成了唐中期以表現結構為追求的造型表現程式。

按照馬采和宗白華的觀點，藝術形式的發展必然受到階段性歷史的局限，從一個看似簡單的藝術程式的表象形式及技法中，實際上可以反映出當時社會的宗教、經濟、哲學、物質基礎等歷史現象。〔註280〕也就是說，技法

〔註280〕 參見：1、宗白華，宗白華全集（2卷），安徽教育出版社，1994：360～36；
2、馬凌燕，馬采的藝術學理論研究，藝術學研究（第一卷），南京大學出版社，2007：495～496。

程序中顯現著各種觀念的影子，並會體現出包含著各種社會觀念作用下的普識性社會審美傾向（圖 6-9-1）。

圖 6-9-1　程式因素

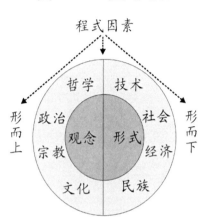

當我們在將中國繪畫放在整個世界繪畫體系中來看待時，就會發現，中國早期繪畫與西方早期繪畫在形態體現上非常相像。幾乎都是以輪廓線來進行塑形，例如史前岩畫，不論東西方，當我們拋開其各自的文化屬性，但從造型本體來看，無論是造型手段及繪製技法都有著極其相似的共性，即使將兩者調換位置，放在其他文化屬性的地區，也幾乎可以與當地的繪畫相融。〔註281〕例如，將古埃及（前 32 世紀～前 343 年）壁畫（圖 6-9-2）與漢代（前 202 年～220 年）的畫像石（圖 6-9-3）相較，不論從造型形式或構圖方式都顯現出異曲同工的類似效果。

隨著東西方各自哲學觀念的發展，西方的理性思維方式逐步灌輸於藝術之中，使得西方繪畫以理性的方法尋求與自然的對接，從而形成了以模擬現實爲標準的西方繪畫觀念。

〔註281〕　參見：1、（德國）格羅塞，蔡慕暉譯，藝術的起源，商務印書館，1984；2、楊志明、章建剛，藝術起源，雲南大學出版社，1996；3、朱狄，藝術的起源，武漢大學出版社，2007。

圖 6-9-2　古埃及壁畫

圖 6-9-3　山東嘉祥東漢「孔子見老子」畫像石

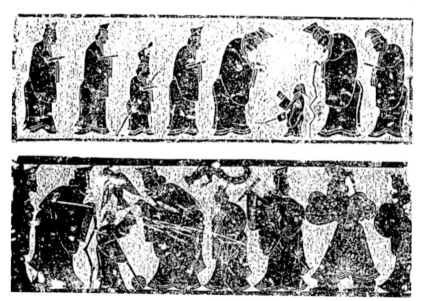

源自：中國畫像石全集編輯委員會，中國畫像石全集（第 2 輯），山東漢
畫像石，山東美術出版社、河南美術出版社，2000：92。

　　與此同時，對於藝術中直觀模擬現實實體，早期中國人也並不落後於西

方，例如，秦兵馬俑（圖 6-9-4）的雕塑造型方式，與古羅馬的雕塑相較，其理性造型水平基本相當。但是，為什麼中國繪畫的造型形態在此之後卻與西方走了截然不同的兩條道路？

圖 6-9-4　秦兵馬俑

李杰攝

　　中國早期繪畫作為巫術的一種表現形式，一直在傳統的數術宇宙神秘觀念的籠罩下，繼續向下發展。它必須服從於中國古代的哲學形態及世界觀，這也給繪畫加上了一個「通神」的概念，所以，繪畫中的形象必要與現實實體保持一定距離。在早期宗教的影射下，繪畫以超現實的形態追求神秘、自然、調諧的畫面韻律，繪畫中的各個部件必須服從於整體的韻律感。從而逐步形成了中國特有的以畫面中的線形秩序為主導的表現形式。

　　中國古代繪畫有著非常厚實的哲學背景，繪畫的系統理論闡述，在魏晉南北朝時期已基本確立。以顧愷之的《畫論》、《摹拓妙法》、《畫雲台山記》及謝赫的《六法》為代表，及至唐代，中國古代繪畫的理論基本以臻完善。

　　在中國畫論的思想體系中，一直有著一個貫穿始終的哲學線索，即《易傳》中的以內外、物我，主客相分的二元論世界觀。其中以「傳神論」的理論為代表，其理念宗旨即為以精神觀念指導造型形式。早在漢代就有了這種形神理念的基礎，西漢劉安在《說山訓》中說：

　　　　畫西施之面，美而不可說，規孟賁之目，大而不可畏，君形者

－419－

亡矣。〔註282〕

周寅初先生解「君形者」爲「主宰形體的，指精神和生氣。」〔註283〕

戰國韓非在其《韓非子》一篇中的「畫馬和畫鬼魅誰難誰易」問題，〔註284〕也可說是形神論的早期闡釋。

《易經》的主要部分成於公元前八至七世紀，「易」字在早期的注譯中具有雙重涵義：變化，變易，各種現象的動搖不定及其象徵性，同時又含：無拘無束，自生自滅的意思。

陰陽二元乃是貫穿萬物萬事的最牢固的起源體系，中國傳統繪畫中的形象特點、空間構成，虛實明暗乃至作品中的數與量的評定，都是由《易傳》的二元論觀點所決定的。

在中國早期觀念中，繪畫被定義爲不單單是一種簡單造型形式，它也承載了與《易》同等性質的大量人文哲學信息。南朝的顏延之就曾說：

> 以圖畫非止藝行，成當與《易》象同體。〔註285〕

北宋郭若虛也曾語：

> 《易》稱「聖人有以見天下之賾，而擬諸其形容，象其物宜，
>
> 是故謂之象。」又曰：「象也者，像此者也。」〔註286〕

《易傳》對於魏晉、唐代畫論的影響是全方位的。從某種意義上講，《易傳》也是古代哲學觀念對整個中國繪畫思想體系影響的縮影。《繫辭》中有「八卦成列，象在其中矣！」、「兩卦相重而卦象成，卦象，物之象，象有『群』義，」之語，可見早期哲學觀念中亦把卦形與物象等同起來，卦象組合亦可代表宇宙萬物。所以，在易經占卜中數與宇宙原則、以及哲學與宗教認識，都在中國繪畫線形分佈的數量與數比的美學規範中表現出來。唐代畫論中的「外師造化，中得心源」的繪畫思想，亦是《易傳》《繫辭》〔註287〕中的「比

〔註282〕〔漢〕劉安，何寧編釋，淮南子集釋（下冊），卷十六，說山訓，中華書局，2004。

〔註283〕周積寅，中國畫論輯要（增訂本），江蘇美術出版社，2005：195。

〔註284〕〔戰國〕韓非，韓非子，參見李來源、林木編，中國畫論發展史實，上海人民美術出版社，1997：7。

〔註285〕見：1、周積寅，中國畫論輯要（增訂本），江蘇美術出版社，2005：9；2、王微，敘畫，顏延之（384年～456年），南朝宋詩人，字延年，琅邪山東臨沂人，官至金紫光祿大夫，人稱顏光祿。文章冠絕時，與謝靈運齊名。

〔註286〕〔宋〕郭若虛，俞建華注，圖畫見聞志，江蘇美術出版社，2007：2。

〔註287〕《繫辭》是今本《易傳》的第4種，它總論《易經》大義，是今本《易傳》7

德」、「比象」思想的體現。〔註288〕

中國古代繪畫以線造型的觀念亦可追溯至易經卦象線形排列的節奏感上，卦象中完整和斷裂的橫線所組成的三線形或六線形，在藝術中要麼直接作爲造型功能，要麼將其作爲眾多圖形的結構基礎。（圖 6-9-5）

圖 6-9-5　卦象圖

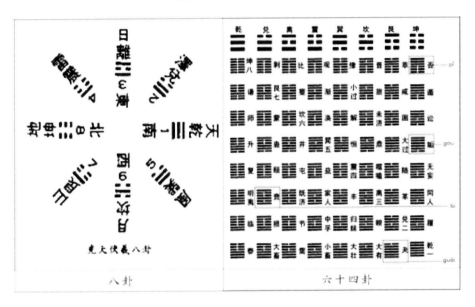

不論是八卦或六十四卦，它的長短不同的線條，在組合上都有其內在規律可循。這種規律既是中國古代哲學觀念中，對物象的重新理解後的一種表現形式，它也反映在中國古代繪畫的造型觀念中。

中國早期傳統繪畫是在巫術及宗教的限定下，以其特有的思想觀念，在繪畫前首先設定了其造型「通神」的意象形式感。在表現手段上，利用類似於卦象中長短相間的韻律線形，將畫中單體的線形設定爲一個完整畫面中的有機組合單元，並以這些線條來對應現實物象。它是在以中國傳統哲學觀念

種中思想水平最高的作品。《繫辭》解釋了卦爻辭的意義及卦象爻位，所用的方法有取義說、取象說、爻位說；又論述了揲著求卦的過程，用數學方法解釋了《周易》筮法和卦畫的產生和形成。

《易傳》，較好的古注本是孔穎達的《周易正義》，收在《十三經注疏》中，可參考：徐志銳，周易大傳新注，齊魯書社，1986；黃壽祺、張善文，周易譯注，上海古籍出版社，1989。

〔註288〕付中承，「易傳」與唐代畫論，文藝研究，2007，7：154～155。

影射下，對現實物象加以自我闡釋後的表現，從而使得，畫面中的意象物象形態即相似於現實物體有不同於現實，這種以對現實物象的主觀闡釋後的意象表現形態在經過長期的規範後，就形成了大眾對於具體物象的普識性認識，這種認識制約著畫家在繪畫造型中的技法規範，使能指與所指的達到統一。

魏晉之後，中國本土造型觀念與佛教藝術觀念經過長達三個多世紀的交相融合，在唐代成形了中國古代的程式性平面造型的形式準則，也就是唐代人物繪畫造型的線群組織關係的集合。它是以結構線群來對應現實人物的特有屬性，以裝飾線群來協調繪畫畫面的整體形式感。這樣的繪畫形式的構成再結合繪畫中所要表現的人物造型的類型特定程式，將不同的現實人物進行主觀的分型表現。

人與生俱來就具備一種將圖像與現實關聯的「等效關係」〔註289〕，就如新時期時期先民所創造的符號，（圖 6-9-6）即可能與文字的產生相關，但肯定具有視覺上的涵義所指，「即關乎某種連接先民的思維構想及場景呈現，甚至情緒的起落。〔註290〕」這是基於在人們普識性的認同前提下的識別需求所決定的圖繪製作。「為什麼我們能辨認杆和影，即使沒有太陽照射，我們仍可以充滿自信地為一根杆找到一個相匹配的影。儘管這一切用藝術的方式來表達，不是人人都得心應手，但人人都具備某種潛在的識別能力，當這種能力運用得當，一種製造圖像或識別圖像的交流模式就有可能建立起來」〔註291〕。

無論何種人類早期的藝術表現形式，都以能體現出所要表現的特定物象的準確形態為能事。由於東西方各自的對繪畫造型的觀念上的差異，使得在對現實物象的理解上也產生了差別，並直接表現在各自的繪畫造型表現形式上。如果我們將東西方繪畫放在一條平行線上來看，從純視覺的角度，西方繪畫明顯更接近於現實物象，而東方繪畫則在畫面的整體效果上，更加具有組織性的韻律感及形式感。這種平面形式的差異，主要是以各自社會的哲學觀念及世界觀的不同所顯現的區別。

〔註289〕〔英〕E・H 貢布里希，林夕、李本正、范景中譯，藝術與錯覺——圖像再現的心理學研究，浙江攝影出版社，：288。

〔註290〕雷子人，國畫演進——文化情態、空間及圖式，四川出版社、四川美術出版社，2006：12。

〔註291〕雷子人，國畫演進——文化情態、空間及圖式，四川出版社、四川美術出版社，2006：218。

圖 6-9-6　新時期時期刻畫符號

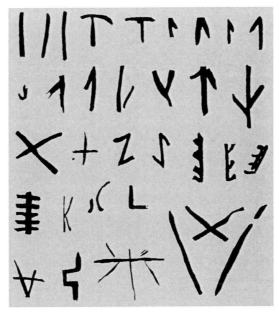

源自：雷子人，國畫演進——文化情態、空間及圖式，四川出版社、四川美術出版社，2006：12。

　　西方哲人們把對美的追求具體化爲再現與現實的和諧統一，古希臘最早的畢達哥拉斯哲學學派認爲「數」是萬物之源，事物的存在就是數理的存在，美就是數的和諧〔註292〕。蘇格拉底亦認爲美的本質既是美的理式，人體美也同樣取決於不同數之間的比例和諧。柏拉圖基於對「理式」的理解基礎上提出，藝術再現理論（藝術是對模仿物的再模仿）。其後的亞里士多德則更加直白的認爲一切藝術實際上就是模仿。〔註293〕從以上觀念中可以看出，西方側重於對藝術在現實物理現象的再現。而中國人物畫從魏晉伊始，其創作觀念已由追求「形似」逐步轉向「神似」轉化。並不一味追求對現實物象的形似，而是在畫面中增加了更多的人文因素，表達的更多的是一種觀念和意識的體現。其作畫的過程實質上是對既有傳統觀念進行闡釋的過程。並且在繪畫過程中，尋求對世間萬物的感悟——「託象以明義、因小以喻大」〔註294〕，並以此形成中國傳統人物造型的普識性標準。如果說西方古代繪畫是一種再現

〔註292〕周琳麗，中西美術審美差異及原因淺析，大眾科學，2007，12：190。
〔註293〕以上西方論點見於：阿斯木斯（Acmyc），古代思想家論藝術，1937，莫斯科。
〔註294〕周易正義，卷八，繫辭下。

的理性形式，那麼，中國的傳統人物畫則更多的是體現出強烈的人文精神。

中國古代畫家在作畫時，在畫面中加入了更多的使命感，將中國古代哲學觀念中的精神的意義、生命意義及情感更多的注入繪畫造型的形式之中，〔註295〕在對於現實物象的感性轉譯中，更加注重重構的畫面感受及繪畫形式的表現力，追求一種神來之筆的藝術形象。

現實物象與哲學觀念的造型形象之間，必然存在較大的差異，然而，中國傳統畫家就是要在這兩者之間尋找出一個結合點。他們通過「外師造化，中得心源」的形式，長期的以主觀意識對現實物象進行改造，形成了人物造型的典型化的分類表現形式。

中國古代類型式繪畫造型程式，發展至唐代已基本趨於完整、定式的狀態。古代畫家在作畫時，爲了使筆下的藝術形象更加具有鮮明的形態個性，畫家有意識、人爲的將現實人物固有的統一與平衡打破，從新形成另一種與客觀人物偏離的組合形式用以強化現實人物的本質特徵及精神特質。這種藝術化的人物形象與現實人物的差異，並不是無限度的濫用，而是在最能體現人物精神境的前提下，互爲施用的結果。其目的是使畫家創造的藝術形象，比生活中常見的現實人物更加鮮明、更加典型化及更具感染力。這種現實與表現的偏離，實質上是藝術家在現實與審美理想之間尋找的一個平衡點。

中國古代藝術家創造這個平衡點的手段是極力還原現實物體的視覺本質，而這種本質就是物體在不受外在光線干預的情況下的視覺面貌。我們知道，在沒有光的情況下世界是一片黑暗，但當將這個黑暗轉變爲白色，並分離出物體時，就會產生一個剪影的物體輪廓。（圖 6-9-7）根據我們的視覺經驗，一個物體在視覺上的存在是通過兩種方式產生，一種是通過強弱不同的光源照射下（包括單一光源），帶有明暗及投影的物體，（圖 6-9-8）另一種是在物體四周空間的各個角度分佈同等照度光源照射下的物體，這個物體既沒有明暗又沒有投影，但還是讓人能分辨出物體的基本形狀，只是這個物體的形態接近平面化，並極爲簡單，甚至簡化爲一條線的形式。（圖 6-9-9）這種假設的同等光源在現實中幾乎不可能存在，但人們可以推理出這種狀態。北宋蘇軾將這種推理的結果形象化的描寫出來：

　　　　吾常於燈下自見頬影，使人就壁模之，不作眉目，見者皆失笑，

〔註295〕劉清世，繪畫中形的「偏離」，現代藝術與設計，2005，總第 141：39。

知其爲吾也。……眉與鼻口，可以增減取似也。〔註296〕

可見，古代藝術家認爲只有這種去除影響的形態才更接近事物的本質，更能體現事物的精神狀態。這種事物的表現形態也可說是一種幻覺狀態，其與現實視覺的感受形成較大的偏離，這種平面化的、沒有體量的體現內質必然會趨向於注重形式感的表現形式，中國古代藝術家正是利用了這種偏離狀態創造出了平面化的線形表現繪畫。

圖 6-9-7　無光源狀態與將黑暗轉化爲白色後物體顯現爲剪影

李杰繪

圖 6-9-8　不同照度下的物體　　圖 6-9-9　同等照度下的物體

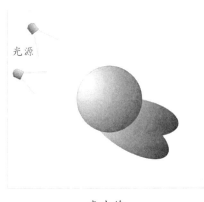 

李杰繪　　　　　　　　　　　李杰繪

這種現實與表現的偏離形態，爲中國古代藝術家提供了一個極具主動性的寬闊、多維的展現空間。在程式化極強的唐代藝術中，藝術家以大眾普識

〔註296〕〔宋〕蘇軾，〔明〕矛維編，孔凡禮點校，蘇軾文集，第十二卷，中華書局，1989，另見：周積寅，中國畫論輯要（增訂本），江蘇美術出版社，2005：197。

性的識別方式來表現人物的造型形態，並利用「具有傾向性的張力」〔註297〕
（內凸與外張）來塑造人物的形式感。例如：在唐代石槨及石門線刻中表現
宦官時，畫家利用當時人們對於閹人猥瑣的鄙視性理解，在表現手段上使用
收縮、乾癟、凹進、萎落的形式特徵，將宦官的形象描繪成弓腰、瘦弱、諂
媚的形態（圖 6-9-10）；為了體現女性豐潤臉型，在畫面中省略臉部凸凹的細
節，施用外凸、飽滿的弧線來為其造型。（圖 6-9-11）在當時繪畫造型中，對
於普識性觀念的表現還體現在構圖與比例當中。例如：在薛儆墓石槨人物線
刻中，身份較高的侍女採用正面形象，而身份較低的侍女多為背面或側面；
在永泰公主墓石槨人物線刻中，身份較高的侍女形象較高大，而身份較低的
侍女則較低矮。

圖 6-9-10　唐惠莊太子李撝墓墓　　　圖 6-9-11　唐王賢妃墓石槨線
　　　　　　門左門扉線刻　　　　　　　　　　　刻侍女局部

李杰摹

源自：陝西省考古研究所，唐惠莊太子李
撝墓發掘報告，科學出版社，2004：41。

〔註297〕〔美〕魯道夫，阿恩海姆，滕守堯、朱疆源譯，藝術與視知覺，四川人民出
　　　　版社，2006：568。

在中國傳統繪畫中，線的組織關係決定了畫面的形式狀態。古代繪畫形式中，線的長短、曲直、粗細；形狀的大小、方圓；聚散、排列等都對人物造型的形態起著決定性的作用。特別是在基本脫離客觀形態的裝飾線群的表現上，古代畫家則表達的更加自由灑脫、豐富恣意。

在西方理性繪畫中，人物造型必然要受現實中的透視、比例、質地、結構、時空等的嚴格約束。而在發展至中國傳統人物繪畫程式造型頂峰的唐代繪畫，已基本脫離了這些現實固有形態的束縛，完成了人物造型形式的感性化轉譯超越。唐代平面人物的造型不但符合客觀人物的基本形態及精神狀態，而且還在表現形式上服從於整體畫面的秩序感，使形與意達到統一。〔註298〕由此，便形成了內容與形式、主觀與客觀辯證統一的程式化傳統平面造型規律形態。

〔註298〕伍蠡甫，中國畫論研究，北京大學出版社，1983：4。